'헬조선'에 응답하는 한국교회 개혁

부산장신대 세계선교연구소 종교개혁 500주년 기념 도서

'헬조선'에 응답하는
한국교회 개혁

황홍렬 **엮음**
김은수 박창현 윤환철 이진형 임종화 임희모 홍윤경 황홍렬 **함께 씀**

동연

책을 펴내며

지난 몇 년간 한반도에는 치열하고 급박한 일들이 끊이지 않았습니다. 국내적으로는 재난에 가까운 여러 사고들 속에서 침통한 마음을 감출 수 없었습니다. 또한 정치적으로는 상식적으로 이해할 수 없고 불의한 일들이 속속 드러나면서 정의로움에 대한 갈증이 터져 나왔습니다. 학생들은 교육 현장에서 학교폭력과 교육시스템의 문제로 어려움을 당하고 있고, 청년들은 한 치 앞도 예상할 수 없는 미래의 현실로 뛰어들기를 두려워하고 있습니다. 노동자들은 기득권의 탐욕과 이기로 인해 합당한 대가와 배려로부터 소외되고 있습니다. 게다가 한반도의 환경문제 역시 심각해졌습니다. 나날이 농도와 횟수가 증가하여 숨쉬기가 곤란한 미세먼지의 문제와 이상기후 문제가 삶의 질을 현격하게 떨어뜨리고 있습니다. 대외적으로는 남·북한의 문제가 위기와 화해를 지속하며 앞으로의 길을 예측하기 어려운 불안한 정국에 서 있습니다. 어느 시대나 문제가 존재했으나 문제에 대한 해결책을 도저히 찾기 힘든 오늘날의 대한민국을 많은 이들은 '헬조선'이라고 부릅니다.

'헬' 곧 지옥에 대한 대안은 교회가 가지고 있습니다. 오늘날 당면한 현실에 기쁜 소식, 곧 복음으로 응답할 수 있는 것은 곧 교회입니다. 교회가 어떻게 응답하며 어떠한 대안을 제시할 수 있는지에 대한 논의와 방향이 절실한 시점입니다. 이러한 시기에 부산장신대

세계선교연구소가 발간하는『 '헬조선'에 응답하는 한국교회 개혁』
의 논의들은 참으로 시의적절하다고 할 수 있습니다. 현재, 한반도
의 현실 속에서 선교하시는 하나님의 손을 찾지 않는다면 우리에게
소망이 없지만, 교회가 직면한 선교 과제를 향해서 달려갈 때 반드
시 선교하시는 하나님의 손을 찾게 될 것입니다. 또한 삶의 현장에
서 소외되고 억압당하는 사람들을 위한 정의와 위로의 손길을 뻗는
교회를 통해서 하나님은 이 땅에서 당신의 나라를 확장하십니다.
현장에서 선교적 과제들을 실현하려고 고군분투하시는 황홍렬 교
수를 비롯한 훌륭한 필진들의 여러 논의들로부터 출발하는 한국교
회의 개혁과제들이 부디 '헬조선'에 하나님의 나라를 임하게 하는
광야에서 외치는 소리가 되기를 바랍니다.

허원구 목사

부산장신대 세계선교연구소 이사장, 산성교회

머리말

    부산장신대 세계선교연구소가 발간하는 『'헬조선'에 응답하는 한국교회 개혁』은 필자가 한국선교신학회장으로 재직(2016년 10월-2017년 10월)하던 당시 종교개혁500주년 기념 세미나에서 발표되었던 논문과 글들 및 한국선교신학회가 발간하는 「선교신학」에 실린 전임 한국선교신학회장들의 논문들을 모아 펴낸 책입니다. 2016년 10월에 열렸던 한국기독교학회는 종교개혁500주년을 앞두고 주제를 "헬조선에서 기독교는 희망이 될 수 있는가?"로 정하였습니다. 필자가 한국선교신학회장을 맡으면서 '헬조선'이라는 기독교학회 주제와 '종교개혁500주년'이라는 두 가지 주제를 2017년 한국선교신학회 주제로 삼고 1년 동안 세미나를 전개했습니다.

    책의 1부에 대통령 탄핵 국면에서 2017년 2월 25일 한소망교회에서 열린 한국선교신학회에서 임희모 교수님이 발표한 국가와 교회 관계를 다룬 논문을 실었습니다. 2부는 2017년 4월 22일 경동교회에서 열린 한국선교신학회에서 교회개혁의 중요한 과제로 여겨지는 교육, 노동, 통일, 기후변화 등 네 가지 주제에 대한 평신도, 목사 전문가들이 발표한 글을 모았습니다. 3부는 위의 주제들에 대한 한국선교신학회 전임 회장들의 논문들을 모아 실었습니다. 2부에서 제기되었던 네 가지 주제 이외에 세월호, 3·1운동을 다룬 논문 두 편을 추가하였습니다. 아쉽게도 한국교회의 세계선교에 대한 논문은 2017년 6월 10일 남대문교회에서 열렸던 한국기독교선교

신학회와 한국복음주의선교신학회가 협조 미비로 논문 발표가 이뤄지지 못함으로써 해당 논문들을 싣지 못하였습니다.

이 책을 편집하면서 가능하면 다양한 교단 배경을 가진 선교신학자들의 논문을 실으려 노력했지만 주제에 적합한 논문들이 많지 않아 필진이 제한적일 수밖에 없었습니다. 그리고 한국선교신학회에서 교회개혁 관련 주제로 발표된 논문, 글들을 모아 책을 발간하려다 보니 일부 필진의 의견이 부산장신대 세계선교연구소의 입장과 동일하지 않은 점도 있었습니다. 그럼에도 불구하고 이 책에서 필진들이 제기하는 문제들은 한국교회가 개혁해야 하는 중요한 과제임은 분명합니다. 동시에 이러한 개혁과제들은 한국교회 자체의 개혁을 요구하기도 합니다.

책의 1부에서 임희모 교수님은 "한국의 교회와 국가 상황에서 하나님 나라의 메시아적 제자도 선교"라는 논문을 통해 신약성경에 나타난 국가와 교회 관계, 교회와 국가 관계에 대한 역사적 발전 등을 다룬 후 한국 사회에 나타난 국가와 개신교의 정교유착을 분석하면서 공공성 실천을 위한 교회의 정치적 참여로서 하나님 나라를 향한 메시아 예수의 제자도 선교를 대안으로 제시했습니다. 2부에서는 교회개혁의 과제로 교육, 노동, 통일, 기후변화 등 네 가지 주제를 다뤘습니다. 좋은교사운동의 공동대표였던 임종화 선생님은 "교육의 회복을 위한 기독교의 개혁과제"라는 글에서 배움의 기쁨, 평화로운 관계(회복적 생활교육), 소명의 발견, 쉼이 있는 교육을 대안적 가치로 제시하면서 교회의 공공성 회복, 교육의 고통에 응답하고 미래교육을 준비하는 기독교를 개혁의 과제로 제시했습니다. 영등포산업선교회의 홍윤경 노동선교부장님은 "노동현장에서 본 개신교 개혁의 과제"라는 글에서 교회개혁 과제로 교회 내 비정규직 차별 해소 및 정규직화, 최저 시급 1만원 실현, 기본 소득제 도입, 노동문제의 교회 내 공론화 및 인식 확산, 교회 공간 개방, 노동 상담소와 상담 및 치유사역, 노동자 지원활동 등을 제시했습니다. 미래나눔재단의 윤환철 사무국장님은 "한반도의 국가, 분단, 통합, 통일"이라는 글에서 '분단'을 공동체의 관점에서 재조명하고, 대한민국 건국이 기획자들의 저작이라면 분단된 국가는 미완의 국가 기획으로 보고, 통일을 국가 기획의 완성으로 보았습니다. 기독교환경운동연대의 이진형 사무총장님은 기후변화의 현재 시점이 여섯 번째 대멸종의 시기로서 인간 중심의 신학으로부터 인간이 창조세계 본연의 자리로 돌아가게 하는 신학으로, 배타적 교회로부터 다양성을 공유하는 교회로, 창조세계로부터 분리된 자아로부터 창조세계에 일부인 인간으로의 전환을 개혁 과제로 제시했습니다.

3부에서는 2부의 주제에 대응하는 논문들로 필자의 "학교폭력으로부터 평화로운 학교만들기를 위한 교회의 선교 과제", "비정규직 이해와 한국교회의 비정규직 선교의 과제", "한반도에서 남북의 화해와 평화통일을 위한 한국교회의 평화선교 과제", "WCC의 생명선교와 한국교회의 생명선교 과제"를 제시하고 있습니다. 그리고 박창현 교수님의 "세월호 이후의 신학"과 김은수 교수님의 "익산 4·4만세 운동의 특징과 선교적 의미"는 당시 초미의 사회적 관심사였던 '세월호'를 주제로 한 신학적 성찰을 담고 있으며, 내년도에 100주년을 맞는 3·1운동과 관련하여 익산 4·4만세운동을 다룬

뜻깊은 논문입니다.

귀한 원고를 이 책에 싣도록 허락해주신 임희모 교수님, 임종화 전 대표님, 홍윤경 노동선교부장님, 윤환철 사무국장님, 이진형 사무총장님, 감신대 박창현 교수님, 전주대 김은수 교수님께 감사드립니다. 한국선교학회의 장소를 허락해주신 인천제일교회 손신철 목사님, 한소망교회 류영모 목사님, 경동교회 채수일 목사님, 남대문교회 손윤탁 목사님, 상도중앙교회 박봉수 목사님 그리고 한국선교신학회를 매해 후원해 주시는 서원경교회 황순환 목사님께도 감사의 말씀을 드립니다. 당시 한국선교신학회를 섬겼던 임원들, 제1부회장 김상근 교수님(연세대), 제2부회장 최동규 교수님(서울신대), 서기 유근재 교수님(주안대학원대학교), 편집장 김칠성 교수님(목원대), 감사 황병배 교수님(협성대) 그리고 학회 행정과 모든 살림을 맡아 헌신적으로 봉사하셨던 총무 정기묵 교수님(장신대)께도 감사드립니다. 또한 표지 사진을 제공해 주신 체코 이종실 선교사님께 감사드립니다.

종교개혁 500주년 기념도서를 발간하는 데 재정적으로 후원해 주신 부산장신대 세계선교연구소 이사장 허원구 목사님(산성교회)과 이사 나재천 목사님(항서교회), 노헌상 목사님(생명숲교회), 이삼균 목사님(대성교회), 임대식 목사님(평화교회), 정현곤 목사님(주닮교회), 조성일 목사님(애광교회), 조의환 목사님(김해교회), 한영수 목사님(구포교회), 함영복 목사님(광안교회)께 감사드립니다.

황홍렬
부산장신대 세계선교연구소 소장

차례

제3부 │ 한국교회의 개혁 과제

제1부

교회와 국가의 관계

한국의 국가와 교회 상황에서 하나님 나라의 메시아적 제자도 선교*

임 희 모
(한일장신대학교 명예교수, 선교학)

I. 서론

2014년 4월 16일 세월호 침몰 사건으로 인한 304명의 무고한 국민의 사망은 대한민국이라는 국가의 존립 목적이 무엇인가에 대한 근본적 질문을 제기한다. 국민의 생명을 안전하게 보전하고 민주적이고 정의로운 복지를 높여 국민의 삶의 질을 향상시켜야 할 국가가 헌법적 주권자인 국민의 생명을 희생하고 침묵을 강요하여

---

* 이 글은 한국선교신학회가 2017년 2월 25일 주관한 제1차 정기학술대회에서 상기 제목으로 발제한 내용을 본 필자가 두 부분으로 나누고 부분적으로 수정하여 『예수 그리스도의 제자도 선교: 메시아적 파송과 통전적 영혼구원선교』(서울: 케노시스, 2017), 14-73쪽에 담았는데 이 글의 형식을 변형하고 내용을 일부 수정하였다.

소수의 기득권과 정권 유지에 몰입하였다. 나아가 일국의 대통령이 사적으로 비선조직을 가동하여 국정을 농단하고 부정과 부패와 불신과 억압의 혼돈 속으로 국가를 빠뜨렸다.

이에 대하여 2016년 10월 이후 국민적 저항이 일어나 2017년 3월 10일 헌법재판소의 판결에 의해 대통령이 탄핵되었다. 일련의 이러한 국가적 재난과 정치적 탄핵은 일차적으로 이들을 떠받치고 있는 권력기관들과 정부 관료들에 대한 심판이다. 여기에는 이들의 상당부분을 차지할 것으로 예상되는 개신교 신도들에 대한 심판도 포함된다. 그리고 탄핵된 박근혜 정권에 부역한 개신교의 정치 목사들과 평신도들도 책임을 면할 수 없다. 특히 박사모와 더불어 탄핵기각을 주도하는 개신교 세력은 그 책임을 면제받을 수 없다. 나아가 악한 국가권력을 방관한 대부분의 교회와 그리스도인들 역시 간접적 방조자로서 책임을 느껴야 한다. 그러나 이러한 무능력한 정권을 비판하고 이번 촛불 광장의 집회에 참여하여 정의로운 정치 과정과 민주적 사회변혁을 이루려는 개신교 세력이 적지 않았음도 강조한다.

그동안 한국에서 국가와 교회의 관계 연구는 법적 차원이나 윤리적 접근이 시도되었다. 이러한 상황에서 본 글은 한국인이 수행해야 할 국가개혁 과제에 교회와 그리스도인들이 어떻게 참여할지를 선교적 관점에서 분석하고자 한다. 본 글은 국가나 국가권력 및 영적 권세에 대한 하나님의 선교를 강조하고, 메시아적 교회와 그리스도인들이 하나님의 뜻을 이루려는 직업적 의무와 일상 생활적 참여를 선교로 이해한다. 이러한 전제하에 본 글은 먼저 로마서 13

장 1-7절에 진술된 교회와 국가의 관계에 대한 해석사를 검토하고, 서구 기독교권의 정교관계 역사와 한국에서 진행된 국가와 교회 관계의 발전을 분석한다. 여기에는 역대 대통령과 정권에서 일어난 국가와 교회 관계를 구체적으로 서술한다. 뒤이어 본 글은 하나님의 통치에서 드러나는 하나님 나라를 이 땅에서 이루기 위하여 하나님의 선교사로 오신 나사렛 예수를 일상적 삶의 전 영역에서 하나님의 의를 실현한 메시아 선교사로 이해한다. 여기에는 역사적 예수와 신앙의 그리스도의 연속성을 전제한다. 그리고 선교하시는 하나님을 따라 정의와 평화와 생명살림의 한국, 더 나아가 미래적 평화통일의 한국을 새롭게 창조하기 위하여 한국교회와 그리스도인들이 어떻게 사회적, 정치적 참여를 통하여 하나님 나라 선교를 수행할 것인가를 논의한다. 우리는 예수 메시아의 제자로서 스승을 따르는 제자도 선교를 실행하는 메시아적 인간으로서 한국인의 삶의 전 영역에서 예수 메시아를 일상 삶에서 드러내는 제자도 선교를 수행한다. 여기에는 국가라는 세속적 과정과 예수의 메시아적 신앙을 실천하는 제자도가 만날 때 필연적으로 메시아적 그리스도인은 십자가적 고난을 짊어지고 경우에 따라 불이익을 감당해야 한다. 본 글은 지면의 한계로 인하여 큰 틀에서 큰 개념들을 대략적으로 서술했는데, 추후 보다 더 자세한 분석과 진술이 필요함을 강조한다.

II. 신약성경에 나타난 국가와 교회 관계: 로마서 13장 1-7절 중심

1. 신약성경에 나타난 국가와 교회 관계: 네 가지 유형

신약성경에서 교회와 국가의 관계를 진술한 본문들은 네 가지로 나눌 수 있다.

첫째로, 국가의 우선권을 진술하는 듯한 구절들이 있다. 로마서 13장 1-7절은 국가의 우선권을 강조한 듯이 보이지만 재해석이 필요하다. 디모데전서 2장 2절은 통치자들과 권력을 위해 기도하라는 것을, 베드로전서 2장 13-17절과 디도서 3장 1절은 국가의 우선권을 전제로 개개 그리스도인의 복종을 강조한다.

둘째로, 국가와 교회의 분리를 강조하는 구절은 다음과 같다. 마가복음 12장 13-17절(마 22:15-22; 눅20:20-26)은 가이사의 것과 하나님의 것을 분리하고, 요한복음 18장 28절-19장 16절은 예수와 빌라도 간의 변론상황을 진술하는데, 정치(빌라도)와 유대교의 분리 상황에서 예수는 빌라도의 판결을 따랐으나 진리(하나님의 통치)에 대한 논쟁이 주된 것은 아니었다.

셋째로, 국가에 대한 교회의 우위권을 주장하는 구절은 다음과 같다. 마태복음 28장 18절은 하늘과 땅의 모든 권세를 받은 예수님을 강조하고, 고린도전서 6장 2-6절은 세상(국가) 법정보다 교회에서 송사 문제의 해결을 권면하고, 에베소서 1장 21-23절은 모든 정권과 권세와 능력과 주권 위에 그리스도(교회)를 두셨다는 것, 골로새서 1장 16절은 왕권이나 주권이나 권력이나 권세나 할 것 없이, 모든 것이 그리스도로 말미암아 창조되었고 그를 위하여 창조되었다는 것을 강조한다.

넷째로, 국가가 그리스도인들에 대하여 박해를 가할 때 교회는 저항하고 순교함으로써 신앙을 지켜야 한다. 사도행전 5장 29절은 사람보다 하나님에게 순종하라고 말하며, 요한계시록 13장 1-8절은 사탄적 능력으로 하나님을 모독하는 세력에 대하여 교회와 그리스도인들은 투쟁하고 저항하라고 한다.

위의 신약성경 본문들을 분석하면, 첫째로 교회와 국가 관계를 진술하는 모든 본문들은 교회나 국가는 하나님의 통치하에 있다는 것을 전제한다. 둘째로, 교회나 그리스도인이 국가에 대하여 긍정 혹은 부정, 또는 제한적 관점을 가질 수 있다. 셋째로, 전통적으로 두 제도의 관계를 해석하고 이해하는 데 로마서 13장 1-7절이 결정적으로 큰 영향을 미쳤다. 이러한 의미에서 본 글은 로마서 13장 1-7절을 집중적으로 분석하는데, 루츠 폴(Lutz Pohle)의 유형론적 연구[1]를 참고한다.

2. 로마서 13장 1-7절에 대한 유형론적 접근

루츠 폴은 로마서 13장 1-7절의 본문을 해석하고 연구한 신학자들의 논문들과 저서들을 검토하였다. 이 신학자들은 13장 1-7절의 전후 맥락으로서 로마서 12장 1-21절의 권면 내용과 로마서 13

---

1 루츠 폴/손규태 역, 『그리스도인과 국가: 로마서 13장 연구』, 서울: 한국신학연구소, 1989.

장 8-14절의 종말론적 진술을 분석하였다. 폴은 이러한 본문과 전후 맥락의 관계를 연구하여 네 가지 유형을 만들었다.

1) 자연법적-질서신학적 유형

이 유형은 로마서 13장 1-7절의 본문(텍스트)은 콘텍스트로서 로마서 12장 1-21절과 로마서 13장 8-14절의 권면 내용과 관계없이 독자성을 갖는다는 것이다. 하나님이 주신 국가 우선적 본문으로 해석하여 교회나 그리스도인은 무조건적으로 국가에 복종해야 한다는 해석 유형이다.[2] 국가는 하나님의 대리자로서 세상에서 질서를 만들어 선을 권장하는 일을 해야 하고, 교회는 "세계와 피조세계에 대한 책임적 봉사를 포함하는 영원한 구원을"[3]이루어야 한다. 그러나 국가가 하나님의 대리자 역할을 넘어 그 자신이 절대 권력을 가진 신의 자리를 차지할 위험성을 갖는다.

2) 구체적-카리스마적 유형

이 유형에서 국가의 역할은 악을 막고 악의 공격으로부터 세계와 그리스도인을 보호하는 것이다.[4] 국가는 전체로서가 아니라 국가기관, 관리, 직무를 맡은 자, 기능 담당자 등으로 구성되고 국민들에게 정치적, 공익적 봉사를 제공하기 위한 존재다. 교회는 우위

---

2 위의 책, 28-29.
3 위의 책, 165.
4 위의 책, 29-30.

를 가지고 국가와 더불어 사회에 참여한다. 그리스도인은 일상생활에서 각자의 은사(카리스마)를 가지고 하나님에 대한 봉사를 구체적으로 수행하면서 선교적 증언과 영적 예배(봉사)를 실시한다. 교회와 그리스도인은 이러한 증언과 봉사를 통해서 정치적 사회적 삶을 미래지향적으로 만들어간다.[5]

3) 종말론적-현실주의적 유형

국가의 활동과 권한의 근거, 내용 및 한계는 "인간의 선한 봉사자로서의 과제"[6]에 있다. 국가는 하나님의 종의 역할을 수행하면서, 일차적으로 선을 보호하고 장려하며, 이차적으로 악을 막고 벌을 주는 것이다. 선과 악에 대한 감시자로서 질서 유지와 공공복리를 증진하는 국가의 권한을 그리스도인은 종말론적 복종의 상징으로 받아들인다. 교회는 사랑의 삶과 선을 통해 악을 극복하는 메시지를 선포한다. 국가는 법적으로, 도덕적-내적으로 독자적 권한을 갖지만 한계도 갖는다. 국가의 권위는 정치적 기능담당자들의 카리스마에서 오는 것이 아니라 오로지 하나님의 뜻에 의해서만 주어진다.[7]

4) 그리스도 중심적-정치적 유형

국가와 교회는 그리스도의 지배하에 통일성을 갖는다. 국가는

---

5 위의 책, 170-171.
6 위의 책, 31.
7 위의 책, 174-175.

그리스도의 봉사자이다. 교회는 그리스도의 세상적 매개기관이고 또한 국가의 봉사자적 역할을 가능하게 하는 매개기관이다. 교회는 국가의 근거와 목표에 비하여 우위에 있다. 그리스도 중심적 질서에서 국가는 독자적 권한을 갖지 못하고 그리스도와 교회의 수단이 된다.[8] 국가의 과제는 무력으로 강제하고 위협하는 인간들의 저항을 막고 교회가 선포하는 인의(仁義)에 세상적 정의를 행하는 것이다. 국가가 경계할 사항은 허약한 국가에게 세계의 횡포가 일어나 불법적 영역이 생기는 것과 국가의 도구성을 잊고 자신의 영역을 만들어 교회의 몫을 자기의 것으로 차지하려는 위험성이다.[9]

3. 한국교회 상황에서 발생한 세 가지 유형

위의 네 유형을 가지고 한국 상황에서 일어난 국가와 교회의 관계를 간략히 유형화하면 다음과 같다.

1) 질서신학적-반공적 이데올로기 유형

이 유형은 자연법적-질서신학적 유형을 한반도 분단 상황에서 적용한 것인데, 한국의 대부분의 보수적 개신교가 갖는 문자주의적 성경 이해를 바탕으로 만들어졌다. 이 유형은 창조질서로 국가의 절대적 독자성을 인정하고 여기에 이데올로기적 반공주의를 정치

---

8 위의 책, 31-32.
9 위의 책, 184.

적으로 결합한 것이다. 1945년 이후 미군정 시기와 남북분단과 한국전쟁을 거치면서 한국 기독교 내부에 극단적 폭력적 반공주의가 형성되어 다른 견해를 가진 자를 무조건 친공, 용공, 종북, 빨갱이로 매도하고 정죄한다.[10] 이들은 인권을 탄압하는 독재정권에 맹목적으로 복종하고 권력자들과 유착하여 다른 견해를 가진 그리스도인들을 억압하고 탄압하고 정죄한다.

2) 질서신학적-개인윤리적 유형 혹은 종말론적-현실주의적 유형

보수적 기독교권에서 기독교윤리실천을 강조하는 복음주의적 그룹이 있다. 이들은 성경의 권위와 문자적 해석을 강조하고, 국가를 하나님의 대리자로 이해하고 국가에 복종을 강조한다. 종교의 영역과 국가의 정치영역을 나눈다. 일상 삶에서 선한 일을 권하고 개혁적 사고를 가진 그리스도인 개개인이 윤리적 도덕적으로 올바르게 살 것을 강조한다. 때에 따라 정치권을 비판하고 저항을 말하기도 한다. 대표적 인물은 홍정길 목사[11]와 손봉호 장로[12] 등이다.

---

10 무능하고 부패한 박근혜 대통령에 대한 탄핵기각을 주도하는 세력의 70-80%는 보수적 기독교인이라는 주장이 있다(CBS노컷뉴스, "'조기 대선' 가시화, 기독교인들은 어떤 대통령을 뽑아야 할까?" 2017.01.23. http://www.nocutnews.co.kr/news/4721997). 태극기를 흔드는 이들 보수기독교인들은 촛불집회를 종북들의 집회라고 매도한다.

11 "홍정길 원로목사, '대통령의 하야 촉구' 호소문: 사악한 세력들과 함께 무너지는 것이 실수 회복의 길", 「매일종교신문」, 2016. 11. 22.

12 강준만, "'기독교의 양심' 손봉호의 기독교윤리실천운동", 『인물과 사상 16: 종교는 영원한 성역인가?』(고양: 개마고원, 2000), 71-112.

3) 그리스도 중심적-에큐메니칼 정치적 유형

그리스도 중심적-정치적 유형을 1960년대 후반의 한국의 정치
적 상황에 적용할 수 있다. 한국교회 내 진보적 에큐메니칼 운동 그
룹은 성경에서 해방적 모티브를 발견하고 이를 한국적 상황에서 민
중신학으로 발전시켰다. 박정희·전두환 군사독재정권을 비판하고
반독재민주화투쟁을 선언하고 산업화의 과정에서 발생한 노동자
와 농민들의 인권을 주장하였다. 독재타도와 민주화운동과 민중운
동을 벌이고, 더 나아가 독재정권이 자행한 국가폭력을 비판하고
폭력적 네트워크인 반공법의 폐지를 주장하였다.13

III. 국가와 교회 관계의 역사적 발전

1. 고대와 중세14

임박한 하나님 나라의 도래를 기다리며 교회는 세속국가인 로마
제국에 대하여 일정한 종말론적 거리를 두고 오랫동안 관직이나 군
복무를 거부하고 이교적 국가를 인정하지 않고 황제숭배에 참가하
지 않았다. 이로 인하여 교회는 박해를 받았지만 더욱 강하고 공고

---

13 조현연, 『한국현대정치의 악몽: 국가폭력』 (서울: 책세상, 2000).

14 Konrad Hesse, "Kirche und Staat", Roman Herzog et al. (Hg.), *Evangelisches
Staatslexikon. Band 1* (3. neu bearbeitete und erweiterte Auflage. Freiburg: Kreuz
Verlag, 1987), 1547.

해졌다. 이러한 기독교는 313년에 밀라노 칙령을 통하여 다른 종교들과 동등하게 인정되었다. 황제들은 이교적 예배와 관련하여 성권(ius sacrum)을 공권(ius publicum)의 일부로 받아들인 옛 로마의 법을 기독교의 성권에 적용하였다. 이런 식으로 동로마제국은 황제교황주의(Caesaropapismus)[15]를 확립했고, 반면 서로마제국에서는 교회가 독립성을 유지하였다. 콘스탄틴 황제 이후 국가와 교회를 연합체로 이해하려 했고, 두 명의 수장 즉 황제와 나란히 교황이 하늘과 땅의 권력의 매개자로 이해되었다. 기독교적 황제는[16] 교회에 특권을 부여하면서 교회를 보호했고 380년 이후 기독교는 유일한 국교로서 공인되었다.

중세에는 교회권과 국가권의 관계에 있어서 우위논쟁이 지속되었다. 하나님께서 교황과 황제에게 각각 교권과 정권을 주었는데, 초기에는 교권이 정권보다 우위에 있다고 간주되었지만, 후에 국가의 교회지배가 강화되었다. 이러한 교권과 왕권의 우열 다툼은 양편에 부정적 결과를 맺었다. 10-12세기에 교회갱신운동이 일어났고, 14세기에 아비뇽 유수와 교황의 실추 그리고 교회분열이 일어났다.

---

15 황제교황주의란 황제(최고통치자)의 지도하에 국가와 교회를 하나의 통일체 즉 영적이고 세속적인 왕국을 하나로 만든 국가교회제도로서 러시아 황제에게 이어졌다.
16 콘스탄티누스 황제는 진정한 기독교인이라기보다는 황제로서 기독교를 자신의 정치를 위하여 이용했다는 주장이 있다. "교회가 자신[콘스탄티누스 황제]이 주장하는 모든 것을 합법화하고 그것을 하느[나]님의 뜻이라고 불러야 한다는 것이었다. 이런 구실 밑에서 제국의 이데올로기가 교회를 정복하였다." (알리스테어 키/이승식 역, 『콘스탄틴 대 그리스도 : 이데올로기의 승리』, 한국신학연구소, 1988, 245).

2. 종교개혁과 근대 시기[17]

두 왕국설을 강조한 루터의 종교개혁은 국가와 교회의 우호관계에서 국가(영주)의 지지를 통하여 진행되었다. 1555년 아우구스부르크평화회의에서 루터교가 공인되었고, 독일어권에서 신앙의 자유가 주어졌으며, 뒤이어 독일 개신교권에서 주(州)교회제도가 시작되었다. 종교의 선택은 제후의 몫이고, 그 신민은 제후의 종교를 따라야 했다(cuius regio, eius religio). 30년의 종교전쟁 후 1648년 베스트팔리아평화회의를 통하여 다음의 사항이 결정되었다: ① 각 영토는 가톨릭교, 루터파, 칼빈파 중 하나를 공인종교로 한다. ② 루터파와 칼빈파의 신자도 공적으로 그리고 사적으로 예배의 자유를 갖는다. ③ 제후의 결에 따라 루터파와 칼빈파의 신앙의 자유가 인정되며 이것은 가정에서 예배의 권한만 인정된다.

이 종교평화협약의 효력은 1803년까지 지속되었다. 1803년 제국회의가 열려 세속화(Säkularisation)를 결정하여 제후들에게 자기 영토 내의 종교기관들을 세속화할 자유를 주었다. 그러나 일부 기관은 이전대로 계속하도록 했다.[18] 한편 특정 지역/영토를 관할한 제후의 종교가 그 지역주민의 종교가 됨에 따라 이것이 발전하여 국교제도로 정착했다.

계몽주의 시기 르네상스로부터 연유한 계약사상과 연결되어 국가계약설이 확립되었고 국가의 필연성, 합리성, 국가권력의 절대

---

17 최종고, 『국가와 종교』(서울: 현대사상사, 1983), 24.

18 R. Kottje und B. Moeller (Hg.), *Ökumenische Kirchen Geschichte 3: Neuzeit* (Aschaffenburg: Kaiser Grünewald, 1979), 90-91.

성이 논의되었다. 또한 1789년 프랑스 대혁명 이후 성립된 근대국가의 성격은 법치국가를 강조하였다. 이러한 국가사상의 변화에 따라 교회와 국가의 관계도 크게 변하였다. 이제 교회는 국가 내의 하나의 단체로 이해되었다. 전통적인 교회와 국가 관계가 끝나고 국가권력이 교회 관련 사항을 일방적으로 결정하게 되었다.[19]

근대국가는 법치국가로서 개인의 기본권을 인정한다. 특히 신앙의 선택과 종교의 활동에 대하여 국가가 강제할 수 없는 신앙의 자유를 명문화하였다. 신앙의 자유가 보장됨으로써 종교(종파)의 동등성 원칙도 강조되었다. 또한 국가는 종교적 중립성을 지켜야 했고, 교회는 국가로부터 외적으로 분리되었다. 더 나아가 국가와 교회는 그들이 가진 본질적 속성이 다르다는 것을 이해함으로써정교분리제도가 확립되었다. 국가는 교회에게 자유를 허락하고 교회는 어떠한 특권이나 구속도 받지 않는다는 원칙이 정해졌다.

3. 현대의 종교의 자유와 국가와 교회 관계 개관[20]

오늘날 법치주의와 주권재민 사상의 발전에 힘입어 전통적인 국가와 교회 관계가 다양하게 변하였다. 국가의 성격이나, 교회의 역사적 문화적 배경의 다름으로 인하여 국가와 교회의 정교관계가 다양한 모습을 지니게 된다. 크게 세 가지 유형으로 나눌 수 있는데, 각각의 유형 안에도 다양한 형태들이 있다.

---

19 최종고, 위의 책, 25-26.
20 Konrad Hesse, "Kirche und Staat", 1559-1563; 최종고, 위의 책, 26-32.

1) 국가교회 유형

영국이나 스칸디나비아 국가들은 전통적인 국교회 제도를 유지하는데, 국왕을 수장으로 한다. 오늘날 국가와 공적 생활의 세속화가 증가하고 전통적인 국가와 교회 관계의 기초가 무너져, 교회에 대한 국가의 영향력 행사는 점차 시대에 맞지 않게 되어 국가나 교회에 부담이 되고 있다. 1945년 이후 교회에 대한 국가의 우위권을 약화시키고 교회의 자치권을 강화하려는 노력이 있어왔다. 스칸디나비아 국가들인 노르웨이, 스웨덴과 핀란드의 상황도 영국의 상황과 비슷하다. 한편 국가의 최고통치자가 동시에 교회의 최고직을 맡아 제정일치의 제도(황제교황주의)를 유지하는 국가는 동방정교회의 전통을 지닌 그리스와 러시아 등이다. 이러한 국가에서 국가와 교회 관계인 특정 지역의 지도자의 종교가 그 지역주민의 종교가 된다는(cuius regio, eius religio) 전통이 오늘날도 느슨하게 이어지고 있다.

2) 국가와 교회의 분리 유형과 국가와 교회의 분리와 공존 유형

국가와 교회가 제도적으로 분리되어 상호 독립적으로 존재하는 국가는 프랑스, 벨기에, 스위스, 독일, 오스트리아 등이다. 이들은 공통적으로 종교의 자유에 대한 보장, 교회의 독립성, 국가와 교회의 협력 등을 강조한다. 국가의 일방적 규제 대신에 콩코르다트(Konkordat)나 교회계약 등을 맺어 상호이해와 구속이 이루어지고 사회적, 정치적 발언도 하게 된다. 예를 들면 1934년 나치 독일의 전체주의적 국가권력에 대하여 개신교의 일부 교회는 바르멘 선언을 통하여 이를 용인하지 않았다.

자유교회 형태를 유지하지만 국가로부터 여러 가지 특혜를 누리는 미국, 캐나다, 호주의 교회도 있다. 또한 국가와 교회의 관계를 극단적으로 분리시킨 재세례파 전통의 교회도 있는데, 오늘날 일부 메노나이트는 개혁적 사고로 교회의 정치적 참여를 논의하고 있다.[21]

비서구 지역인 아시아(한국 포함)나 아프리카에서 기독교와 여타 종교에 대하여 국가는 중립을 유지하며 특혜를 주지 않는 경우도 있다. 경우에 따라 국가와 교회가 갈등 관계를 유지하기도 한다.

이들 교회들은 자기들의 고유한 신학 전통을 가지고 있다. 종교개혁의 주류인 루터파는 두 왕국론을 통하여 사적 영역과 공적 영역을 나누고, 칼빈파인 개혁교회(장로교회) 전통은 교회 우위의 신정국가적 신학을 가지고 있고, 재세례파 전통은 절대적 평화를 주장하며 오늘날 제자도를 강조하고 있다. 그러나 오늘날 이들의 전통적 신학들은 여러 상황에 부대끼면서 해석과 적용의 다양성을 거치면서 발전하고 있다.

3) 전체주의적 국가의 소외와 탄압 유형

국가가 헌법에서 종교의 자유를 형식적으로 규정하지만 무종교

---

21 존 레데콥/배덕만 옮김, 『기독교정치학: 교회와 국가의 관계를 답하다』(대장간, 2011); 존 하워드 요더/김기현 옮김, 『제자도: 그리스도인의 정치적 책임』(KAP, 2005).

의 자유를 인정하고 종교 활동을 통제함으로써 교회를 소외시키는 유형이다. 공산당이 지배하는 전체주의적 국가로서 사회주의권인 중국과 베트남과 라오스 그리고 이러한 역사적 유산이 남아 있는 구사회주의권인 중앙아시아 국가들 및 몽골 등에서 교회가 소외당하고 생존에 급급하고 있다. 특히 북한의 경우, 그리스도인들이 소외를 넘어 국가로부터 극심한 통제와 탄압을 받고 있다. 이슬람권의 경우 국가와 교회 관계에 있어서 국가에 따라 다양한 유형을 갖지만 정통이슬람 종파 외에 다른 종파나 종교는 대개 억압과 탄압을 받는다.

IV. 한국 상황에서 국가와 교회 관계

1. 미군정기 국가와 교회 관계의 기본구조: 반공주의적 정교 결속과 유착

동양의 전제군주들은 국가통치를 위하여 종교를 결합하고 복속시켰다. 동남아 불교국가인 캄보디아의 앙코르 제국 태동기에 국왕은 신왕(神王, Devaraja, God-king)으로 불렸다. 신왕이란 힌두교의 비슈누 신앙과 불교의 보살 신앙을 합친 것으로 대외적으로 국가의 구심점을 만들고 체제를 유지하기 위한 것이었다. 2012년 타계한 시아누크 국왕도 이러한 신왕으로 이해되었다.[22] 중국은 역사

---

22 John Marston and Elizabeth Guthrie (eds.), *History, Buddhism, and New Religious*

적으로 유교가 정치지향적 국가이데올로기를 제공한 바, 황제는 이러한 유교적 영향 속에서 7세기 경교, 12세기를 거쳐 15세기 가톨릭, 1807년 개신교의 유입과 성장에 영향을 미치는 등 종교를 통제하였다. 오늘날 중국기독교 역시 국가가 통제하고 있다.

한국에는 가톨릭이 유교적 국가이데올로기와 정면으로 충돌하며 유입되었고 이후 많은 순교자적 사상자들을 속출시켰다. 이러한 과정에서 한국은 1886년 가톨릭국가인 프랑스와 조선이 맺은 한불조약, 1899년, 1901년 교민조약을 거쳐 1904년 정교분리를 확정하였다.[23] 이것은 프랑스 정부가 외교적으로 가톨릭 전교(선교)를 수행하려는 목적으로 진행했다. 그러나 이보다 앞서 한국에 입국한 개신교선교사들은 개신교가 사회적 정치적 물의를 일으키는 가톨릭과 다른 종교라는 인식을 조선당국에 심어주기 위해 1901년 정교분리 원칙을 타결하고 정부와 교회의 상호 불간섭 등 5개 조항을 발표하였다.[24]

이러한 정교분리 원칙은 선교를 목적으로 체결된 것이었지만 결과적으로 오로지 한국교회와 그리스도인들의 정치참여를 제한하는 것으로 나타났다. 1905년, 1907년, 1910년 일제가 대한제국을 침략하여 식민화할 때 교회는 침묵을 강요당했다. 개신교 선교사들은 일제 식민지 기간 내내 한국교회에 탈정치적 교회생활을 요구하였다. 일부 민족적 기독교인들은 식민권력에 저항하기 위하여 만

Movement in Cambodia (Chiang Mai: Silkworm Books, 2004), 8; 임희모, 『생명봉사적 통전선교: 동·동남아시아 중심』 (케노시스, 2011), 153-178.

23 최종고, 위의 책, 215-217.

24 "교회와 정부 사이에 교제할 몇 가지 조건", 「그리스도 신문」 5권 40호 (1901.10.3.).

주, 연해주, 중국 본토를 떠돌면서 민족해방운동을 전개하였다. 1919년 3.1운동은 한국교회가 주도한 민족적 저항운동의 정점을 이루었다. 그러나 보수적 선교사들의 가르침을 금과옥조로 여긴 한국교회 대부분은 일제가 강요한 신사참배로 인하여 교회적 위기를 맞았을 때 결국 일본 태양신에 복종하고 배교하고 말았다.

일제가 8월 15일 패망하자 미국과 소련에 의하여 한반도와 한국교회는 남쪽과 북쪽으로 분열되었다. 공산주의자 소련 군인들이 8월 11일에 이미 북한에 들어가 김일성을 앞세워 북한사회주의공화국을 세우기 시작한 반면, 미국 군인들은 미리 일본총독부에 남한의 치안을 담당하도록 의뢰한 상황에서 뒤늦게 9월 8일에 인천에 도착하여 미군정을 시작하였다. 미국선교사들과 한국기독교인들이 3년 동안 미군을 안내하고 한국을 소개하고 친일적 미군정의 남한통치에 가담하였다. 미군정 3년간 남북은 갈등하면서 정치적 분단을 고착시켰다. 이 기간 북한 내 반공주의 기독교인들, 특히 평안도 월남 기독교인들은 공격적, 폭력적, 무력적 반공주의자로서[25] 대거 남하하여 친일적 미군정과 결합하여 남한 내 사회주의자/공산주의자들을 색출하고 탄압하였다. 이승만은 친일주의자 친미주의자 및 반공주의자들을 포용하여 1948년 초대 대통령에 당선되었다. 이러한 과정에서 남북으로 분단된 한국교회에 종교개혁 시기의 특정 지역을 관할한 지배자의 종교가 그 지역주민의 종교가 된다는 원칙(cuius regio, eius religio)의 한반도 판이 발생하여 북한에는

---

25 김상태, "1945-1948년 평안도 출신 월남민세력의 분단노선", 박명수, 안교성 외 엮음, 『대한민국 건국과 기독교』 (북코리아, 2014), 198.

기독교도연맹이 만들어졌고, 남한에는 친미적 친일적 반공적 기독교가 만들어졌다. 미군정은 한국교회와 결속, 유착하여 친미적 반공적 이승만 정권을 창출하였다.

2. 국가와 개신교: 정교 유착의 심화

1) 한국의 정교분리 원칙: 헌법 20조 제1항과 제2항

1948년 7월 17일에 선포된 제헌 헌법의 제12조에 의하면 "모든 國民은 信仰과 良心의 自由를 가진다. 國敎는 존재하지 아니하며 宗敎는 政治로부터 분리된다." 이 조항은 두 가지 내용을 강조한다. 첫째, 양심의 자유와 종교의 자유가 헌법을 통하여 보장된다는 것이다. 이는 일제의 억압으로부터 해방된 한국에 미군정을 통하여 알려진 미국식의 양심의 자유와 신앙의 자유가 주어진다는 것이다. 둘째, 국민은 누구에게나 종교의 자유가 보장되기 때문에 국가가 특정한 종교를 국민에게 강요할 수 없고, 국가와 종교는 서로 간섭을 하지 않는다는 것이다. 그동안 헌법이 수없이 개정되었지만 '종교자유와 정교분리 원칙'은 변함없이 법조항으로 남아있다. 그러나 이 정교분리 원칙이 헌법에 명시되었지만 실질적으로 한국에서 지켜진 적이 없다. 초대 대통령인 이승만도 최근 대통령이었던 박근혜도 이 원칙을 지키지 않았다.

2) 역대 대통령들의 종교편향:[26] 정교유착을 통한 보수 개신교 와 진보 개신교의 갈등

이승만은 한국을 기독교 국가처럼 운영하였다. 1948년 제헌국회의 개회를 목사의 기도로 시작하였고 많은 특혜를 개신교에 주었다. 군종제도, 형목제도, 경목제도, 크리스마스 공휴일 지정 및 종교불(弗)[27] 계좌 간 이체 등이다. 이승만의 집권기에 개신교는 정권과 유착되어 공개적으로 선거에 개입하였다. 정치개입은 1952년, 1956년, 1960년 정·부통령선거에서도 드러났다. 초대 대통령을 제헌국회가 뽑았지만, 1952년 선거부터 국민이 직접 대통령을 뽑기 시작했는데, 이 선거에서 개신교가 가장 조직적으로 개입했다. 한국기독교연합회(NCCK 전신)가 전국적인 조직을 갖추어 선거운동을 공개적으로 실시하였다. 물론 이에 따른 특혜가 개신교에 주어졌다. 천주교나 불교 등이 상대적으로 차별을 받았다.

박정희는 이승만의 개신교 특혜를 의식하여 처음에는 개신교 규제정책을 실시하여 차별하면서 불교를 우대하였다. 그러나 그는 정략적으로 개신교 지도자들을 활용하여 정권을 유지하였는데 세 가지 이유가 있었다.[28] 첫째로, 박정희는 과거 공산당원 전력이 있었

---

26 여기에서는 백중현, 『대통령과 종교: 종교는 어떻게 권력이 되었는가?』 (인물과 사상사, 2014); 박명수, "해방 후 한국 정치의 변화와 다종교 사회 속의 기독교", 박창훈 엮음, 『한국 정치와 기독교 공공정책』 (두란노 아카데미, 2012), 19-51; 김지방, 『정치교회: 권력에 중독된 한국 기독교 내부 탐사』 (교양인, 2007)를 주로 참고하였다.
27 종교불(弗)은 종교 사업을 위하여 해외 단체에서 우리나라의 종교 단체에 보내온 달러화를 말한다.
28 백중현, 위의 책, 78-101.

고 더구나 군사 쿠데타를 통하여 권력을 획득하였기 때문이다. 이에 대하여 반공을 국시로 삼고 이를 강조하기 위하여 개신교의 철저한 반공주의 신봉을 이용하였다. 예를 들면, 오늘날 문제로 떠오른 박근혜와 친밀한 최태민이 총재로 있는 대한구국선교단이 산하단체로 만든 구국십자군은 목사들로 구성된 전국적 조직으로 준군사훈련을 받았다. 둘째로, 군사쿠데타 세력인 박정희는 미국과의 관계 개선과 주한미군철수반대를 위하여 개신교 친미주의자들을 이용하려 했기 때문이다. 셋째로, 노동 탄압과 장기독재를 획책한 박정희에 대하여 반대하고 저항한 인사들을 억압하고 종교인들을 탄압함으로써 악화된 국내외 여론을 호전시키기 위하여 개신교 보수세력을 이용하고자 했기 때문이다. 1968년 노동자 선교를 위한 도시산업선교회를 용공으로 억압하고 노동운동을 탄압하였다. 또한 1969년 삼선개헌반대, 반독재민주화운동, 유신헌법반대와 긴급조치반대 등 반독재민주화운동이 거세게 일어났는데, 이들 반대자들과 민주인사들의 상당수가 개신교인들이었다. 이런 와중에 박정희는 보수적 개신교를 동원하여 기도회를 열게 하고, 미국과 국제사회에 친미 개신교인들을 보내 반한, 반유신, 종교탄압 여론을 호전시키려 하였다. 정권 측에서 이들 개신교에 준 반대급부와 특혜는 군대를 대상으로 한 전군신자화 운동을 허락하고 여의도 광장에서 대규모 전도집회를 열수 있도록 편의를 제공하였다. 이러한 권력과 개신교의 유착을 통하여 개신교 신자들이 양적으로 많아졌고, 대형교회들이 생기기 시작하였다.

결국, 박정희 국가권력을 지지하고 야합하여 이로부터 특혜를 얻은 개신교의 보수세력이 성장하고 확장되었다. 한편 한국기독교 교회협의회(NCCK)는 산업노동자들의 인권을 옹호하고, 불의한 정권을 비판함으로써 고난 받고 탄압받는 개신교 진보세력이 생겼다. 이때부터 한국의 개신교는 보수와 진보로 갈라져 갈등하기 시작했다. 이러한 진보적 그룹의 인권과 민주화 운동을 세계교회협의회(WCC), 아시아기독교협의회(CCA) 등 에큐메니칼 기관들과 유럽과 미국 교회들이 지지하였다.

전두환 군부독재 정권은 1980년 광주시민을 학살하였다.[29] 이를 비판하는 종교인들을 억압하고 탄압하였다. 광주학살 이후 보수적 개신교는 그들이 요구한 대로 조찬기도회를 열고 지지함으로써 대형전도 집회 허락을 받았고 교인들은 증가하고 교회는 성장했다. 그러나 불교는 이들을 반대하여 10.27법난을 겪으며 총무원장이 강요에 의해 사임했다. 이러한 와중에 1982년 개신교인에 의한 부산 미국문화원 방화사건, 1983년 대구 미국문화원 방화사건, 1985년 서울 미국문화원 점거농성 사건 등으로 반미운동이 불타올랐다. 이들은 광주민주화운동을 탄압한 전두환 군부에게 무력사용을 허락하고 지원한 미국을 비판하였다. 이제 주한미군철수가 논의되고 친미주의와 반공주의가 흔들리기 시작하였다. 한편 국가권력은 비판자와 저항자들을 잡아 가두고 고문하였는데 1987년 1월 박종철 학생이 고문을 당하여 사망했다. 이 사건은 개신교인들과 시민들을 반미, 반독재, 민주화, 인권운동에 가세하게 하였다. 결국, 1987년 6월 민주항쟁이 일어나 전두환 정권은 국민 앞에 대통령직선제를

---

29 천주교 교인이었지만 광주학살 책임을 지고 백담사에 유배되어 결국 불교에 귀의하였다.

공약하였다. NCCK를 중심으로 진보적 개신교가 국가권력에 저항하여 정치민주화에 기여하였다.

정치민주화와 사회민주화가 진전되는 상황에서 불교 배경을 가진 노태우 대통령은 통일운동에 집중하였다. 노태우정권 시기 개신교 내부에서 반공과 친미가 흔들리기 시작하고 반미운동과 통일운동이 싹트기 시작하였다. 1988년 진보적 개신교인들 주축의 NCCK는 '민족의 통일과 평화에 대한 한국기독교회 선언'을 발표하였다. 주한미군 철수 주장, 문익환 목사의 방북, 임수경 학생의 방북 등이 발생하자, 친미와 반공이 허물어질 위기에 불안을 느낀 보수적 개신교 인사들이 1989년 한국기독교총연합회(한기총)을 만들었다. 여기에는 국가권력이 관여된 바, 국가권력과 보수 개신교가 공동의 이익을 위하여 결합되었다. 1989년 노태우 대통령은 한민족공동체통일방안을 발표했다. 이 방안은 통일논의의 기준이 되었다. 이후 개신교 내부에 보수적 개신교와 진보적 개신교가 단체적으로 집단적으로 갈라져 갈등하고 서로 적대하였다.

김영삼 장로를 대통령으로 만들기 위하여 한기총을 중심으로 개신교가 총동원되었다. 특히 대형교회들이 앞장섰다. 이 당시 문어발식으로 성장한 초대형교회/대형교회들이 재정능력과 전문적 인재들을 통하여 정보를 나누고 사업을 진행하였다. 개신교의 배경을 가진 김영삼 정권은 군승제도를 두는 등 비교적 형평성 있는 종교정책을 수행하였다. 그러나 검정고시 일자가 부활절과 겹쳐 평일로 잡는 특혜를 개신교에 주기도 하고, 군대 내에서 불교 차별이 3건 즉, 1993년 육군 제17사단 훼불사건, 1996년 국군중앙교회 과잉경

호사건, 1997년 육군 특수전학교 인분투척사건 등이 발생하였다.

가톨릭교인인 김대중 대통령과 개신교인인 영부인의 종교가 조화를 이루듯이 이 정권은 종교에 대한 형평성을 실천했다. 진보적 개신교 인사들이 대거 대통령과 지척의 권력 주변에 앉았고, 반면에 보수적 개신교는 한기총 소속의 대형교회들과 몇몇 언론논객을 중심으로 비판 권력을 형성했다. 여기에는 세 가지 이유가 있다.30 첫째, 공중파 방송이 개신교의 대형교회들의 비리를 폭로했다. 둘째, NCCK 진영의 진보인사들이 입각하고 이에 따라 보수 개신교가 소외감을 느꼈다. 셋째, 햇볕정책이라는 대북정책을 진행했는데 이는 반공을 신봉하는 보수 개신교와 양립할 수 없었다. 이로 인하여 보수언론들이 국가의 정체성 위기를 논하면서 한기총과 연대하여 김대중 정권을 좌파로 공격하였다. 그러나 인권, 노동, 여성, 환경 등의 이슈에 적극 참여하는 민중교회운동과 기존의 교회성장운동이 활성화되었다. 국회의 조찬모임은 조찬기도회, 정각회, 가톨릭의원신도회로 구성되었다. 김대중 정권은 불교와 우호적 관계를 유지하였다.

보수적 개신교에 의하여 타도의 대상이 된 노무현 대통령은 영세를 받은 천주교인이지만 불교에 친화성을 가졌다. 4대 개혁입법을 추진하는 가운데 특히 국가보안법폐지와 사립학교법 개정은 보수적 개신교가 사활을 걸고 반발하였다. 국가보안법 폐지는 개신교의 근간을 이루는 '반공'을 허무는 일이었고, 사립학교법 개정은 개신교의 재산권을 빼앗는 것으로 이해되었다. 보수적 개신교가 광장

---

30 백중현, 위의 책, 195-198.

과 거리에서 국가보안법폐지 반대를 외치고, 사립학교법개정 반대 집회를 열었고, 나중에 미션스쿨의 종교교육 문제에 대하여 법원이 종교의 자유를 인정해야 한다는 판결을 내렸다.[31] 이러한 일련의 권력 집행이 개신교의 이익에 반하는 것이 되자 대형교회들이 중심이 되어 노무현 정권을 반개신교 정권으로 규정하고 친북반미정권 타도를 외쳤다. 이때 보수 개신교가 독자 세력을 구축하기 위하여 기독교 정당[32]을 창당하기에 이르렀다.

이명박 장로가 한기총을 중심으로 하는 보수 개신교와 뉴라이트 전국연합[33]의 전폭적인 선거운동을 통하여 압도적 표차로 대통령에 당선되었다. 이명박 대통령은 타종교에 배타적인 보수 개신교만큼이나 개신교인 편중 인사를 하였고, 정책에서도 불교를 배타적으로 대하여 전국교통지도에 사찰 표기를 하지 않았다. 이러한 차별에 대하여 불교측이 비판하자 개신교는 국가의 전통문화정책 지원 예산의 70%가 불교로 들어갔다고 역차별을 주장하였다. 2008년 쇠고기광우병 파동으로 반정부 촛불시위가 가열되자 보수 개신교는 대통령 구하기로 촛불반대집회를 열었다. 2011년 이슬람채권법인 스쿠크법의 국회상정에 대하여 보수 개신교는 대통령 퇴진까지 언급하며 거세게 반대하였다. 이쯤 되면 보수 개신교는 한국에서 최고의 권력을 행사하는 집단이 된 것이다. 권력과 보수 개신교가 결합됨으로써 권력화된 보수 개신교의 오만이 하늘을 찔렀다.

---

31 이은선, "기독교 사립학교에 대한 국가의 공공정책", 박창훈 엮음, 위의 책, 85-117.
32 이진구, "한국사회와 종교정당", 「신앙과 정치」 통권 제3호 (2010.5), 119-149.
33 최형묵 외 2인, 『무례한 자의 크리스마스』 (평사리, 2007), 175-197.

이러한 이유로 인한 것이었을까? 보수 개신교는 사회적 신뢰의 하락과 더불어 지도력의 세대교체, 전도/선교 방식의 구태, 교세 성장의 둔화 등이 어우러져 쇠퇴의 길로 들어섰다.

가톨릭과 불교와 개신교와 일정한 관계를 유지한 박근혜가 제18대 대통령 선거에서 이겼다. 선거에서는 불교권이 소리를 내면서 도운 반면, 보수 개신교는 한편으로는 한기총을 중심으로 조용히 움직였고, 다른 한편으로는 개신교인들이 중앙선거대책위원회 위원장과 부위원장, 대변인 등 주요직책을 차지하며 도왔다.[34] 박근혜는 당선 후 개신교인을 중용하였다.[35] 그러나 그동안 오랫동안 논의해온 종교인 과세와 유엔인권이사회가 권고한 차별금지법은 보수 개신교의 반발로 인하여 통과가 불투명해졌다. 군종에 여성도 가능하도록 하여 여성군종장교(불교) 1명이 배정된 바, 총 14명의 여성군종 배치가 가능해졌다.

3) 역대 대통령 중심의 국가와 개신교 관계의 특징

본 글은 과도적 성격을 지닌 장면 내각수반과 최규하 대통령을 제외한 역대 대통령들을 중심으로 국가권력과 개신교 관계를 살펴보았다. 위의 분석에서 대통령을 만든 종교, 당선 이후 인사의 편향성, 종교정책과 법령 등을 검토하여 국가와 개신교 관계에 대한 특

---

34 백중현, 위의 책, 275-276.
35 대통령직인수위원장을 비롯한 인수위원들, 청와대 수석비서관 12명 중 8명, 3실장 모두 그리고 초대내각 18명 중 종교인은 9명인데 그중 개신교인이 4명이었다. 주로 '사랑의 교회' 인맥을 활용하였다(백중현, 위의 책, 276-279). 초대 법무장관이었던 황교안은 박근혜 탄핵 시 국무총리로 재임했다.

징을 분석하고자 한다.

첫째로, 한국에서 국가권력은 대통령 한 사람에게 집중된다. 대통령은 여러 권력 장치들을 동원하여 가히 무소불위의 권력을 장악하고 행사한다. 전근대시기 전제군주나 제왕처럼 군림한다. 짐이 곧 국가라고 말한 17세기 프랑스의 루이 14세가 연상된다.

둘째로, 대통령이 가진 종교 혹은 종교성향이 개신교 혹은 개신교 친화력을 가질 때 반공주의적 보수 개신교와 결합되거나 유착된다. 이승만, 박정희, 전두환, 노태우, 김영삼, 이명박, 박근혜 등이 대통령일 때 그들의 정권유지를 위하여 보수 개신교가 동원되었다. 이명박 대통령에 이르러 보수 개신교는 최고의 권력을 누리며 이명박 대통령 퇴진까지 운위하였다.

셋째로, 김대중 대통령과 노무현 대통령 시기 10년 동안 진보 개신교 인사들이 등용되었고, 보수 개신교는 소외를 당하였다. 전두환 대통령 때부터 시작된 진보 개신교의 반미운동이 성장하여 김대중과 노무현 정권 때 최고조에 이르렀고 통일운동이 발전했다. 반면 반공주의를 신봉하는 보수 개신교가 정치권력으로부터 소외되면서 질적으로 더 공고해진 반공적 보수 개신교는 진보 개신교를 용공, 친북, 종북으로 정죄하고, 노무현 정권 퇴진 운동까지 벌였다.

넷째로, 보수 개신교가 불의한 권력이나 독재 권력과 유착/결합을 유지하며 교인과 교회의 수를 증가시키고, 더 나아가 목사/장로 등의 개인적 권력이나 명예를 높이는 일에 매진하였다. 반면, 진보 개신교는 불의한 권력이나 독재 권력이 노동자나 사회적 약자 등에 대한 인권 탄압을 자행하거나 반독재민주화운동에 대한 탄압과 고문 및 학살을 저지를 때 약자들을 편들고 지지하면서 고난을 겪었다.

다섯째, 반공적 보수 개신교는 대통령직을 누가 수행해도 자기들만의 교회의 유익을 위하여 국가나 시민사회의 공익적 사업이나 이를 위한 입법 등을 반대했다. 또한 가톨릭이나 불교 등 이웃종교에 대하여 차별을 부추겼다.

여섯째, 반공주의 보수 개신교에 대한 신학적 연구와 논의가 필요하다. 특히 반공적 보수 개신교가 불의한 정권이나 독재 혹은 인권탄압 정권과 결합하고 유착하여 권력을 행사하면서, 불의한 독재정권을 비판하고 저항하다가 고난당하는 개신교인을 친공, 용공, 종북으로 정죄하고 억압하고 탄압할 때, 과연 이들 반공주의 개신교를 신학적으로 어떻게 이해하고 교제해야 할까? 이에 대하여 상황과 신학을 대면시켜 심도 있는 신학 논쟁이 있어야 할 것이다.

3. 정교관계의 혼란과 새 창조: 공공성 실현을 위한 교회의 정치적 참여

1) 박근혜 대통령의 헌법 위배 행위와 법률 위배 행위: 탄핵국면

지금 탄핵정국에서 보면, 박근혜 대통령은 비선실세로서 사적 개인인 최순실에게 국정의 중요한 결정을 맡겼고 결국 국정농단을 허락하였다. 이는 대통령 박근혜는 대통령이 국가이고, 국가는 바로 짐이고, 짐이 곧 국가라는 봉건적 사고방식을 가지고 국민 위에 군림한 것은 아닌지 박근혜의 성장사와 가정사를 살펴볼 필요가 있다. 60여 년 전 일제강점기 봉건적 삶에 젖어 제왕적 독재정치를 실시한 박정희의 가부장적 가정 문화에서 성장하고 훈육 받은 박근혜가 제왕적 군림을 하면서 일개 집사 같은 여인에게 권력과 정사를 넘긴 것이다. 그동안 1987년 시민혁명이 있었고, 김대중 대통령과 노무현 대통령 시기를 거치면서 주권재민사상과 법치적 사회정의가 한국 사회의 밑바탕에 편만해 있다는 사실을 간과한 것이다.

대한민국 헌법 1조는 "대한민국은 민주공화국이다. 대한민국의 주권은 국민에게 있고 모든 권력은 국민으로부터 나온다"라고 규정한다. 주권을 가진 국민들은 직접선거를 통하여 권력을 대통령에게 위임함으로써 대통령은 국가의 원수로서 그리고 행정부의 수반으로서 헌법에 대한 준수와 수호의 책무를 지니고 그 직책을 수행해야 한다. 그러나 박근혜 대통령은,

국민 주권주의 및 대의민주주의, 법치국가 원칙, 대통령의 헌법수호 및 헌법준수 의무, 직업공무원 제도, 대통령에게 부여된 공무원 임면권, 평등원칙, 재산권 보장, 직업 선택의 자유, 국가의 기본적 인권 보장 의무, 개인과 기업의 경제상의 자유와 사적 자치에 기초한 시장경제질서, 언론의 자유 등 헌법 규정과 원칙에 위배하여 헌법질서의 본질적 내용을 훼손하거나 침해 남용하였다[36]는 것이다.

구체적으로 살펴보면, 첫째로 헌법 위배 행위다. ① 국민주권주의, 대의민주주의, 국무회의에 관한 규정, 대통령의 헌법수호 및 헌법준수 의무, ② 직업공무원 제도, 대통령의 공무원 임면권, 평등원

---

36 PDF 파일 "대통령(박근혜) 탄핵소추안" (2016.12.3. 발의자: 우상호, 박지원, 노회찬 의원 등 171인), 2. (본 필자가 원문에서 일부 내용을 가공했음.)

칙, ③ 재산권 보장, 직업선택의 자유, 기본적 인권보장의무, 시장경제질서, ④ 언론의 자유, 직업선택의 자유, ⑤ 생명권 보장(세월호희생자들)을 행하지 못했다. 둘째로, 법률 위배 행위다. ⑥ 재단법인 미르, 재단법인 케이스포츠 설립, 모금 관련 범죄, ⑦ 롯데그룹 추가출연금 관련 범죄, ⑧ 최순실 등에 대한 특혜 제공 관련 범죄, ⑨ 문서유출 및 공무상 취득한 비밀누설 관련 범죄 등이다.[37]

2) 민주·평등·공공성의 새 민주공화국을 제안

탄핵 이후 국민들이 추진해야 할 과제는 정권교체를 넘어, 대통령이 헌법 위배와 법률 위배 행위를 가능하게 한 제도를 고치고 수정하여 주권재민의 법치 제도를 확립하는 것이다. 다음은 "민주·평등·공공성의 새 민주공화국을 제안"하기 위하여 '전국교수연구자비상시국회의'와 '박근혜정권퇴진비상국민행동'이 "2017 새 민주공화국 제안을 위한 심포지엄"을 공동주최한 주제들이다.[38] 공동주최 측은 여덟 가지 부문에서 새롭게 논의하고 집행해야 할 과제를 제안했는데 큰 주제들은 다음과 같다.

(1) 공공적-민주적 국가구조의 재설계
　　① 선거제도 및 정당개혁
　　② 검찰, 사법 및 국가기구 개혁

---

37 위의 책.
38 PDF파일, "2017 새 민주공화국 제안을 위한 심포지엄" (2017년 1월 19일, 20일 오전 9시 30분, 국회도서관 대강당).

③ 지방자치

④ 언론개혁

(2) 외교안보정책의 개혁

　　① 한미동맹과 MD/사드/한미일군사협력

　　② 남북관계와 개성공단/핵 이후의 남북관계

(3) 시민교육의 재설계

　　① 교육거버넌스

　　② 유초중등교육 개혁과 교육복지

　　③ 신자유주의 대학 파괴를 극복하는 새로운 대학체제

　　④ 교육노동문제의 해법

(4) 사회적 차별 극복과 평등인권

　　① 젠더평등사회

　　② 소수자차별

　　③ 장애인차별

(5) 재벌개혁과 공공적 민주경제의 재구축

　　① 재벌개혁/규제/통제

　　② 민영화 저지 및 공공부문개혁

　　③ 복지정책

　　④ 보건의료정책

(6) 환경생태 및 안전사회의 재구축

　　① 원전문제

　　② 대안농업정책

　　③ 환경문제

(7) 노동 존중 사회를 위한 개혁 과제

① 노동정책 일반

② 비정규직 문제의 획기적 해결을 위한 법적 재검토

(8) 문화와 여유가 있는 시민 공동체

① 새 공화국의 주거환경공간 정책

② 새 공화국의 문화적 정체성

③ 개인과 독립적 시민의 연대 공동체

3) 새로운 민주공화국의 설립과 개신교인들의 정치적 참여

새로운 민주공화국과 같은 새로운 체제와 질서를 만들려면 개신교는 과거의 삶에 대한 성찰을 통해 반성해야 한다. 그동안 반공적 보수 개신교는 자신 중심의 이익을 챙기기 위한 이익집단이 되어 시민사회의 공공성에 대한 이해가 없는 몰지각한 행동을 했다. 2013년 경북 구미의 한국인들 일부가 박정희를 신격화 혹은 반신(半神)으로 여기는 가운데,[39] 개신교 목사와 교회들이 고(故) 박정희 추모예배를 행했다. 십자가 대신에 박정희 영정을 걸어놓고 추모예배 드렸는데, 어느 목사는 "한국은 독재해야", "하나님이 독재 하셨어!"라는 말을 설교에서 했다.[40] 이번 탄핵정국에서 박근혜는 이러한 류의 개신교 대형교회 목사에게 구국기도회를 열어달라고 부탁을 했다.[41] 보수 개신교의 일부 목사들은 박근혜 대통령의 하

---

39 "'박정희 신격화' 구미시 왜?", 「일요시사」 (2016.11.01).

40 '박정희 추모예배' 목사 "한국은 독재해야", 「머니투데이」 (2013.10.27).

41 "박근혜, 대형교회에 자기 지지하는 집회 열어 달라 부탁" 보도 파문, 「스토리369」 (2016.12.21).

야반대 집회를 열면서 더 많은 수의 시민들이 참가한 촛불집회를 종북으로 몰기도 했다.[42]

이렇듯이 종북몰이를 해대는 반공적 보수 개신교인들은 하나님의 말씀인 성경의 용서, 화해, 평화에 대한 가르침을 실천하기보다 혹은 구세주이신 예수 그리스도의 십자가의 사랑과 용서와 화해를 행하기보다 반공주의를 더 굳게 신봉하고 있다.[43] 이들은 일상 삶에서 다른 의견을 가진 기독교인과 시민들을 친북이나 종북으로 입버릇처럼 쉽게 매도하였다.

2015년 종교인구 통계에 따르면, 개신교인은 968만 명으로 한국 전체 인구의 19.7%에 이른다.[44] 근래 박근혜 탄핵에 대한 설문 응답을 분석하면 '박근혜 하야·탄핵' 여론 42.3% → 55.3% → 60.4%로 점점 많아지고 있는데, 이는 보수 성향에서도 '자진 사퇴 및 탄핵' 의견이 1위를 차지했다.[45] 이러한 탄핵찬성 비율을 전체 개신교인 수와 관련시키면 개신교인의 탄핵 찬성인은 약 585만 명이나 된다. 그동안 무비판적으로 친정부적 맹종을 일삼던 보수 개신교 세력이 목하 의미 있는 변화를 하고 있다. 박근혜 탄핵 이후 하나님이 은혜로 주실 잠정적 새 하늘 새 땅과 잇댄 새로운 민주공화국 건설에 참여할 개신교인들이 늘어나는 중이다.

---

42 '박근혜 수호자 자처하는 '애국' 기독교':'대통령 퇴진' 요구에 맞불 놓는 기독인들, 26일에도 '하야 반대' 집회, 「뉴스앤조이」(2016.11.21.).

43 임희모, "남북한 분단체제와 평화통일운동으로서의 선교", 「선교와 신학」 제35호(2015, 봄), 118-158 특히 150-152.

44 통계청, "2015년 인구주택총조사 표본집계결과" (2016년 12월 19일 발표).

45 "박근혜 하야·탄핵' 여론 42.3% → 55.3% → 60.4%: 보수 성향에서도 '자진 사퇴 및 탄핵' 의견이 1위", 「리얼미터」(2016년 11월 10일).

V. 하나님 나라와 메시아 예수의 제자도 선교

여기에서는 하나님께서 한국에서 이루실 하나님 나라 건설에 어떻게 예수 메시아의 제자공동체인 한국 개신교회가 메시아 예수의 선교사로서 참여할 것인가를 다룬다. 구체적인 역사 현실에서 하나님의 의를 이룰 수 있는 정치적 구조로 새로운 민주공화국을 상정하고 어떻게 예수제자공동체와 그리스도인들이 제자도를 실천할 것인가를 다루려고 한다. 이러한 실천적 추진동력구조를 하나님 나라의 메시아적 제자도의 선교라는 언어로 표현한다.

1. 하나님 나라와 선교사 예수 메시아

"하나님 나라는 특히 가난한 자들과 억눌린 자들에 대한 메시아적 평화와 정의와 화해의 나라다." 또한 "하나님 나라는 세상을 향한 하나님의 선교(missio Dei)이고 또한 세상 속으로 사람을 보내는 활동파송(tätige Sendung)이다."[46] 바꿔 말하면 하나님 나라는 메시아 예수가 사회적 약자들을 자유하게 하고 해방함으로써 평화와 정의와 화해를 이루는 나라다. 이러한 하나님 나라는 하나님께서 세상을 향하여 선교하시고 세상 속으로 메시아적 공동체로서 교회와 메시아적 인간존재인 그리스도인들을 보내는 활동적 파송이다.

---

46 K. Blaser, "Reich Gottes", in: Karl Müller und Theo Sundermeier (Hg.), *Lexikon Missionstheologischer Grundbegriffe* (Dietrich Reimer Verlag, 1987), 405.

1) 예수 메시아와 하나님 나라

구약성경에서 메시아는 야훼의 기름부음을 받은 자이고, 메시아를 기억한다는 것은 메시아와 메시아의 구원하는 통치를 희망함을 의미한다.[47] 하나님은 이스라엘과 계약을 맺으시고 이스라엘을 통하여 모든 민족을 향한 구원 활동을 기대하였다. 그러나 인간과 제도가 악하므로 우상숭배와 부패와 타락과 불의를 자행하자 하나님은 이들을 구원할 메시아의 보냄을 약속하였다. 메시아의 오심은 구약시대의 유대인들의 기다림과 희망 속에서 뿐만 아니라 오늘날 이스라엘과 유대인들의 희망 속에도 남아있다. 신약성경에 의하면 이러한 유대적 메시아가 나사렛 예수로서 활동하면서 하나님 나라를 선포하고 증언하고 직접 실현하였다. 이러한 하나님 나라와 이를 실천한 예수 메시아의 인격과 삶의 관계를 해석학적으로 볼 때, 이 양자(하나님 나라와 메시아 예수)는 서로 영향을 주고받으면서 발전하고 성장하였다.

예수 당시 하나님 나라 사상은 대개 다섯 가지로 논의되었다.[48] 출애굽 과정에서의 신정통치적 만인평등사회공동체, 하나님의 계약에 대한 율법적 문자적 실천(바리새파), 성전의식 중심의 국가의 평안과 보전(사두개파), 다윗왕조 회복의 급진적 저항 활동(열심당, 시카리파) 그리고 묵시적 종말론적 새 하늘과 새 땅의 평화(쿰란공

---

47 Jürgen Moltmann, *Der Weg Jesu Christi: Christologie in messianischen Dimensionen* (München: Chr. Kaisr Verlag, 1989), 17.
48 윤철호, 『너희는 나를 누구라 하느냐: 통전적 예수 그리스도론』 (대한기독교서회, 2013), 228-233.

동·체 에세네파)에 관한 논의가 논쟁적으로 진행되었다. 그러나 예수 메시아의 하나님 나라 이해와 실천은 이들과 달랐다.

메시아 예수는 하나님 나라 활동으로 말씀 선포와 행동을 하였다. 성령 충만하여 세례자 요한에게 세례를 받으심으로 메시아에 등극하고, 갈릴리 중심의 하나님 나라 사역과 제자공동체를 조직하고 훈련하여 제자들을 선교사로 파송하였다. 하나님 나라 백성이 행해야 할 사랑의 윤리적 삶과 실천을 가르쳤고, 하나님 나라의 도래의 표징으로 치유와 축귀와 이적을 행하고, 농부 지혜자로서 나사렛 예수는 비유와 격언을 통해 백성들을 하나님 나라로 초대하고 개방적 공동식사를 통하여 하나님 나라를 증언하였다. 역사적 예수 연구가인 마커스 보그는 예수를 유대교 신비가로 서술하는데, 이 말은 영의 사람, 치병자, 지혜의 교사, 사회적 예언자, 운동의 선구자를 포함한다는 것이다.[49] 또한 그는 예수를 기독교메시아로 규정하면서 이는 하나님의 아들, 하나님의 말씀, 하나님의 지혜/소피아, 하나님의 어린양, 세상의 빛, 생명의 빵, 알파와 오메가, 만물의 첫 열매 등과 같은 의미라고 한다.[50]

예수가 말하고 행한 하나님 나라는 몇 가지로 해석된다. 예수 메시아가 언급한 하나님 나라는 미래에 올 하나님 나라(미래적 종말론)로 이해되기도 하는데, 천재지변 등 묵시적 종말론과 관련을 갖기도 한다. 또한 이미 예수의 인격과 삶을 통하여 하나님 나라가 실현되었다(실현된 종말론)는 언급도 있다(마 2:28; 눅 11:20; 눅 17:

---

49 마커스 보그 & 톰 라이트/김준우 역, 『예수의 의미』(한국기독교연구소, 2001), 92.
50 위의 책, 92-94.

21). 그리고 이미 시작된 그러나 아직 아닌 하나님 나라 즉 현재와 미래의 변증법적 종말론으로 이해하기도 하는데 예수의 비유(겨자씨, 누룩, 씨 뿌리는 자) 그리고 연대기적으로 시간상의 일보다는 개인의 실존적 관점에서 해석하기도 한다. 이에 대하여 몰트만은 예수가 말한 하나님 나라를 하나님께서 시간적, 공간적, 우주적 차원에서 미래를 현재 이곳으로 밀어붙이는 하나님 나라(미래와 현재 속에 있는 역동적 역사변혁적 종말론)로 이해한다.[51] 미래를 현재로 끌어들임으로써 현재의 구시대와 구체제를 변화시켜 역동적으로 새로운 현재를 창조하는 하나님 나라 이해이다. 이러한 하나님 나라 이해는 사회변혁과 정치변혁 추구의 선교를 가능하게 한다.[52] 현재의 불의와 억압, 가난과 질곡 등을 극복하고 미래에 이루어질 하나님의 정의와 평화와 생명살림을 역사적으로 이 자리에서 선취하여 미리 맛보는 하나님 나라의 선교를 이끌어낸다.

이러한 여러 관점을 갖는 예수의 하나님 나라는 통전적 이해를 가능하게 한다. 전통적으로 하나님 나라에 대하여 이 세상과 역사와는 무관하게 개인주의적, 내면적, 영적, 내세적, 미래적, 초월적 이해를 해왔다. 한편 예수의 하나님 나라는 불의와 억압, 착취를 통해 가난을 양산하는 세력과 제도에 대한 저항과 변혁을 일으키는 사회적, 정치적, 공동체적 성격을 갖기도 한다. 이러한 양면성을 지닌 하나님 나라 즉 양분화된 하나님 나라 개념을 하나로 통전하고

---

51 J. 몰트만/박봉랑 외 역, 『성령의 능력 안에 있는 교회』(한국신학연구소, 1984), 211-218.
52 Wilbert R. Shenk (ed.), *The Transfiguration of Mission: Biblical, Theological & Historical Foundations* (Scottdale (PA): Herald Press, 1993), 25-34.

통전적 접근을 마련하여 미래적 현재적 하나님 나라를 이 땅에서도 실현할 수 있는 것이다.

2) 하나님의 선교사로서 나사렛 예수

나사렛 예수는 성부 하나님이 이스라엘 땅에서 하나님 나라 선교를 수행하도록 성령의 능력으로 파송하신 선교사이다. 예수는 선교사가 되기 위하여 하나님의 아들 예수로 성령 세례를 받고, 성령에 이끌려 광야에서 40일의 금식을 실행한다(마4:1-11; 막1:12-13; 눅4:1-13). 여기에서 예수는 인간이 유혹당할 수 있는 세 가지의 근본문제를 놓고 악마와 대결하고 선교사의 신앙적 자질 문제를 극복한다. 첫째로, 인간의 본능적 한계에 대한 극복을 질문한다. 40일간의 금식으로 인한 육체적 배고픔의 문제를 어떻게 극복 가능한가? 하나님의 아들로서 하나님과 하나님 말씀에 대한 충실성, 성실성으로 대응한다. 둘째로, 종교적 권위와 교만의 문제로 악마와 씨름한다. 이에 대하여 예수는 하나님에 대한 순종으로 답한다. 셋째로, 세상의 권력 문제를 예수는 우상숭배 문제로 이해하고 오로지 참된 하나님에 대한 경배와 영광을 강조한다. 이렇듯이 하나님의 선교사 자격을 이룬 하나님의 아들 예수는 우선적 선교현장인 갈릴리로 파송되었다.

하나님의 아들 예수 메시아는 고향인 나사렛에서 하나님 나라 선교 선언(Nazareth Manifesto)을 천명하였다(눅 4:16-30). 그리고 갈릴리 가버나움에서 하나님 나라의 도래를 선포하고 회개를 촉구하였다(마 4:12-17). 하나님 나라 복음을 가장 필요로 하는 선교현장이 갈릴리 지역임을 예수는 깨달았다. 아시리아에게 침략당하여 멸망한 북이스라엘의 중심 농경지, 예수는 역사적, 정치적, 종교적, 문화적, 사회적, 인종적으로 차별받고, 소외받고, 억압받고, 착취당하고, 버림받은 스불론과 납달리, 이방인들의 갈릴리 선교현장에서 주민들이 가장 시급하게 필요로 하는 복음, 즉 하나님 나라의 자유, 해방, 평등과 정의, 평화와 생명살림의 복음을 선포하고, 이들을 가르치고, 배우고, 깨우치고, 논의에 참여시키고, 누구에게나 밥상공동체를 개방하여, 밥(물질)을 나누고 섬기는 삶 즉 하나님 나라를 말과 행동으로 만들어갔다.

이러한 하나님의 선교사 예수는 제자들을 부르고 이들을 마을마다 성읍마다 데리고 다니며 현장에서 교육하고 훈련을 시켰다(막 6:6). 평소 예수의 가르침은 권력을 가진 유대 종교지도자들인 바리새파나 사두개인이나 열혈당원이나 에세네파가 가르친 내용과는 확실히 달라 능력과 권위가 넘쳐흘렀다. 예수의 가르침에 수많은 청중들이 예수를 중심으로 모여들었다. 이들 청중들은 자기들의 유익을 구하고 자기들의 필요를 채우기 위하여 예수를 따라다녔다. 그러나 예수에게 이들은 목자 없는 양과 같이 방황하는 무리일 뿐이었다. 어느 누구보다 먼저 이들에게 하나님의 긍휼과 자비가 나누어져야 했다.

몰트만에 의하면 우리가 예수를 하나님의 그리스도로 인식한다면, 예수에게 세 가지 차원의 메시아적 인격이 형성되었음을 알게 된다.[53] 첫째로, 예수의 종말론적 인격 안에 하나님의 사람의 아들

---

53 Jürgen Moltmann, *Der Weg Jesu Christi*, 157-171.

이 인식된다. 이스라엘의 메시아가 모든 민족을 위한 사람의 아들로 이해되고 그 인격 안에 종말론적으로 하나님 나라가 이루어지고 새 창조가 시작되고 희망이 일어난다. 둘째로, 예수의 신학적 인격 안에서 예수는 하나님의 아들, 하나님의 자녀로 인식된다. 하나님을 아빠라고 친밀하게 부르며, 하나님의 자녀인 예수의 인격에서 하나님이 있고 하나님 안에 하나님의 아들 예수가 있다. 셋째로, 예수는 그의 사회적 인격 안에서 인식된다. 가난한 자, 억눌린 자, 병든 자의 형제와 친구로 인식되고 이들과 연대하여 하나님 나라의 형제자매 공동체를 인식하게 된다. 이러한 삼차원을 지닌 하나님의 예수 그리스도의 인격은 하나님 나라의 사회변혁성과 관계적 공공성을 실행하는 통전적 인격이기도 하다.

3) 메시아 예수의 성육신적 선교

하나님의 말씀이 육신의 몸을 입고 인간들 사이에 거주하는 인간이 되심의 사건이 일어난 바 이를 그리스도 예수의 성육신으로 이해한다(요 1:1,14). 이는 선재적 신성그리스도의 성육신이다. 하나님의 말씀 즉 하나님이 인간이 되었다는 성육신을 초대교회는 예수 메시아의 성육신으로 이해했고 오늘날 성육신은 새로운 선교 모델로 논의된다.

하나님의 아들 예수는 성령에 의하여 인간의 몸을 입고 유대인 가정에서 태어나 유대종교문화 속에서 유대인으로 성장하고 유대인들과 더불어 살았다. 공생애를 시작하면서 나사렛 예수로 알려진 메시아 예수는 유대인 농부로서 지혜를 가졌고 일반 유대인들의 마을과 성읍에서 하나님 나라 복음을 전파하고 각종 병자들을 치유하고 귀신들린 자들에게서 귀신을 내쫓고 이적을 행하였다. 이 예수는 당시의 죄인이라고 천대받는 사람들 및 하찮은 사람들과[54] 자신을 동일화하여 세리를 제자로 삼기도 하고 이들과 더불어 열린 공동체 식사를 하였다. 이러한 나사렛 예수는 하나님의 아들로서 사람으로 성육신하여 자신을 유대인들과 동일화하고, 또한 메시아 예수는 하나님 나라 복음을 전하기 위하여 자신을 천대받는 죄인들과 세리들과 동일화하였다. 메시아 예수는 낮은 자의 자리로 내려와 겸손과 자기포기와 자기 비움을 통하여 온전히 섬기는 종의 역할을 수행하였다.

더 나아가 하나님의 그리스도(메시아)가 죄를 짓고 죽을 운명에 빠진 인간을 구원하기 위하여 그리고 종교문화적 사회적 죄악인 억압과 착취로부터 인간을 구원하고 해방하기 위하여 나사렛 예수라는 인간으로 성육신하였다. 성육신하심으로써 메시아 예수는 인간들의 죄를 속하기 위하여 자기희생적 사랑으로 십자가에서 고난을 받고 죽었다. 하나님의 신적 본성을 버리고 낮아져서 인간으로 성육신한 예수가 고통을 받고 죽자 하나님은 죽은 예수를 부활하게 하여 자리를 높여 자신의 오른편에 앉게 하시고 모든 사람들로 하여금 영광을 돌리게 하였다(빌2:6-11).

하나님의 그리스도가 인간 나사렛 예수로 성육신하여 하나님 나

---

54 존 도미닉 크로산/김준우 옮김, 『역사적 예수: 지중해 지역의 한 유대인 농부의 생애』(한국 기독교연구소, 2000).

라 복음을 전파하고 선포하고 증언하고, 더 나아가 자기희생적 사랑을 드러내심으로 십자가의 고난과 죽음을 이기고 성령의 능력으로 죄인들을 구원하고 부활의 영광에 이르렀다. 하나님의 아들인 예수 메시아는 성령 안에서 성육신 선교를 통하여 동일화의 고난과 십자가의 고통을 초월하여 부활의 영광에 이르는 하나님 나라 선교를 수행했다.

2. 성육신적 메시아공동체와 제자도 선교

1) 선교사 메시아 예수와 제자공동체

하나님 나라를 위한 선포와 증언과 삶을 위하여 메시아 예수는 제자공동체가 필요하였다.

메시아 예수가 의도한 제자도의 기본 목표는 제자들이 예수 메시아 자신과 같이 되는 것이었다(눅 6:40). 이를 위하여 메시아 예수는 세 가지 이유를 가지고 제자공동체를 세웠다(막 3:14-15). 첫째로 제자들을 자기와 함께 있게 하는 것, 둘째로 세상으로 파송하여 하나님 나라 말씀을 전파하는 것, 셋째로 권능(전권)을 주어 귀신을 내쫓는 선교를 하는 것이다. 좀 더 설명하면 예수는 일상 삶에서 하나님 나라를 실천하였는데 제자들과 더불어 먹고 쉬고 자는 등 동고동락하면서 이들에게 하나님 나라를 삶으로 가르치고, 이들을 세상으로 파송하여 하나님 나라 복음을 전파하고, 또한 제자들에게 영적 권세를 주어 악한 영(귀신)이 들린 자에게서 귀신을 내쫓는 선교를 하였다.

마가는 3장 13절-6장 13절의 문학적 구조를 치밀하게 평행화하였다. 예수의 열두 제자 선택과 가르침과 파송을 평행형식으로 배치하고 편집하였다. 이를 도표화하면 다음과 같다.[55]

A. 예수의 열두 제자 선택(3:13-19a)
   B. 고향에서 예수는 예루살렘에서 온 율법학자들에게 거부당함. 바알세불 논쟁(3:19b-30)
      C. 누가 진정한 어머니와 형제와 자매인가(3:31-35)
         D. 신앙과 하나님 나라를 가르침(씨 뿌림과 등불 비유, 하나님 나라에 대한 올바른 접근, 부정적 접근)(4:1-34)
            E. 풍랑을 잠잠케 하다(4:35-41)
              ↕ (여기 중앙에 2개의 기적을 배치함: 잠잠한 풍랑, 거라사 귀신들)
            E'. 거라사 귀신들을 내쫓다(5:1-20)
         D'. 야이로와 혈루병 앓는 여인(하나님 나라에 대한 두 사람의 올바른 접근)(5:21-43)
      C'. 야이로와 혈루병 여인을 반복함, 그러나 혈루병 여인에게 보인 긍정적 반응에 반하여, 예수의 혈연적 어머니에 대한 부정적 반응을 대조시킴(5:21-43)
   B'. 고향 사람들에게 예수께서 배척당함(6:1-6)
A'. 예수의 열두 제자 선교 파송(6:7-13)

마가의 편집 의도를 살펴보면, 'A. 예수의 열두 제자 선택'과 'A'.

---

55 Bascom Wallis, *Mark's Memory of the Future: A Study in the Art of Theology* (N. Richland Hills (TX): BIBAL Press, 1995), 77.

예수의 열두 제자 선교 파송' 사이의 B, C, D, E 및 B´, C´, D´, E´의 내용은 예수가 제자들과 함께 지내며 행하고 나눈 하나님 나라에 관한 가르침 비유, 이적 및 이야기들이다. 위의 내용들을 예수께서는 제자들에게 일상 삶에서 가르쳐 숙지하게 하여 세상의 선교 현장으로 제자들을 파송하였다.

메시아 예수의 제자화는 오랜 시간이 걸리는 일이다. 그러나 먼저 제자들은 예수님의 초청(calling)에 응하여 예수님과 대면하고 다른 유대적 예언자들과는 확연히 다른 카리스마를 인격적으로 접하고 즉각적으로 순종하는 과정을 거친다(막 1:16-20). 이후 제자들은 과거의 생각과 삶과 재산을 내려놓고 가족과 친척, 고향을 떠나 예수를 전적으로 따르는 자들이 된다. 이렇듯이 예수의 부르심에 대한 철저한 소명의식과 순종 없이는 하나님 나라를 세우려는 메시아 예수의 제자가 될 수 없다. 이러한 제자도를 실천함으로써 예수의 십자가적 고난과 이에 대하여 하나님의 은혜로 주어지는 부활의 영광에의 참여가 기대될 수 있는 것이다.

2) 메시아 예수의 성육신: 메시아공동체 선교

메시아 예수의 제자공동체로서 교회는 메시아 예수가 성육신한 공동체이다. 본회퍼는 기독교와 예수 메시아와 제자도의 관계를 다음과 같이 서술한다. "살아있는 예수 그리스도[메시아]가 없는 그런 기독교는 필연적으로 제자도가 없는 기독교로 남게 되고, 제자도가 없는 그런 기독교는 항상 예수 그리스도[메시아]가 없는 기독교다.

그것은 관념이고 신화이다."[56] 기독교는 예수 메시아가 성육신하여 말씀으로 살아있고 행동적 실천으로 움직이는 공동체다. 예수 메시아를 성육신적으로 따르는 제자도가 없고 하나님 나라를 실천하지 않는 그런 기독교는 예수 메시아의 기독교가 아니다. 제자도가 없는 기독교는 한낱 관념일 뿐이고 허탄한 신화에 지나지 않는다.

예수의 메시아적 사명을 지닌 제자들의 공동체는 예수 그리스도를 머리로 하는 몸으로서 교회이다. 이러한 교회는 메시아적 교회로서 기쁜 소식을 전하는 자로서 사명(눅 4:18-19)을 갖는다. 이러한 사명은 구약 이스라엘 예언자들이 강조한 복음 선포 사명의 연장선에 있다. 즉 가난한 자, 억눌린 자, 귀신들린 자들이 자유하고 해방 받고 치유되는 기쁜 소식을 전하는 것이다. 이러한 사명자 교회는 이들을 직접 대면하여 자유와 해방과 치유를 행하는 주체로 활동하면서, 다른 한편 이러한 부정적 현상들을 만드는 수탈 체제와 억압 제도에 대한 개혁과 변혁을 일으키는 역할을 수행한다.

몰트만은 이러한 메시아적 사명을 가진 교회를 출애굽의 공동체로 이해한다. 교회는 죄에 노예된 백성들을 노예성으로부터 해방하고, 가난한 자를 위한 복음을 선포하고, 하나님 나라 도래를 위하여 미래를 향한 회개를 촉구하고, 하나님 나라를 위한 메시아 예수의 고난과 죽음, 이를 부활의 시선에서 바라보고 인간 구원을 이룬 해방자 예수 그리스도를 선포하는 것이고, 메시아적 세계 선교를 수행하는 것이다.[57]

---

56 Dietrich Bonhoeffer, *Nachfolge* (13 Auflage. München: Chr. Kaiser Verlag, 1937, 1982), 30.

이러한 출애굽 공동체로서 메시아적 사명을 수행해야 하는 교회는 현대 현실세계에서 책임을 가지고 살아야 한다. 이를 위하여 교회는 세속적 직업을 가졌거나 공직 수행을 하는 기독교인을 다양한 삶의 현장으로 메시아적 파송을 한다. 몰트만에 의하면 세계와 지구에 편만한 영적인 세력이 끼치는 파괴와 죽음에 직면하여 저항하고 희망을 찾고 삶의 의지를 드러내는 선교를 메시아적 기독교인이 수행해야 한다. 또한 경제적 삶의 과정에서 공동생활과, 정치적 삶의 과정 안에서 인권을 그리고 문화적 삶의 과정 안에서 개방된 동일성을 추구하는 선교를 실천해야 한다.58 현대의 세속적 삶의 과정 안에서 메시아적 교회는 메시아적 기독교인들을 파송하여 구태에 젖어 파괴와 죽임을 지향하는 현재에 저항하고 현재를 변혁하여 새로운 삶과 생명살림의 미래적 현재를 창조해야59 하는 과제를 갖는다.

　　오늘날 삶의 각 현장으로 평신도 전문가를 파송하여 복음화하는 선교적 교회(missional church) 운동이 논의되고 있다. 선교적 교회는 하나님의 선교 개념 하에 소속 평신도들을 교육하고 준비시켜 그들의 삶의 현장으로 파송하여 교회적 역할을 수행하도록 하는 교회운동이다. 어쨌든 이러한 교회운동은 성령의 능력 안에서 교회가 메시아적 파송을 받고 저항과 시민불복종과 사회변혁을 포함하는 각종 변혁운동을 하나님의 선교로 발전시킨다.

---

57 J. 몰트만/박봉랑 외 역, 위의 책, 91-100.

58 위의 책, 183-211.

59 1984년 이후 몰트만은 사회적, 정치적 이슈를 넘어 생태 문제와 창조신학에 집중하여 저서를 출간하고 있다.

3) 성육신적 제자도 선교: 개별 그리스도인의 카리스마적(은사적) 접근

여기에서는 개인 차원의 메시아적 제자도를 말하고자 한다. 메시아 예수가 사람을 부르고 따라오라고 말씀하신 것은 우선 예수 자신과 개인적으로 인격적 관계를 맺도록 제안한 것이다. 다른 대안적 삶이나 종교적 분파나 새로운 사회조직에 가담하라는 것이 아니다.[60] 예수께서 갈릴리에서 하나님 나라 운동을 하시는 중 세관을 지나가다가 그 앞에 앉아있는 마태를 부르셨다(마 9:9-13). 마태는 세리로서 사회통념상 죄인으로 여겨져 감히 예수에게 다가갈 수 없었지만, 나를 따라 오라는 말에 일어나서, 예수를 따라갔다. 마태는 빈부귀천을 따지지 않고 기존사회의 질서를 혁파하는 예수의 메시아적 인격을 개인적으로 접하고 제자가 되었다. 이러한 제자도는 개인적으로 스승과 친밀한 인격적 만남을 통하여 새로운 삶으로 나아가게 된다. 예수와 관계 맺어진 제자는 전적으로 스승인 예수를 따라 삶으로써 스승처럼 되는 제자도이다. 예수는 하나님 나라를 위하여 복음 선포와 하나님 나라 증언을 하시고, 권능을 가지고 개인적이고 사회적인 치병치유와 축귀를 행하셨다. 이러한 스승의 모든 사역을 제자는 수행해야 하고 스승처럼 되어야 한다. 여기에서 중요한 것은 하나님의 은혜로 그만큼 스승인 예수님을 잘 알고 이해하고 믿고 순종하고 고난을 받고 죽음에 이르고, 성령 안

---

60 Michael J. Wilkins, "Disciple, Discipleship", A. Scott Moreau et al (eds.), *Evangelical Dictionary of World Missions* (Baker Books, 2000), 278-280.

에서 순교를 할 수 있는 정도까지 이르는 일이다.

요한복음은 우리에게 진정한 제자도를 살게 한다.[61] 첫째, 진정한 제자도는 모든 분야의 삶에 진리가 되는 예수님의 말씀 안에서 머물러 사는 것이다(요 8:31-32). 둘째, 진정한 제자도는 예수님이 제자들을 사랑한 것 같이 제자들이 서로 사랑하는 것이다(요 13:34-35). 셋째, 진정한 제자는 다음과 같은 열매를 맺는다: 성령의 열매(갈 5:22-26), 새로운 개종자(요 4:3-38; 15:16), 공의와 선행(빌 1:11; 골 1:10). 그리고 세상을 향하여 메시아 예수와 하나님 나라를 선포하고 증언하는 일이다(요 20:21). 진정한 메시아적 제자도는 메시아 예수와 같이 되는 것이다. 이를 위하여 예수님과 개인적으로 인격적 친밀성을 가지고, 타자를 예수님에게로 부르고, 제자들 간에 서로 사랑하고, 하나님 나라의 열매를 맺는다. 메시아 예수의 제자도를 실천한 선교사 한 분을 여기에서 소개한다.

쉐핑(徐舒平, Elisabeth J. Shepping, 1880~1934) 선교사는 메시아 예수를 닮아 성육신적 선교를 실시했다.[62] 독일계 미국인인 쉐핑은 여성 간호선교사 신분으로 1912년 한국에 도착하여 메시아 예수 그리스도의 복음을 전하고 증언하였다. 한국인보다 더 한국인으로서 가난하고 불우한 여성들을 위하여 그들과 똑같이 살았다. 한국 여인처럼 된장국과 검정고무신을 신고 다니면서 예수의 복음 전도자로, 간호선교사로, 교육선교사로, 사회구제와 사회개혁자로 삶을 살았다. 당시『동아일보』(1934. 6. 29.)는 불우한 한국여성들

---

61 위의 책, 279.
62 임희모,『서서평, 예수를 살다』(도서출판 케노시스, 2015).

을 위하여 그들의 일인이 되어 인류애를 실천하면서 생명과 청춘과 열정과 재산을 다 바쳤다고 사설에서 헌사를 했다.

개인적 제자도는 메시아 예수와 인격적 친밀성을 닮아 삶의 전 분야에서 하나님 나라를 세우기 위하여 실천하는 삶이다. 이러한 제자도는 오늘날 삶의 모든 분야에서 하나님 나라를 이루려는 노력을 통해 일어난다. 메시아 예수의 제자는 공적 영역이든 사적 영역이든 인간 세상에서 하나님 나라 복음을 선포하고 증언해야 한다.

메시아적 제자도의 개인적 실천은 공직자나 사적인 기업가나 누구든지 그 직책에서 하나님 나라를 이루는 공공적인 가치를 실현할 때 일어난다. 예컨대 헌법을 위배한 대통령 박근혜의 탄핵국면에서 볼 때, 만약 직책 남용을 하는 대통령에 대하여 기독교인 각료가 메시아적 제자도를 실천한다면 그는 대통령에게 하나님 나라의 정의에 기반한 대안을 제시하고 이것이 수용되지 않으면 그 직책을 미련 없이 떠날 수 있어야 한다. 정치적 견해 차이로 박근혜의 초대 각료 중에서 2명(진영 보건복지부장관, 유진룡 문화체육관광부 장관)은 사퇴하고 직책을 떠났다. 이들은 예수 메시아의 제자도를 실천한 각료임에 틀림없다.

3. 한국의 국가와 교회 관계에서 하나님 나라의 메시아적 제자도 선교

여기에서는 앞서 국가와 교회 관계에 대하여 한국교회 상황에서 논의한 세 가지 유형(II.3)을 하나님 나라 관점에서 비판적으로 검토하고 예수 메시아적 제자도 선교를 구체적으로 어떻게 수행할 것인가를 논의한다.

1) 질서신학적 이데올로기적 보수 개신교 유형

한국의 보수 개신교는 한국 헌법이 규정하는 바 정교분리 원칙을 저해하고 있다. 국가와 교회 관계에서 보수 개신교가 국가와 대통령에 대하여 이기주의적 행태를 심하게 보임으로써 불교나 가톨릭, 더 나아가 진보 개신교로부터도 비판을 받고 있다. 초대 이승만 대통령 때부터 시작된 이기주의적 특권을 누린 개신교는 김대중 대통령과 노무현 대통령 시기 10년 동안 권력으로부터 상대적으로 소외를 당하였다. 이 시기 진보 개신교가 권력에 가깝게 지냄으로써 보수 개신교는 명분도 없이 심하게 정권에 대항하였고 진보 개신교에게도 적대적 행동을 취했다. 이로 인하여 한국의 보수 개신교가 사회적 신뢰를 크게 잃었고 교회 성장이 둔화되기 시작하였다. 더불어 대형교회 목사들의 비리가 언론에 터지기 시작하였다. 보수 개신교가 갖는 이러한 부정적 사회적 여론으로 인하여 한국 개신교가 전반적으로 하나님의 영광을 가리는 모습으로 비쳐졌다. 이후 개신교는 사회적 영향력을 잃었고 선교 능력도 잃고 쇠퇴하기 시작하였다.

이러한 보수 개신교 상황에서 하나님 나라의 정의, 평화, 생명살림을 중심으로 하는 예수 메시아의 변혁적 선교와 이를 성육신적으로 오늘날 한국에서 실천해야 할 과제를 갖는 제자공동체의 선교를 어떻게 방향 지을 수 있을까?

우선 한국의 보수 개신교는 내세적이고 영적인 구원과 교회 내적 생활에 집중한다. 이러한 의미에서 보수 개신교는 교회 밖의 사회적, 정치적 사건에 대한 선교적 과제를 논의하기에 명백한 한계를 갖는다. 그동안 보수 개신교는 신학적으로 비사회적, 비정치적 경향을 강하게 보인 반면 교회 성장에 집중하였다. 그러므로 현실적 상황에서 정의와 평화와 생명을 다루는 하나님 나라 선교를 언급하기가 저어된다. 그리고 보수개신교는 정치적 해석을 해야 하는 메시아 예수의 하나님의 선교를 이해할 수 없었다. 이러한 보수 개신교회가 메시아적 선교공동체로서 하나님의 구원활동에 참여해야 한다는 논리도 이해하기 어렵다.

이러한 의미에서 본 글은 하나님 나라 선교 논리와 무관하게 보수 개신교에 대하여 몇 가지 제안을 하고자 한다.

첫째, 보수 개신교는 특히 다원종교 사회인 한국에서 정교분리 원칙이 원활하게 작동되게 할 필요가 있다. 다원적 종교사회인 한국 사회가 안정을 유지하도록 그리고 종교 특히 불교와의 갈등이 해소되도록 노력해야 할 것이다.

둘째, 보수 개신교는 영육 이원론적 신앙관을 배경으로 구령 중심의 신앙생활을 하다 보니 자기들만 구원을 얻은 것으로 오해하여 구원이기주의에 빠져 타종교인들을 무시하는 배타성을 가지고 있는데, 이를 극복할 필요가 있다.

셋째, 극단적 반공주의에 대한 시각을 조정해야 할 것이다. 다른 의견을 가진 자에 대하여 용공, 친공, 친북 등으로 매도하고 정죄하는 것은 성경에 의하면 형제 살인 행위와 같은 악이다.

넷째, 가난하고 억눌리고 감옥에 던져진 사람/형제가 고난을 받고 억울하게 억압/탄압을 받을 때 이들을 위한 지원과 협조를 해야 하는 것은 성경적이다(마 25장). 그러나 보수 개신교는 정치적 행위라는 이름으로 이들을 외면했고, 이들에 대해 침묵을 지켰다.

다섯째, 독재국가가 박정희를 신으로 공경하고 무소불위의 권력을 통해 독재와 인권탄압과 살인/폭력을 자행할 때에도 보수 개신교는 침묵을 지킴으로써 무언의 동조를 했다. 하나님의 자리를 꿰찬 권력에 대하여 우상숭배라는 신앙고백적 저항을 할 필요가 있었다.

여섯째, 하나님 나라의 관점에서 국가가 민주질서 유지와 공공복지 등 공동선 향상을 기하도록 국가에 협력을 할 필요가 있다.

일곱째, 보수 개신교의 이원론적 신앙관이 교회생활에 대하여 정치영역과 종교영역을 따로 구분하여 교회는 정치에 무관심을 보여야 한다고 주장함으로써 올바른 정치의식을 불러일으키지 못하였다. 그러나 반대로 정치 무관계성을 강조하는 근본주의적 정교분리론자들이 극단적으로 정치에 참여하여 문제의 장본인들이 되었다.[63] 역대 대통령 선거에 출마한 개신교 장로를 보수 개신교인들이 적극적으로 선거에 참여하여 당선시킨 예들이 있는데 이는 정치적 이기주의적 신앙 행태가 심각함을 보여준다. 교회가 그리스도인들에게 올바른 정치의식을 교육할 필요가 있다.

---

63 백종국, "한국 기독교인의 정치참여",「신앙과 정치」제3호 (2010.5), 91-100.

2) 종말론적 현실주의적 유형 혹은 질서신학적 개인윤리적 유형

보수 개신교와는 달리 개혁적 성향을 지닌 복음주의자들의 정교 관계를 검토할 필요가 있다. 이들을 개혁적 복음주의라고 볼 수 있다. 성경 해석 관점을 근본주의적 입장으로 취하면, 이들은 질서신학적-개인윤리적 유형에 포함시킬 수 있다. 국가관에서 국가에 대하여 맹목적 순종을 강요하기 때문인데 이 경우 개인윤리 차원에서 국가공무원 등을 비판하는 정도에서 윤리적 개혁성을 드러낸다.

종말론적 현실주의적 유형은 근본주의자들보다 넓은 성경 이해와 좀 더 넓은 해석의 여지를 갖는다. 교회가 보다 적극적으로 정치에 참여하고 공공성 있는 국가의 일에 개입하고 간섭한다. 국가권력에 대하여 예언자적 비판을 가할 수도 있을 것이다. 그러나 이 그룹의 대부분은 노조운동을 강하게 반대한다. 사회적 약자나 인권 문제에 대한 접근에 있어서 정치적, 사회구조적 접근보다는 개인윤리적이고 구호적 입장에서 접근하려는 경향을 가진다. 이러한 의미에서 메시아적 정치변혁 선교에 한계를 갖는다. 그러나 이 그룹은 하나님 나라를 위하여 공정한 선거운동 등에 관심을 갖는다.

3) 그리스도 중심적 에큐메니칼 정치적 유형

그리스도의 주권(Lordship)을 강조하면서 1970년대부터 반독재민주화 운동과 노동자 인권신장 등 민중운동을 통하여 예언자적 비판과 저항을 하였다. 이들은 경제사회개혁과 정치개혁 등 메시아

운동에 참여하여 고난을 받고 감옥에도 갔다. 1980년대에는 평화와 통일운동에도 참여하였다. 독재정권의 억압과 탄압 상황에서도 정의, 평화, 통일 등 하나님 나라 운동에 참여하였다. 그러나 그동안 고난 받고 어려움을 겪었던 진보 개신교 그룹은 1990년대 말부터 김대중과 노무현 정권 때 10년간 권력 가까이에서 친정권 입장을 가지고 권력을 옹호하였다. 이로 인하여 반공적 보수 개신교가 이들에 대하여 반격을 노골적으로 진행하면서 진보 개신교는 용공, 친공, 종북, 빨갱이 등으로 정죄 받고 몰매를 맞았다. 이 시기 10년 동안 김대중 정권과 노무현 정권 시기 국가와 교회 관계는 비교적 양호하여 종교간 갈등이 돋보이지는 않았다. 다만, 반공주의적 시각에서 통일논의나 반공법 폐지 문제가 크게 부각되었고, 또한 보수 개신교 측의 교회이기주의적 관점에서 사학개정법 문제가 큰 이슈였다.

4) 한국의 정교분리 상황에서 논의할 사항들

첫째로 한국 종교계 전체 차원에서 정교분리 원칙에 대한 올바른 이해와 적용이 필요하고, 둘째로 기독교권에서는 하나님 나라의 공공적 가치 실현이 무엇인가에 대하여 논의할 필요가 있고, 셋째로 일반 시민사회가 제안한 민주적 정치질서와 공공복지 증진 문제, 정교분리 원칙의 덕목으로서 인애, 공평, 정직 등을 검토할 필요성이 있다. 넷째로 한국의 다종교적 상황에서 이웃종교인에 대한 극단적 배타주의로 인한 갈등 문제, 기독교 종교교육과 종교인 세금납부 등을 한국기독교는 논의해야 한다.

VI. 결론

지금 한국은 국가개조를 철저하게 진행해야 할 시점에 있다. 군부독재국가로부터 1987년 시민혁명을 통하여 민주적 대통령제를 실시하였으나 청산되지 못한 독재질서가 비선실세를 통하여 국정농단까지 자행하였다. 이러한 상황에서 한국교회가 어떻게 국가의 구체제를 헐고 하나님 나라의 과정을 만들고 새로운 민주공화국을 세울 것인지 국가에 대한 교회의 선교적 과제를 검토할 필요가 있다.

우선 오늘날처럼 변혁이 필요한 상황에서는 선교신학적으로 메시아적 선교를 논의해야 한다. 예수 메시아의 오심으로 이미 사회정치적, 경제적 과정과 변혁의 선교가 추동되어 왔다. 이처럼 변혁기에 메시아 예수께서 성령으로 한국에 임재하시고 메시아적 변혁적 선교를 수행한다. 이에 예수의 제자공동체는 메시아적 사명을 가지고 새롭게 민주공화국을 만드는 하나님의 선교에 참여하여 메시아적 정의와 평화와 생명살림을 이루어야 한다.

하나님 나라에 잇대어 한국 사회는 주권재민의 민주공화국을 세우려 한다. 우선 봉건왕조 시대의 군왕과 같은 대통령 제도를 개혁해야 할 것이다. 그리고 그동안 수많은 적폐를 만들며 독재적 정권에 부역한 권력 장치들 즉 국정원, 검찰, 경찰, 국세청, 감사원 등을 어떻게 하나님 나라 질서에 적합하게 만들 것인가? 한국 사회 전반에 걸쳐 이러한 변화와 변혁을 이루고 새 시대의 새로운 삶과 생활을 창조하는데 있어서 한국교회는 메시아적 제자도 선교를 진실하게 실행해야 한다. 메시아적 전망에서 한국교회는 메시아적 제자공동체로 그리고 기독교인은 메시아적 인간존재로 역할을 하여 하나님 나라의 정의, 평화, 생명살림을 이 땅에서 이루어야 할 것이다. 여기에 참고용으로 '전국교수연구자비상시국회의'가 제안한 "민주·평등·공공성의 새 민주공화국을 제안"을 하나님 나라의 관점에서 들여다 볼 필요가 있다.

참고문헌

"2017 새 민주공화국 제안을 위한 심포지엄." PDF 파일 (2017년 1월 19일, 20일 오전 9시 30분).

강준만. "'기독교의 양심' 손봉호의 기독교윤리실천운동." 『인물과 사상 16: 종교는 영원한 성역인가?』. 개마고원, 2000.

"교회와 정부 사이에 교제할 몇 가지 조건." 「그리스도 신문」 5권 40호(1901.10.3).

김상태. "1945~1948년 평안도 출신 월남민세력의 분단노선." 박명수, 안교성 외 엮음. 『대한민국 건국과 기독교』. 북코리아, 2014.

김지방. 『정치교회: 권력에 중독된 한국 기독교 내부 탐사』. 교양인, 2007.

"대통령(박근혜) 탄핵소추안." PDF 파일 (2016.12.3. 발의자: 우상호, 박지원, 노회찬 의원 등 171인).

레데콥, 존/배덕만 옮김. 『기독교정치학: 교회와 국가의 관계를 답하다』. 대장간, 2011.

몰트만, 위르겐/곽미숙 옮김. 『세계 속에 있는 하나님: 하나님 나라를 위한 공적인 신학의 정립을 지향하며』. 서울: 도서출판 동연, 1997.

_____ /박봉랑 외 역. 『성령의 능력 안에 있는 교회』. 한국신학연구소, 1984.

"박근혜, "대형교회에 자기 지지하는 집회 열어달라 부탁" 보도 파문." 「스토리369」 (2016년 12월 21일).

'박근혜 수호자 자처하는' 애국 '기독교': '대통령 퇴진' 요구에 맞불 놓는 기독인들, 26일에도 '하야 반대' 집회." 「뉴스앤조이」 (2016.11.21).

"박근혜 하야·탄핵' 여론 42.3%→55.3%→60.4%: 보수 성향에서도 '자진 사퇴 및 탄핵' 의견이 1위." 「리얼미터」 (2016년 11월 10일).

박명수. "해방 후 한국 정치의 변화와 다종교 사회 속의 기독교." 박창훈 엮음. 『한국정치와 기독교 공공정책』. 두란노 아카데미, 2012.

"'박정희 신격화' 구미시 왜?" 「일요시사」 (2016.11.01.).

'박정희 추모예배' 목사 "한국은 독재해야." 「머니투데이」 (2013.10.27.).

백종국. "한국 기독교인의 정치참여." 「신앙과 정치」 제3호(2010.5): 91-100.

백중현. 『대통령과 종교: 종교는 어떻게 권력이 되었는가?』. 인물과 사상사, 2014.

보그, 마커스 & 톰 라이트/김준우 역. 『예수의 의미』. 한국기독교연구소, 2001,

요더, 존 하워드/김기현 옮김. 『제자도: 그리스도인의 정치적 책임』. KAP, 2005.

윤철호.『너희는 나를 누구라 하느냐: 통전적 예수 그리스도론』. 대한기독교서회, 2013.

이은선. "기독교 사립학교에 대한 국가의 공공정책." 박창훈 엮음.『한국정치와 기독교 공
　　공정책』. 두란노 아카데미, 2012: 85-117.

이진구. "한국사회와 종교정당."「신앙과 정치」통권 제3호(2010.5): 119-149.

임희모.『생명봉사적 통전선교: 동·동남아시아 중심』. 케노시스, 2011.

_____. "남북한 분단체제와 평화통일운동으로서의 선교."「선교와 신학」제35호(2015,
　　봄).

_____.『서서평, 예수를 살다』. 케노시스, 2017(개정증보판).

_____.『예수 그리스도의 제자도 선교』. 케노시스, 2017.

"'조기 대선' 가시화, 기독교인들은 어떤 대통령을 뽑아야 할까?"「CBS노컷뉴스」
　　(2017.01.23).

조현연.『한국현대정치의 악몽: 국가폭력』. 책세상, 2000.

최종고.『국가와 종교』. 현대사상사, 1983.

최형묵 외 2인.『무례한 자의 크리스마스』. 평사리, 2007.

통계청. "2015년 인구주택총조사 표본집계결과" (2016년 12월 19일 발표).

폴, 루츠/손규태 역.『그리스도인과 국가: 로마서 13장 연구』. 한국신학연구소, 1989.

크로산, 존 도미닉/김준우 옮김.『역사적 예수: 지중해 지역의 한 유대인 농부의 생애』. 한
　　국기독교연구소, 2000.

키, 알리스테어/이승식 역.『콘스탄틴 대 그리스도 : 이데올로기의 승리』. 한국신학연구
　　소, 1988.

"홍정길 원로목사, '대통령의 하야 촉구' 호소문: 사악한 세력들과 함께 무너지는 것이 실
　　수 회복의 길."「매일종교신문」(2016/11/22).

Arias, Mortimer. *Announcing the Reign of God: Evangelization and the Subversive
　　Memory of Jesu.* Lima(Ohio): Academic Renewal Press, 1984.

Blaser, K. "Reich Gottes." Karl Müller und Theo Sundermeier (Hg.), *Lexikon
　　Missionstheologischer Grundbegriffe,* Dietrich Reimer Verlag, 1987.

Bonhoeffer, Dietrich. *Nachfolge.* Chr. Kaiser Verlag München, 1937(13 Auflage,
　　1982).

Hesse, Honrad. "Kirche und Staat." Roman Herzog et al. (Hg.), *Evangelisches
　　Staatlexikon.* Band1 (3. neu bearbeitete und erweiterte Auflage), Kreuz
　　Verlag, 1987.

Kottje, R. und B. Moeller (Hg.). *Ökumenische Kirchen Geschichte 3: Neuzeit.* Kaiser
· Grünewald, 1979.

Marston, John and Elizabeth Guthrie (eds.). *History, Buddhism, and New Religious
Movement in Cambodia.* Chang Mai: Silkworm Books, 2004.

Moltmann, Jürgen. *Der Weg Jesu Christi: Christologie in messianischen Dimensionen.*
Chr. Kaisr Verlag München, 1989.

Shenk, Wilbert R.(ed.). *The Transfiguration of Mission: Biblical, Theological &
Historical Foundations.* Scottdale (PA): Herald Press, 1993.

Wallis, Bascom. *Mark's Memory of the Future: A Study in the Art of Theology.* N.
Richland Hills(TX): BIBAL Press, 1995.

Wilkins, Michael J. "Disciple, Discipleship." A. Scott Moreau et al (eds.). *Evangelical
Dictionary of World Missions.* Baker Books, 2000.

제2부

'헬조선'의 현장과 개혁 과제

교육의 회복을 위한 기독교 개혁의 과제*

임종화
(좋은교사운동 전임 공동대표)

I. 기독교가 이 시대 교육개혁에 기여하고 있는가?

종교개혁 500주년을 기념하며 각 영역에서 기독교의 역할을 성찰하는 것은 의미 있는 작업이다. '종교개혁'이 영어로는 'Refor-mation'인 것에서 알 수 있듯이 종교개혁은 사회의 한 영역의 개혁이 아니라 사회 전체적인 개혁이라는 의미를 담고 있다. 중세시대에는 교회가 모든 사회영역을 지배하였기 때문에 종교개혁이 곧 전체 사회의 개혁이 된 측면도 있지만, 한편으로는 종교영역의 개혁에너지가 다른 영역의 개혁에 영향을 준 것으로도 이해할 수 있다.

곧, 종교개혁의 의미를 이 시대에 기억하는 것은 당시 종교영역

---

* 이 글은 2017년 4월 22일 경동교회에서 열린 한국선교신학회에서 발표된 글입니다.

을 개혁한 에너지가 무엇이었으며 이것이 어떻게 다른 사회 영역에 영향을 주게 된 것일까에 주목하여 현재 교회가 다른 사회 영역을 어떻게 변화시킬 수 있을까라는 고민을 나누는 데 의미가 있다고 하겠다. 이런 측면에서 현재 교육의 문제와 이 문제를 해결하기 위한 다양한 개혁방안과 주체들 사이에서 기독교가 어떤 역할을 감당하고 있는지 살펴보고, 교육개혁에 영향을 주기 위해 기독교가 무엇을 해야 하는지 살펴보고자 한다.

김창환은 종교개혁의 의미를 중세와 달리 개인의 체험과 양심, 이성적 판단과 종교적 책임을 중시하여 개신교회의 탄생을 가져온 것뿐만 아니라 문화, 사상, 사회, 정치, 교육 전반에 걸친 개혁을 수반한 것으로 정리하였다. 그리고 모든 기독교인이 사제와 마찬가지로 하나님의 계시를 받고 사제로서의 직분을 감당해야 한다는 '만인제사장설'에 근거하여 일반 교인들도 말씀을 이해하고 해석해야 하기 때문에 교육이 강조되었고, 루터에 의해 가정이 가장 중요한 교육의 장이며, 부모야말로 최고의 교육적 권위와 책임을 갖고 있다는 신학적 기반이 정립되었으며 더불어 가정의 돌봄을 받지 못하는 아이를 위해 국가가 교육을 책임져야 한다는 주장을 통해 공교육의 기초도 만들었다고 평가하고 있다.[1]

이와 함께 교회뿐 아니라 세상을 위한 교육의 필요성도 강조하였다. 이러한 영향으로 종교개혁은 많은 나라에서 기독교적 가치가 교회에만 머물지 않고 전 사회 영역을 근대화시키는 데 크게 기여하게 된다.

---

1 김창환, "독일 공교육의 전개와 기독교", 『공교육과 기독교』 (서울: 좋은교사, 2014), 21-23.

종교개혁은 교육이 단지 '교회'뿐만 아니라 소위 '세상'을 위하여서도 필요하다는 안목을 제시하였다. 그들은 교육이 교회의 존립과 유지만을 위하여 요청되는 것이 아니라, 세상, 즉 사회와 국가의 존립과 유지를 위하여서도 필요함을 간파하고, 이를 교육현실에 반영하였다.[2]

종교개혁이 이 시대에 주는 중요한 시사점은 종교개혁이 르네상스와 인문주의 등 시대의 요구와 변화에 적극적으로 대처했다는 것이다. 곧 종교개혁이 사회개혁을 추동하였지만, 종교개혁의 에너지는 다양한 시대적 변화를 수용한 결과라는 것이다. 이는 우리가 종교개혁을 통해 이 시대 교회와 교육의 개혁방향을 설정할 때 중요한 의미를 갖는다.

II. 우리나라에서 기독교와 교육의 관계

1. 기독교가 교육 개혁에 영향을 준 시기

우리나라의 경우 근대 교육의 도입 시기에 기독교의 에너지가 교육의 발전에 결정적인 역할을 하였다. 여전히 중세봉건적인 문화가 남아있던 19세기 말에 들어온 기독교는 평등사상과 인권의식 고취, 근대 병원 도입 등과 함께 근대적 학교를 설립, 운영하면서 근대 교육 체제의 확립에 결정적인 기여를 하였다. 당시 기독교는 조선

---

2 양금희, 『종교개혁과 교육사상』 (서울, 한국장로교출판사, 1999), 341.

정부도 물적 조건의 미약과 긴박한 정치적 상황으로 교육에 대한 성과를 내지 못할 때 국가나 지역사회보다 근대 공교육에 대한 비전을 더 잘 제시하였고, 하층민과 여성에게도 교육기회를 제공하고 '교양교육'이라는 공교육의 본질을 잘 담아내었다고 평가받고 있다.3

이후에도 급격한 교육 수요를 감당하기 위해 정부가 중·고등학교 영역에 사립학교 설립을 장려하면서 미션스쿨이 중등교육과 고등교육에서 큰 비중을 차지하게 되었다. 교육에 있어서 기독교의 영향력은 학교 영역뿐 아니라 1980년대까지 청소년의 삶에 있어서도 계속 유지되었는데, 전근대성을 탈피하지 못한 학교 교육과 사회적 상황에서 교회학교를 중심으로 한 교회교육이 음악을 포함한 수준 높은 문화적 경험, 학생회 활동, 문학의 밤, 수련회 등을 통해 신앙적인 측면 뿐 아니라 문화적인 측면에서도 청소년들의 삶에 긍정적인 영향을 주었다.

2. 교육의 위기와 교육계의 대응

하지만 80년대 후반부터 이어진 경제호황과 이로 인한 사회의 개방화, 해외여행 자유화, 대중문화 수준의 향상 등의 영향으로 청소년 문화가 급격하게 변화하면서 X세대, 서태지 세대가 등장하였고 학교와 교회는 이러한 사회변화의 속도를 따라가지 못하면서 문화지체 현상을 보이며 뒤처지게 된다. 이로 인해 학교는 90년대 중

---

3 정병오, "한국 공교육의 전개와 기독교", 『공교육과 기독교』 (서울: 좋은교사, 2014), 233-234.

반부터 '교실붕괴' 담론으로 표현되는 위기상황을 맞게 되었고, 이러한 학교의 위기는 학생들의 급격한 탈학교현상으로 나타나 사회문제가 되었다. 이러한 교육 위기를 해결하고 교육의 본질을 회복하기 위한 다양한 움직임이 시도되는데 가장 주목해야 할 것은 '대안교육운동'이다. 1997년 시작한 간디학교를 포함한 다양한 형태의 대안학교와 홈스쿨링 운동을 통해 학교 밖에서 다양한 교육적 실험이 이루어졌고, 학교 안에 있던 기독교사들도 1995년부터 학교교육의 회복을 위해 단체가 연합하여 '좋은교사운동'을 만들어 활동을 시작하였다.

20여 년 동안 학교 안팎에서 활발하게 일어난 대안교육운동과 남한산 초등학교, 이우학교 등에서의 실험의 성과들이 공교육에도 영향을 주었다. 몇 년 전부터는 경기도를 시작으로 혁신학교운동이 일어나 현재는 진보·보수를 가리지 않고 모든 지역에서 활발하게 전개되고 있고, 많은 학부모들의 호응을 얻으며 교육을 변화시키고 있다. 곧, 90년대의 시대 변화에 따른 교육 위기 속에서 일반 교육은 교육의 본질을 지키며 시대의 변화에 맞춰가려는 노력이 활발하게 진행되었고, 여전히 어려운 상황이지만 조금씩 그 성과가 나오고 있다.

3. 교육 위기에 대한 기독교의 대응

그렇다면 이러한 교육 위기에 대해 기독교는 어떻게 대응했는가? 90년대 급속한 사회변화로 인한 위기를 동일한 청소년을 대상으로 하는 교회 교육도 피해갈 수 없었다. 하지만 교회는 당시 학교만큼 그 위기를 체감하지 못하였고 그로 인해 교회교육을 개혁할 수 있는 결정적 시기를 놓쳤다. 그 이유로 우선 90년대까지는 교회가 양적으로 성장하는 시기였기 때문이고, 학교가 청소년으로만 구성되어 있어 그 위기가 분명하게 드러난 것에 비해 교회는 다양한 세대로 구성되어 있어 교회학교의 위기를 체감하지 못했기 때문이다. 결국 한국교회는 교회 교육의 위기를 교인 수의 감소, 특히 교회학교 학생 수의 감소가 본격화된 2000년대 들어 체감하게 되면서 원인과 대책을 고민하기 시작한다. 이러한 상황에서 평준화 정책으로 학생들이 무시험 추첨배정으로 들어오면서 예배와 성경공부를 중심으로 이어져 온 기독교학교(미션스쿨)의 정체성이 위협을 받게 되었다. 특히, 2004년 대광고등학교 강의석 사태 이후 공교육 내에서의 종교 중립이 더 강조되면서 공교육 내에서의 기독교학교의 정체성은 커다란 도전에 직면하게 된다.

90년대 중반부터 20여 년 동안 급변하는 사회변화에 대해서 일반 학교도 문화지체 현상을 경험하며 위기를 경험하지만 교회와 기독교학교는 변화 속도를 더 따라가지 못하면서 커다란 위기 상황에 직면하게 된다. 이러한 위기 상황에 현재 기독교는 어떻게 대응하고 있을까?

먼저 공교육 체계 안에 있는 기독교학교들은 평준화 이후 흔들리고 있는 정체성을 지키기 위해 자율성을 보장해달라는 요구를 지속적으로 하였고, 이명박 정부 이후 자율형 사립고로의 전환 등을 통해 활로를 모색하고 있으며, '기독교학교정상화 추진위원회' 등을 통해 시대 변화에 맞는 기독교학교의 모습을 찾아가려는 시도도 하고 있다. 하지만 공교육 틀 안에서의 종교 중립 문제로 인한 문제보다 더 큰 문제는 입시 위주의 경쟁교육이 치열한 상황에서 기독교학교도 다른 일반 학교와 차별성을 가지지 못하고 이 흐름에 매몰되어 차별성을 가지지 못한다는 것이다. 현재 기독교학교가 설립이념인 '기독교 정신에 입각한 교육 목표를 잘 실천하여 다른 학교를 올바르게 견인하고 교육정책에 영향을 미치고 있는가'라고 묻는다면 긍정적으로 답하기 어려운 상황이다. 특히 자율형 사립고 정책은 고교 서열화의 정점에서 학생들의 경쟁을 심화시켜 교육의 양극화를 강화시킨다는 비판을 받고 있는 상황이기 때문에 자립형 사립고를 통해 기독교학교의 정체성을 지키겠다는 것은 교육개혁을 통해 공교육 회복에 기여해야 하는 우리의 과제와 함께 해결해야 할 과제이다.

이러한 가운데 90년대 중반 교육 위기 가운데 시작한 대안교육 운동의 흐름을 따라 기독교 진영에서도 미션스쿨과 별도로 기독교 대안학교 설립이 활발해져 20여년이 지난 지금은 수적으로 일반 대안학교를 압도하는 상황이다. 하지만 기독교 대안학교가 교육의 회복을 위한 개혁적 대안을 제시하여 전체 교육개혁에 기여하고 있는지에 대해서는 의문을 가질 수밖에 없다. 현재 대부분의 기독교 대안학교는 신앙교육과 일반 교육을 조화롭게 하고 청소년들에게 기독교 정체성을 지켜주는 측면에서는 성과가 있지만, 교육계에 새로운 화두를 던지고 교육개혁의 흐름을 이끌어가는 역할은 하지 못하고 있다. 곧 신앙의 위기 가운데 다음 세대에게 신앙을 전수한다는 목적은 일부 달성하고 있지만 기독교 대안학교의 성과를 통해 전체적인 교육의 변화에는 영향을 미치지 못하고 있고, 오히려 국제학교 형태의 운영으로 인해 사회적 문제가 되고 있기도 하다.

> 종교개혁 이후 하나님께서 부모와 가정에서 주신 자녀 양육에 대한 책임을, 그러한 사명을 제대로 느끼지 못하거나 실현할 형편이 되지 못하는 가정의 자녀들까지 포괄해서 실현하기 위해 기독교인과 교회가 중심이 되어 시작한 것이 공교육이기 때문이다. … 기독교 대안학교나 홈스쿨도 형식적인 면에서는 공교육을 벗어나 있지만 내용적인 면에서는 공교육보다 더 충실하게 기독교적 공공성을 추구해야 한다.[4]

곧, 종교개혁시대 루터가 가정교육과 함께 소외받는 아이들에게도 똑같은 교육을 경험하게 하기 위해 국가의 공적인 지원을 강조했던 것처럼 지금도 교회는 기독교적인 가치관을 가지고 전체 사회에 기여하는 역할을 고민할 필요가 있다. 이런 측면에서 기독교는 교회교육의 회복이라는 과제와 함께 신앙의 영역을 넘어 우리 시대 교육 전체의 문제에 대해 대안을 제시하려는 노력을 병행해야 한다.

III. 교육개혁의 방향 읽기

교육개혁을 위한 여러 시도들이 있지만 여전히 청소년을 둘러싼 우리의 상황은 왜곡되어 있고 암울하다. 좋은 직장, 좋은 대학을 가

---

4 강영택 외 5인, 『공교육과 기독교』 (서울, 좋은교사, 2014), 10-11.

기 위한 무한경쟁과 입시를 위한 과도한 경쟁과 학습 시간 그리고 사교육이 우리 사회를 지배하고 있고, 앞으로는 경제위기와 알파고로 대표되는 4차 산업혁명, 고령화와 저출산 등으로 인해 청소년이 살아야 할 세상에 대한 전망은 더 불투명해졌고, 대학도 취업 경쟁에 내몰려 있는 시대이다. 이러한 흐름에 밀려 교회학교도 학생들의 삶에 미치는 영향력은 점점 더 축소되고 있고, 교회나 부모 모두 학생들이 주일에 교회에 나와 예배를 드리는 정도에 만족하고 있고, 이로 인해 학생들은 자신의 삶에서 신앙의 의미를 찾지 못하는 악순환이 반복되고 있다. 기독교 교육에서 교회, 학교, 가정의 연계를 강조하고 이를 가장 이상적인 교육모델로 제시하지만 이미 청소년에게는 교회, 학교, 가정이 가장 가고 싶지 않은 공간이 되어버린 것이 현실이다. 그래도, 80년대까지는 교회가 학생들의 삶에 가장 큰 영향을 미치고 가고 싶은 공간이었지만 이제는 교회가 가장 가고 싶지 않은 공간이 되어버렸는지도 모른다. 이러한 상황에 대한 냉철한 분석이 있어야 대안도 나올 수 있을 것이다.

하지만, 자세히 관찰해보면 시대는 변하고 있고 사회와 학교도 변하고 있다. 더 깊은 논의를 위해 교육계를 둘러싼 시대적 변화에 대해 살펴보고자 한다.

이미 10여 년 전부터 세계적으로 'OECD DeSeCo 프로젝트'로 대표되는 '역량중심교육'이 학문과 지식 중심 교육을 밀어내고 교육계의 주된 흐름이 되고 있다. 역량이라는 개념이 기업의 요구에서 나왔다는 비판도 있지만 학교가 학생들에게 무엇을 가르쳐야 하는가라는 논의를 촉발시켰고 지금까지의 일방적인 지식 전달에 대

범주	역량
사회적으로 이질적인 집단에서의 상호작용 능력	인간관계 능력
	협동능력
	갈등관리 및 해결능력
자율적인 행동능력	전체 조직 내에서 협력적·자율적으로 행동할 수 있는 능력
	자신의 인생계획·프로젝트를 구상·실행하는 능력
	자신의 권리, 필요 등을 옹호·주장하는 능력
여러 도구를 상호작용적으로 활용하는 능력	언어·상징·텍스트 등 다양한 소통 도구 활용 능력
	지식과 정보를 상호작용적으로 활용하는 능력
	새로운 기술 활용 능력

〈OECD DeSeCo 프로젝트에서 제시한 핵심역량(2005)〉

한 대안으로 자리 잡아 국가 교육과정도 '역량중심교육과정'[5]을 지향하고 있다. 복잡하고 다원화된 사회 그리고 알파고로 대표되는 제4차 혁명 시대에 지식을 주입하는 교육은 종언을 예고하고 있고, 학교도 변화를 위해 몸부림을 치고 있다. 다른 한편에서는 극단적으로 학습을 강요하는 사회 속에서 황폐화한 학생들의 삶과 이로 인해 주위를 돌아보는 여유도 없고 미래에 대한 꿈도 잃어버린 무기력, 갈등을 해결하지 못해 '왕따'와 학교폭력 그리고 자살이 증가하는 것을 보며 학습 이외에 청소년에게 중요한 가치를 회복하여 행복과 삶의 균형을 찾아주자는 움직임도 일어나고 있다.

이러한 흐름은 정부의 정책과 사회의 여러 움직임 속에서 포착될 수 있다. 대표적인 것이 올해부터 모든 중학교에 전면 실시된 '자

---

5 '2015 개정교육과정'에서는 핵심역량으로 자기관리역량, 지식정보처리역량, 창의적 사고역량, 심미적 감성역량, 의사소통역량, 공동체역량을 제시하고 있다.

유학기제'이다. '자유학기제'는 여러 한계에도 불구하고 경쟁과 학습 일변도의 교육 체제 가운데 학생들에게 학습이 아닌 쉼과 여유, 다양한 경험의 기회를 주자는 정책이고, 이를 위해 등수를 매기는 평가를 하지 않게 되면서 교사들도 획일적인 수업과 평가를 넘어 자신의 철학에 따른 다양한 수업 방법과 평가를 할 수 있는 틈이 만들어졌다는 측면에서 획기적인 정책이다. '자유학기제' 도입에 영향을 준 덴마크 교육에 대해 최근 관심이 높아지고 있다. 덴마크 교육은 기독교 입장에서도 그룬트비라는 목회자를 통해 사회 개혁이 이루어졌다는 측면과 대안교육(자유학교)과 공교육이 조화롭게 공존한다는 면에서 기독교 교육에 시사하는 점이 많다. 그중 현재 우리나라에 가장 큰 영향을 주고 있는 제도는 중학교 과정을 마치고 희망하는 학생에 대해 1년 동안 자신이 하고 싶은 것을 하며 쉬면서 다양한 경험을 할 수 있는 '애프터스콜레'(efterskole)이다. 우리나라에서 '애프터스콜레'는 '자유학기제'뿐 아니라 서울시교육청이 대안학교와 협력하여 2015년부터 시작한 '오디세이 학교', 민간 영역에서 시작한 '꿈틀리 인생학교', '열일곱 인생학교', '꽃친' 등으로 확산되고 있다.

학습과 쉼의 균형을 위한 노력은 1년 과정의 애프터스콜레 과정뿐 아니라 '쉼이있는교육'이라는 이름으로 시작된 교육시민단체의 운동에서도 찾을 수 있다. '쉼이있는교육'은 과도한 학습 노동에 시달리는 학생들에게 '저녁이 있는 삶'과 일주일에 하루는 쉼을 돌려주자는 취지로 강제자율학습 금지, 학원 심야영업을 밤 10시까지로 제한하는 조례 개정, 일주일에 하루는 학원을 쉬게 하자는 '학원

휴일휴무제 법제화' 운동을 펼쳐나가고 있다. 공교육 내에서 한 학기 동안 시행되는 '자유학기제', 1년의 쉼을 주는 '애프터스콜레' 그리고 '쉼이있는교육'은 추진 주체와 기간은 다르지만 학생들에게 학습과 함께 쉼과 다양한 경험을 하게 하여 삶의 균형을 찾아주자는 측면에서 일관된 시대적 흐름을 보여주고 있다.

덧붙여 이러한 흐름의 연장선에서 작년 확정 고시된 '2015 개정 교육과정'에서도 학습량을 줄이려는 노력이 이어지고 있고, 수학능력시험에서도 한국사에 이어 2018학년도부터 영어 과목을 절대평가로 전환하였고, 학교 시험에서도 수행평가 비중을 늘리고 상대평가에서 성취평가로 전환하는 등 지식위주 교육과 과도한 경쟁을 완화하고 학생들에게 쉼과 행복을 돌려주자는 흐름은 일관되게 추진되고 있다.

그래서 현재 학교 교육도 주입식 교육을 탈피하여 프로젝트 학습과 협동학습, 협력학습 등 협력과 의사소통능력을 중시하는 형태로 변화하고 있다. 최근 떠오르고 있는 '거꾸로 교실'은 한걸음 더 나아가 지식교육은 인터넷 등을 통해 집에서 하고, 학교에서는 동료들과 협력하여 과제를 풀어나가는 형태로 바뀌고 있다.

IV. 교육 위기에 대한 기독교의 대응
― 좋은교사운동을 중심으로

교육 위기에 대한 대응의 한 사례로 20년 동안 활동한 '좋은교사운동'의 사역 내용, 성과를 공유하고자 한다. 좋은교사운동은 1995년 교육 위기 상황 가운데 교육의 회복을 위해 시작한 기독교사단체의 연합운동이다. 그 전까지는 교사들의 신앙생활과 학원복음화 사역에 집중했던 기독교사들이 복음의 능력과 에너지를 가지고 공교육을 변화시키자고 시작한 운동이기에 종교개혁의 의미와 맞닿아있다.

그래서 좋은교사운동은 기독교사들의 모임이지만 우리나라 전체 교육의 회복과 개혁을 지향하여 교사 개인 신앙과 복음 전도뿐 아니라 교육 전반에 대한 개혁을 위한 활동에 힘써왔다. 중요 사역으로는 교육실천영역에서 '가정방문', '고통받는 아이와 일대일 결연', '성과급 10%는 가난한 아이들과 함께 캠페인', '공감친구캠페인' 등의 활동과 함께 '교장공모제', '학교폭력문제에 대한 대안', '교육청 혁신' 등 교육정책에 대한 대안도 제시하여 현재 교육부와 교육청, 교육시민단체와도 소통하며 교육계에서 합리적인 대안을 제시하는 단체로 인정받고 있다. 최근에는 시대 변화에 맞추어 교육의 회복을 위해 네 가지 영역에서 기독교적인 가치에 기반을 둔 대안을 모색하여 확산하고 있다.

1. 배움의 기쁨

첫 번째 가치는 '배움의 기쁨'이다. 공부는 경쟁에서 이기고 좋은 직업을 가지기 위해 억지로 하는 것이라는 인식과 이를 위해 오늘의 행복을 포기하라는 세상의 가치가 아이들에게서 배움의 즐거움을 빼앗아 가버렸다. 좋은교사운동은 아이들 속에 하나님이 허락하신 배움에 대한 호기심과 욕구가 있다고 믿는다. 그런데 학교교육이 이 호기심과 욕구를 충족시킬 수 있는 교육적인 방법을 잃어버리고, 외부적인 보상이나 자극을 통해서 공부를 강요하였기에 잃어버린 '배움의 기쁨'을 회복하자는 것이다. 그래서 아이들에게 '배움의 기쁨'을 회복시키기 위한 다양한 방식을 고민하고 있다. 이 고민은 교회학교도 마찬가지라고 생각한다. 아이들이 성경을 배우는 기쁨을 경험하도록 애써야 하고, 하나님이 만드신 창조세계를 아는 기쁨, 성경적인 삶이 세상의 삶과 분리되어 있지 않고 통합적으로 사고할 수 있게 하는 배움을 고민해야 한다. 현재 좋은교사운동에서는 '배움의 기쁨'을 회복하기 위해 선생님들에게 '수업코칭' 과정, '수업친구만들기' 캠페인 등을 통해 서로의 수업을 공개하고, 새로운 방법론을 연구 적용하여 배움의 기쁨을 촉진하는 역할을 할 수 있게 돕고 있으며, 이러한 성과가 현재 많은 교육청과 학교에 보급되어 확산되고 있다.

이와 함께 학습으로 인해 고통받고 있는 학습부진학생들을 위해 '배움찬찬이 프로젝트'를 진행하여 읽기 부진 학생을 위한 교재인 '읽기 자신감'을 제작 · 보급하고 있고, 모든 학생들의 교육을 책임지기 위한 '기본학력보장지원법' 제정을 위해 노력하고 있다. 이러한 노력의 성과로 2017년부터 초등학교 한글교육 시간이 27시간에서 60시간으로 확대되었다. 이러한 노력은 모든 학생들이 동등한 교육의 기회를 제공받아야 한다는 것, 특히 사회와 교육에서 소외된 학생에 집중해야 한다는 가치에 근거한다.

2. 평화로운 관계

두 번째 가치는 '평화로운 관계'이다. 현재 아이들은 또래 아이들과 신나게 장난치며 우정을 쌓아야 할 시기에 어른들도 상상하기 힘든 지속적이고 끔찍한 '집단괴롭힘'(왕따)과 학교폭력으로 고통받고 있다. 이 문제가 아이들이 예전보다 더 약해졌거나 더 무서워졌기 때문일까. 왜 예전보다 학생들이 갈등에 잘 대처하지 못하고 관계를 맺지 못할까라는 질문에 개인적인 차원이 아니라 시대적인 차원의 질문과 분석이 필요하다. 예전에는 학교에서 따로 가르치지 않아도 많은 시간 아이들끼리 자연스럽게 놀면서 싸우고 화해하며 관계 맺는 법을 배우고, 갈등을 해결하는 법을 배웠다. 그런데 지금 아이들은 어른들이 요구하는 경쟁과 교과중심 교육으로 인해 관계 맺는 법을 배우지 못하고 있다. 교회에서도 기성세대들은 문학의 밤, 수련회를 밤새워 준비하며 서로 다른 의견 때문에 충돌하기도 하고, 협력하기도 하며 배웠던 관계의 경험들이 지금은 사라진 것이다. 이 시대는 관계를 맺는 활동과 시간들을 낭비라고 여기고 있고, 이렇게 성장한 아이들은 친구 사이에 갈등이 발생했을 때 이것을 어떻게 대처하고 해결해야 할지를 경험하지 못한 것이다.

그래서 좋은교사운동은 아이들 사이에 '평화로운 관계'를 회복하는 데 역량을 집중하고 있다. 교과 중심 교육에서 관계 맺기, 갈등 해결하기, 평화감수성을 기르는 교육 중심으로 패러다임의 전환을 요구하고 있는 것이다. 최근 강조되고 있는 역량중심교육에서의 협력능력, 의사소통능력도 이 흐름과 맞닿아 있다. 이를 위해 좋은교사운동은 2011년부터 학교폭력 문제 해결과 기존의 생활지도 대안으로 관계의 회복을 중심에 둔 '회복적 생활교육'을 제안하여 대화법, 서클 운영, 평화로운 학급 운영, 갈등조정 절차 등에 대해 연구·실천하여 교사들과 나누고 있다. 그리고 최근에는 이러한 성과를 바탕으로 '학교폭력대책법' 개정도 추진하고 있고, 경기도 교육청을 포함한 많은 교육청에서 주요 정책으로 확산되고 있다.

3. 소명의 발견

세 번째로 회복해야 할 가치는 '소명의 발견'이다. 모든 아이들은 하나님의 형상으로 태어나 그 안에 하나님이 주신 달란트와 각자의 소명을 가지고 있다. 결국 교육은 아이들의 소명을 잘 찾아내어 그 길로 가게 하는 것이 중요한 사명이다. 하지만 이 시대는 아이들의 소명을 발견해주기보다는 세상이 만든 직업의 잣대로 줄 세우며 많은 아이들을 좌절시키고 있다. 최근 강조되고 있는 진로교육도 여유를 가지고 자신의 소명을 발견하는 것보다는 직업체험에 치중하며 일찍부터 좋은 직업을 정할 것을 강요하는 부작용이 나타나고 있다. 이 문제를 해결하기 위해 좋은교사운동은 '청소년진로교육연구회(비전코디)'와 '진학연구회' 등의 활동을 통해 올바른 진로교육에 대해 연구하여 보급하고 있다. 이 가치는 교회교육에 있어서도 사회적 평판이 아니라 성경적 기준으로 아이들의 달란트를 발견하게 돕고, 자신의 소명을 자신의 유익이 아니라 고통받는 자들을 포함한 사회 전체의 이익을 위해 사용하도록 하는 방향으로 적용하도록 고민할 필요가 있다.

4. 쉼이 있는 교육: 학습과 쉼의 균형

마지막으로 최근에는 학생들에게 '학습과 쉼의 균형'을 찾아주는 것에 집중하고 있다. 사람의 몸도 균형이 깨어지면 질병이 생기게 되듯이 아이들의 삶도 균형이 깨어질 때 왜곡되고 고통스럽게된다. 현재 우리 아이들은 과도한 경쟁과 학습으로 인해 삶의 균형이 심각하게 깨어진 상태이다. 2015년 여론조사기관 (주)지앤컴리서치가 목회자와 개신교인에게 조사한 자료에 의하면 응답자의 80.4%가 현재 중고등학교 학생들의 공부량과 공부시간이 과도하다고 응답하였고, '학원 시간과 교회 예배 시간이 겹칠 때 자녀가 교회를 빠질 수 있다'라는 질문에 일반 성도의 46.4%가 '그렇다'라고 대답하였다.6 그리고 이 문제를 해결하기 위해 휴일에 학원을 휴무하도록 하는 것에 대해서 2016년 조사에서 86.7%가 찬성하였다.7 이 문제를 해결하기 위해서는 우선 놀이와 쉼의 시간이 쓸데없는 낭비가 아니라 관계와 성장을 위해 꼭 필요하다는 인식의 전환이 필요한데 이것은 다른 어떤 곳보다 교회가 잘 할 수 있는 영역이다. 하나님이 천지를 창조할 때부터 알려주신 일주일에 하루는 안식하라는 명령과 가치를 다시 우리 사회에 알릴 필요가 있다. 현재이를 위한 노력으로 좋은교사운동을 포함한 다양한 교육시민단체

---

6 (사)한국기독교언론포럼, 『2015 10대 이슈 및 사회의식조사』 (서울, 예영커뮤니케이션, 2016), 504-510.
7 (사)한국기독교언론포럼, 『2016 10대 이슈 및 사회의식조사』, 526-527.

가 연합하여 '쉼이있는교육 시민포럼'과 '쉼이있는교육 기독교운동'
을 조직하여 '학원휴일휴무제 법제화', '학원 심야영업 밤 10시 제한
조례 개정' 등의 운동과 함께 교회와 협력하여 안식의 중요성에 대
한 캠페인 활동을 전개하고 있다.

이러한 활동과 함께 최근에는 학교 차원의 개혁에도 참여하여
좋은교사운동 소속 교사가 중심이 되어 만든 '소명중고등학교'나
'별무리학교'와 같은 기독교 대안학교를 통해 새로운 교육을 실험
하고 있고, 공교육에서도 경기도의 '덕양중학교'나 인천의 '신흥중
학교'처럼 기독교사들이 중심이 되어 공교육 변화를 주도하고 있
고, 대통령 선거와 교육감 선거 때 교육공약을 제안하고 하고, 각
후보들의 공약을 평가하는 사역도 하고 있다.

V. 교육회복을 위한 기독교 개혁의 과제

1. 현재 기독교의 상황

종교개혁의 역사에서도 알 수 있듯이 기독교가 사회 각 영역의
개혁에 영향을 주기 위해서는 개혁을 선도할 수 있는 방향 설정과
함께 개혁을 주도할 수 있는 내적 에너지가 있어야 한다. 이런 측면
에서 현재 기독교가 개혁의 방향을 올바로 잡고 있는지 그리고 개
혁을 할 수 있는 내적 에너지가 있는지 묻지 않을 수 없다.

위에서도 언급하였듯이 사회와 교육, 교회를 분석했을 때 교육

영역에서 한 동안 사회와 교육의 방향을 선도했던 교회가 현재는 흐름에서 가장 뒤떨어져 있는 것이 현실이다. 일반 교육영역에 대한 영향을 논하기 전에 교회교육 자체가 시대의 흐름을 따라가지 못하면서 교회 안에서조차 다음 세대에 대한 교육의 대안을 내놓지 못하고 있는 실정이다.

그리고 교육의 대안으로 확산되고 있는 기독교 대안학교의 경우도 세상의 흐름에 대해 기독교적 가치를 지키는 측면에서는 의미가 있을 수 있지만, '교육의 새로운 패러다임을 제안하고 실험하여 전체 교육에 기여하고 있는가'라는 질문에 대해서는 의문을 제기할 수밖에 없다. 오히려 일부 학교의 경우 현재의 흐름과 반대로 특권 교육을 강화하는 부정적 영향을 주고 있기도 하다. 이미 사회는 4차 산업혁명, 알파고로 대표되듯 급속히 변화하고 있고, 변화 속도가 느리다는 학교도 역량중심 교육과정, 자유학기제, 성취평가제 등을 받아들이며 시대의 흐름을 따라가기 위해 노력하고 있다. 그리고 교육 양극화 심화와 경제적 어려움으로 학습과 경험에서 소외되고 있는 학생을 위한 교육복지가 화두가 되고 있는 시점에서 이들을 위한 대안을 누구보다 먼저 기독교가 제안해야 할 시점이다. 그런 측면에서 기독교가 시대적 변화를 담아낼 내적 에너지가 없음을 인정하고 내부적인 구조와 역량에 대한 성찰이 필요하다.

2. 교육영역에서 바라본 기독교 개혁의 방향

1) 교회의 공공성 회복

교육개혁의 입장에서 기독교가 가장 우선적으로 회복하고 복원해야 하는 가치는 공공성이다. 종교개혁이 모든 국민에게 교육의 기회를 제공한 공교육 체제를 만들었고, 우리나라의 경우에도 초기 기독교가 하층민과 여성에게도 교육의 기회를 제공하였고, 국가가 공교육을 감당하지 못할 때 교회가 설립한 기독교학교들이 공교육에 큰 기여를 하였다.

하지만, 현재 기독교는 공교육 체제를 신앙교육을 위협하는 존재로 판단하여 일반 교육과 구별되어 고립되고 있다. 곧 위에서 언급하였듯이 기독교 대안학교의 일부는 세속적인 사회에서 다음 세대의 신앙을 지키겠다는 목표를 달성하고 있을지는 모르지만 일반 교육계는 기독교 대안학교들이 국제학교처럼 특권교육을 하고 있다고 인식함으로써 기독교 대안학교는 공공성과는 거리가 먼 행보를 보이고 있다. 교육 양극화가 심해지고 있는 상황에서 현재 기독교가 경제적으로 소외된 학생이나 장애, 다문화 등으로 인해 어려움을 겪고 있는 학생, 학교 밖 청소년 등에 대한 교육에 관심이 있는지, 누구나 소외되지 않는 '모두를 위한 교육'이라는 방향에 기여하고 있는지 물어야 한다. 곧 기독교가 특정 계층과 기독교인에게만 국한되는 방식이 아닌 '모두를 위한 교육'이라는 가치를 회복할 필요가 있다. 그리고 이를 위해서 일반 교육 영역과의 소통을 통해 다음 세대들이 학교와 교회에서 다르게 제시되는 가치관 충돌로 인한 혼란을 줄여야 하고 건강한 시민으로서 살아가는 모델을 제시할 필요가 있다.

2) 현재의 교육 고통에 응답하고 미래 교육을 준비하는 기독교

우리나라 교육은 현재의 고통에 응답해야 하는 과제와 미래 교육을 준비해야 하는 과제를 안고 있다. 현재의 고통은 입시와 경쟁으로 인해 고통받고 있는 아이들의 신음 소리에 응답하는 것이다. 이를 위해 좋은교사운동은 교회와 함께 '쉼이 있는 교육' 캠페인을 진행하고 있고, '학원휴일휴무제'의 법제화를 일반 시민단체와 추진하고 있다. 곧 대사회적으로 학습과 쉼의 균형을 강조하고 있는데 이 가치는 기독교의 핵심 가치이다. 교회에서 말하는 '안식'의 개념이 지금 시대에 학교뿐 아니라 우리나라 전체의 화두가 되고 있는 것이다. 그리고 학습 고통에 시달리는 학습부진아, 학교폭력 피해학생, 경제적 어려움과 양극화로 인해 꿈을 잃어버린 아이들을 위한 대안도 소외된 자를 귀하게 여기는 기독교가 제시할 수 있다.

이와 함께 미래교육의 방향을 선도할 수 있으면 더 좋겠다. 협동능력, 의사소통능력이 강조되는 역량중심교육, 감성교육, 관계중심교육 등도 교회가 잘 할 수 있는 영역이다. 그런데 교회는 세상의 흐름에 수동적으로 반응하며 잘 하던 영역이 많이 퇴화된 상태이고, 여전히 다음 세대에 대한 관심도 낮다. 이를 해결하기 위해서는 교회 안에서 청소년의 목소리에 귀 기울여야 하고, 청소년들이 교회를 떠나는 이유를 찾아야 한다. 이를 통해 교회에서 이 시대 청소년에게 필요한 역량을 키워줄 수 있을 때 기독교가 교육개혁에 기여하는 기회가 올 것이다. 이를 위해서는 먼저 기독교 교육이 일반 교육에 뒤쳐져있다는 것을 인정하고 일반 교육의 개혁 성과를 적극적으로 수용할 필요가 있다. 사회와의 소통과 적극적인 수용을 통해 기독교가 가진 에너지를 회복한다면 기독교가 다시 교육을 포함한 사회 전 영역을 건강하게 하는 데 기여할 수 있을 것이다.

노동 현장에서 본 교회 개혁의 과제*

홍 윤 경
(영등포산업선교회 노동선교부장)

약 2년 전, NCCK에서 주최한 에큐메니칼 정책협의회에서 발제를 한 적이 있다. 정책협의회 전체 주제는 "흔들리는 교회, 다시 광야로"였고, 나에게 주어진 발제 제목은 "노동 환경의 실상과 교회를 향한 제언"이었다. 크게 보면 이번 학회 주제와 맥을 같이 한다고 볼 수 있다.

이에, 이번 발제를 준비하면서 지난 2년 동안 혹시 어떤 변화가 있었는지를 고찰해보았다. 과연 노동 현장에는 진보가 있었는가? 내가 했던 교회에 대한 제언 중 실현된 것이 있는가? 결론부터 말하자면 안타깝게도 크게 달라진 부분은 없는 것 같다.[1]

---

* 이 글은 2017년 4월 22일 경동교회에서 열린 한국선교신학회에서 발표된 글입니다.
1 NCCK 내의 비정규직에 대한 발전적 변화에 대해서는 109쪽에서 밝혔다.

따라서 나는 오늘, 최근 몇 년간 크게 달라지지 않은 노동 현장의 문제점들을 다시 한 번 짚어보고 내가 사랑하는 교회는 어떻게 변해야 할지에 대해 좀 더 직설적으로 이야기해보고자 한다.

나는 학문적인 전문성이 없는 평범한 평신도이다. 하지만 현장에 발을 딛고 오랫동안 치열하게 싸워왔던 한 사람의 노동자이기에, 노동 현장의 민낯, 노동문제를 바라보는 기독교계의 민낯을 솔직하게 말할 수 있지 않을까 한다.

I. 2017년 노동 현장의 모습

1. 비정규직 관련 통계들 (2016년 8월 경제활동인구조사 근로형태별 부가조사 분석[2] – 출처: 한국비정규노동센터)

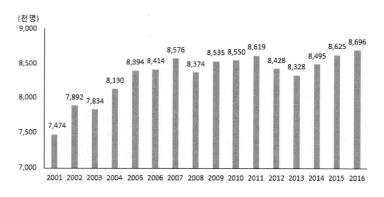

[그림 1] 비정규직 규모 추이

---

2 통계청이 매년 실시하는 경제활동인구조사 중 비정규직 관련 부가조사의 내용을 바탕으로 한

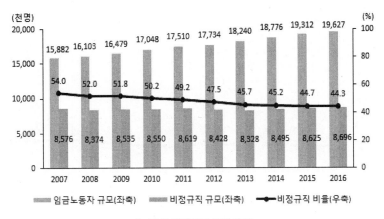

[그림 2] 비정규직 비율 추이

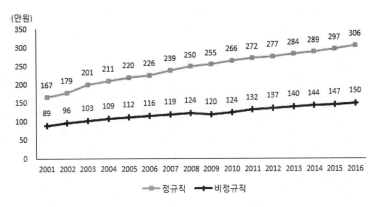

[그림 3] 정규직과 비정규직 월평균 임금 추이

국비정규노동센터에서 전문가들의 의견수렴과 토론을 거쳐 우리나라의 상황에 적합한 비정
규직 고용형태 분류원칙에 따라 분석한 자료임.

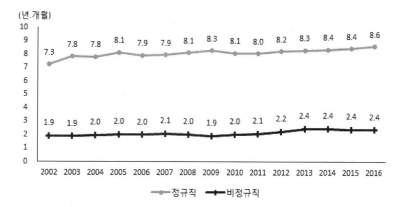

[그림 4] 정규직과 비정규직의 근속기간 추이

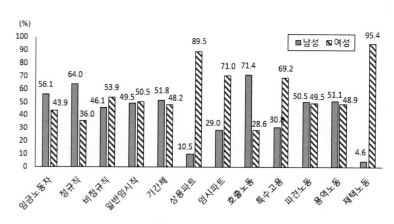

[그림 5] 고용형태별 남녀 비율

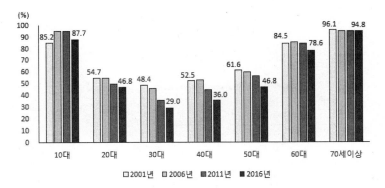

[그림 6] 연령대별 비정규직 비율 추이

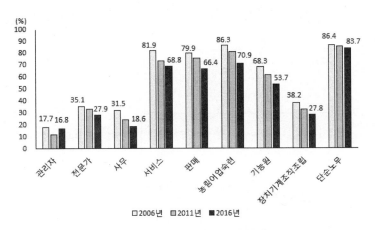

[그림 7] 직업별 비정규직 비율 추이

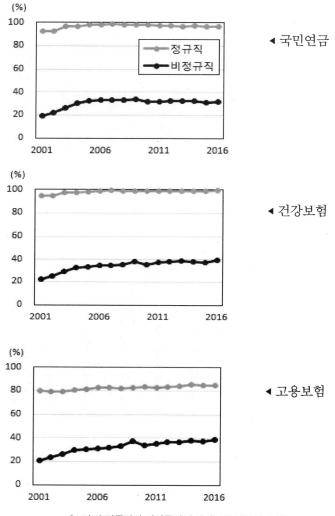

[그림 8] 정규직과 비정규직의 사회보험 적용률 추이

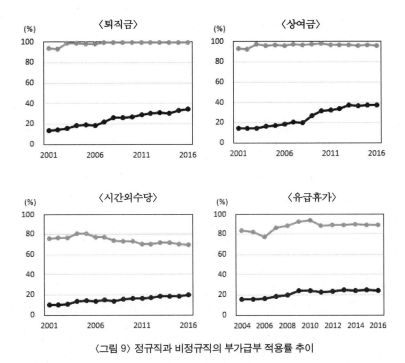

〈그림 9〉 정규직과 비정규직의 부가급부 적용률 추이

위의 그림들에서 보듯이 비정규직의 규모(그림 1)와 비율(그림 2)에는 큰 변동이 없고, 임금(그림 3), 근속기간(그림 4)에는 큰 차별이 존재하며, 성 차별(그림 5), 연령 차별(그림 6), 직업별 차별(그림 7) 등이 여전히 심각한 수준이다.

비정규직 차별의 구체적인 내용으로는 임금이 절반 수준에도 미치지 못하며(그림 3), 4대 보험(그림 8)이나 각종 부가급부의 적용률(그림 9)도 매우 미약한 수준이다. 부가급부 중 근로기준법에 명시되어 있는 시간외수당과 퇴직금조차 적용률이 40% 미만으로 비정규직 노동자들이 법의 사각지대에 놓여있음을 알 수 있다.

2. 기타 노동 분야 문제들

1) 최저임금은 턱없이 부족하고·빈익빈부익부의 소득불평등은 갈수록 심해지고 있다.

2) 법의 사각지대에 놓여서 보호를 받지 못하는 노동자들이 너무나 많다.

3) 사람 장사인 간접고용이 줄기는커녕 늘어나고 있고 그 폐해가 갈수록 심각해지고 있다.

4) 노동자이면서도 노동자성을 인정받지 못하는 특수고용 노동자의 문제는 관련 법안이 수년째 국회에 계류되어 있기 만한 채 해결될 기미가 보이지 않고 있다.

5) 노동법에 명시된 '긴박한 경영상의 필요'가 아닌 '향후 경영의 어려움이 예상되는 경우'에 행한 정리해고에 대해서도 대법원이 정당하다고 판결[3]하는 등 정리해고의 문제가 해결되지 않은 채 노동자들을 불안에 떨게 하고 있다.

6) 정부가 온갖 선전을 하며 도입한 임금피크제는 고령자들의 임금을 깎아 사용자들의 이익만 증대시키고 청년들의 양질의 일자리 확대로 연결되지 못하고 있다.

7) 그 어느 때보다 높은 실업률과 정규직 진입장벽 악화로 청년 노동자들의 절망이 깊어지고 있다.

8) 일터 괴롭힘, 비인격적 처우 등의 분위기가 만연해 있고, 개인적으로 이에 저항해서 개선하기가 쉽지 않다.

---

3 2014년 6월 12일, 콜텍 정리해고 노동자들에 대한 판결.

9) 세계 최대의 산재 사망률을 자랑하고 있으며 산재 적용을 받기가 쉽지 않다.

10) 노동조합 조직률은 10% 초반대의 낮은 수준을 벗어나지 못하고 있으며 특히 비정규직의 노조 조직률은 2% 미만이다.

11) 산별노조가 점차 늘어나고는 있지만 아직도 근간에 뿌리박혀 있는 기업노조의 습성과 한계점에서 벗어나지 못하고 있다.

12) 노동자들의 생존권을 지키기 위한 절절한 투쟁은 점차 장기화되고 있다.

이 원고를 마무리하고 있던 2017년 4월 14일, 정부종합청사 앞에서 공동투쟁을 하던 투쟁사업장 노동자 6명이 또다시 하늘로 올라갔다. 이번엔 광화문 사거리의 광고탑이다. 아직 4월의 바람이 아침저녁으로는 매섭기만 한데 처음부터 단식투쟁도 함께 한단다. 도대체 언제까지 스스로를 혹사시키며 하늘로 올라가고 굶을 것인가? 한편으로는 서럽고 또 한편으로는 분노가 치민다.

이들의 요구를 살펴보자. "정리해고, 비정규직 노동악법 철폐! 노동3권 완전 쟁취!" 등이다. 어찌 보면 가장 원초적인 문제들이다. 노동3권은 헌법에 보장된 기본권이며 정리해고, 비정규직 문제는 10년 이상 외치고 있는 생존권을 침해 받는 핵심 문제이다. 고공/단식 농성에 동참한 여섯 개 사업장 중에는 정리해고되어 길거리 투쟁을 시작한 지 10년이 넘은 사업장도 있다. 복직과 해고를 수차례 반복한 사업장도 있다. 개인적으로 잘 아는 노동자도 있는데 얼마나 순박하고 마음이 여린 사람들인데 판때기 하나 없이 철골 구조로만 되어 있는 차디찬 고공에서 밧줄로 몸을 묶고 밤을 지새워야 한다는 생각에 가슴이 미어진다. 하늘로나 올라가야 한 번 쳐다봐주는 사회는 노동자들을 벼랑 끝으로, 아니 하늘로, 하늘로, 내몰고 있다.

이것이 오늘날 대한민국 노동 현장의 적나라한 모습이다. 그렇다면 이러한 문제, 이러한 상황에서 교회는 무엇을 어떻게 응답할 것인가?

II. 정의·평화·평등한 하나님 나라 실현을 위한 노동 분야 교회 개혁의 과제

2년 전 NCCK 에큐메니칼 정책협의회 발제 중 "교회를 향한 제언" 부분은 현실적인 상황을 고려하여, 비교적 교회가 받아들일 수 있는 과제들을 추려서 제안하였다. 너무 급진적인 제안을 할 경우 반발이나 역효과가 우려되며 실현 가능성도 없다고 생각했기 때문이었다.

그러나 이번에 종교개혁 500주년을 맞이하여 사회 각 분야에서 바라본 "개신교 개혁의 과제"[4]라는 주제를 받고 보니, 보다 근본적인 문제를 건드려야겠다는 생각이 들었다. 비록 당장은 현실 가능성이 적어보여도 근원적인 과제를 제시하는 것이 현 위치를 냉철하

---

4 정확한 표현은 "개신교 개혁의 과제"이나 이후 글에서는 편의상 개신교 전체를 '교회'로 통칭해서 표현하겠다.

게 바라보고 개혁 과제를 바로 세우는 길이 될 것이기 때문이다.

학회와 학자들에게 주어진 역할은 여러 가지가 있을 것이다. 그러나 다시 근본으로 돌아가 우리가 무엇을 추구해야 하고, 그것을 위해서는 어떤 실천이 필요한지 명확히 선포하는 것이 중요한 역할 중 하나라고 본다.

종교개혁 500주년을 맞는 2017년, 교회는 노동문제에 대하여 무엇을 선포해야 하고 어떻게 하나님의 나라를 실현해 갈 수 있을까? 교회가 물질만능 시대의 선두에 서 있다고 비난받는 이 시기에, 어떻게 평등·평화의 하나님, 약자들과 함께하셨던 예수님의 가르침을 따를 수 있을까?

위에서 언급한 2년 전 NCCK 에큐메니칼 정책협의회 이후 NCCK는 비정규직을 대부분 없앴으며, 불가피하게 일시적으로 비정규직을 고용할 시에는 시급 1만 원을 주고 있다는 이야기를 들었다. NCCK의 과감한 실천에 박수를 보낸다. 오늘의 발제 이후에도 그러한 실천이 일어나기를 기대하면서 다음과 같은 일들을 교회 개혁의 과제로 제시한다.

1. 목회자의 노동자성 인정

목사, 전도사와 같은 목회자들이 노동자일까? 우선 노동자가 무엇인지 살펴보자.

'노동조합 및 노동관계조정법'에서는 노동자(근로자: 우리나라 법은 참 이상하다. 노동조합, 고용노동부 등 노동이라는 단어를 공식적으로도 많이 사용하면서 유독 노동자에 해당하는 법적 용어는 '근로자'이다. 근로자는 근면하고 성실하게 일하는 노동자라는 의미를 가지고 있는 반면 노동자는 보다 주체적으로 자신의 일에 대한 자부심을 갖고 권리를 지켜나가는 사람을 가리키는 말이기에 여기서는 '노동자'로 통일해서 사용하도록 하겠다)를 다음과 같이 정의하고 있다. "직업의 종류를 불문하고 임금·급료 기타 이에 준하는 수입에 의하여 생활하는 자."

그렇다면 목회자는 임금을 받아 생활하는가? 답은 '그렇다'이다. 부목사, 전도사, 기관목사뿐 아니라 담임목사라 할지라도 당회에서 정한 임금을 받아 생활한다. 때로 이를 임금이 아니라 사례비 등 다른 이름으로 부르기도 한다. 그러나 명칭이 무슨 상관이랴. 교회나 기관에서 목회자로서 일을 하고 그에 상응하는 금품을 받아 생활한다는 것은 다른 많은 노동자들과 동일하다. 더군다나 "직업의 종류를 불문한다"라고 하지 않았던가? 목사든 전도사든 임금을 받아 생활하는 노동자임이 분명하다. 그렇다면 선배 노동자들이 오랫동안 피와 땀으로 일구어낸 각종 노동법과 노동자들을 위한 제도의 적용을 받아야 할 것이다.

그러나 현실은 어떤가? 근로기준법 등의 노동법에서 보장하고 있는 근로계약서 작성, 시간외근무수당, 퇴직금, 해고예고수당, 출산휴가, 육아휴직, 4대 보험 등의 적용을 받고 있는가? 그렇지 못한 경우가 매우 많다. 노동법에 나온 조항들은 노동자들의 인권이 보장되고, 인간적인 삶을 누리기 위한 최소한의 기준이므로 한 사람의 영혼을 소중히 여기시는 하나님을 섬기는 교회에선 더더군다나 적용되어야 마땅하다.

나는 무엇보다 목회자는 노동자가 아니라는 시각이 가장 큰 문제라고 생각한다. 목회자로서의 진정성이나 하나님에 대한 헌신과 노동자로서의 권리와 존중은 분명 별개의 것이다. 우리는 누구나 하나님 앞에서는 자발적인 헌신을 할 수 있으나 그것을 강요해서는 안 될 것이다.

참고로 문규현 신부님이 이사장으로 계시는 '마중물가치교육연구소'에서 발행한 가치성장카드 중 "노동"의 내용이 마음에 와 닿아 이를 소개하고자 한다. "노동은 살고 행복하기 위해 힘들이고 수고하는 것입니다. 정신으로 몸으로 애쓰고 일하는 것입니다. 노동은 자긍심과 존경을 불러옵니다. 노동은 자신을 창조하고 실현하게 합니다. 노동하는 마음엔 나도 있고 공동체도 있습니다. 노동은 기여하고 희망을 낳고, 미래를 만드는 근원적 힘입니다."

2. 목회자, 교회 직원의 노동조합 활동 보장

목회자가 노동자라는 것을 인정한다면 노동조합을 결성하거나 가입할 수 있는 권리는? 당연히 보장되어야 한다. 그동안 금기시되어 왔던 이 부분을 명확히 할 필요가 있다.

노동조합이란 무엇인가? 역시 '노동조합 및 노동관계조정법'의 정의를 살펴보자. '노동조합'은 "노동자가 주체가 되어 자주적으로 단결하여 노동조건의 유지, 개선, 기타 노동자의 경제적, 사회적 지위의 향상을 도모함을 목적으로 조직하는 단체 또는 그 연합단체"라고 되어있다.

만약 노동자가 한 사람의 인격체로서 존중받고 노동권의 침해나 부당한 처우가 없으며 합리적 대화를 통해 현안을 해결해나간다면 노동조합이 머리띠를 두르고 싸울 일은 없을 것이다. 그럴 때 노동조합은 생산성 향상과 사회의 균형발전을 위해 힘쓰게 될 것이다. 그러나 만약 노동을 하다가 억울한 일을 당하거나 생존권에 침해를 받는다면 이를 혼자서 해결하기는 쉽지 않다. 노동자 개인은 힘이 없기 때문이다. 혼자라면 떠나는 것이 상책일 수 있다. 그래서 노동조합이란 단체가 필요한 것이다. 여럿의 의견을 모아 사용자와 대등하게 대화(교섭)를 할 주체적인 단체는 반드시 필요하다.

또한 교회의 규모에 따라 목회자들의 처우에 크나큰 차별이 있는데 이는 바람직하지도 않을 뿐더러 목회자들을 개별교회 내 활동으로만 묶어버리는 한계를 가지게 한다. 사실 교회는 연대와 협력을 통해 사회의 빛과 소금의 역할을 감당해야 할 사명이 있다. 그러나 오늘날 많은 교회들이 교회 내 활동과 교회 부흥에만 집중하고 있다. 따라서 교회 내 노동조합은 개별교회 차원이 아닌 노회나 연회, 총회 차원으로 설립하는 것이 좋겠다. 그러면 노동조합이 노회/연회/총회와의 교섭(대화)을 통해 소속된 목회자들의 처우 기준을 마련할 수 있고, 노회/연회/총회는 이 기준이 지켜질 수 있도록 지원할 명분이 확고해질 것이다. 또한 목회자들은 개별교회 내에서의 눈치를 조금 적게 보면서 교회의 사회적이고 확장적인 역할에 보다 충실할 수 있을 것이다.

지금까지 교회 내 노동조합은 금기시되어 왔다. 몇 번의 시도가 있었으나 대부분 그 뜻이 좌절되거나 지지부진했던 것으로 알고 있다. 하지만 이제는 교회 내 노동조합을 인정하고 오히려 활성화해야 한다. 목회자 노조, 교회 직원 노조, 교회나 교단이 운영하는 기관의 직원 노조 등 다양한 형태의 노조를 설립하고 이를 수용해야 한다. 이 중 목회자 노조의 경우 부목사, 전임, 준전임, 파트 전도사뿐만 아니라 담임목사, 특히 규모가 크지 않은 교회의 담임목사도 불안정한 노동자이므로 가입할 수 있게 열어놓을 필요가 있다. 아래로부터의 목소리가 열려 있는 교회가 훨씬 생동력 있는 교회가 될 것이며, 교회에 대한 사회적 인식 개선에도 한몫을 할 수 있을 것이다.

3. 교회 내 비정규직 정규직화 및 비정규직 차별 해소

도대체 비정규직은 언제부터 시작되었을까? 비정규직은 누구를 위해 존재해야 하는 것일까? '비정규직'이라는 용어 자체가 등장한 것이 채 20년이 되지 않았다. 평등과 평화의 정신을 깨뜨리고, 인간의 존엄성조차 무색하게 만드는 비정규직은 없어져야 할 대상이다. 모든 사람은 똑같이 고귀하고 소중한데 언제부터 우리가 사람을 정규직과 비정규직으로 나눠서 가르고 차별해 왔나? 비정규직은 봉건시대의 노예와 다르지 않다. 특히 파견, 용역, 도급 등의 간접고용은 사람을 상품처럼 취급하고 중간착취를 가능하게 하는 것이기에 기독교인이라면 반대해야 마땅한 고용형태이다.

그렇다면 어떻게 하면 좋을까? 각 교단 총회, 연합단체부터 비정규직의 정규직화 계획을 발표하면 좋겠다. 다음으로는 규모가 큰 교회와 교회가 운영하는 기관에서도 '비정규직 제로 선언'을 하는 것이다. 상시적인 업무에는 정규직을 사용하고 간접고용은 폐지한다. 산전후휴가, 산재 등으로 인한 대체인력, 계절적 업무와 같이 일시적, 간헐적 업무에는 기간제 노동자(계약직)를 사용하되 처우 등은 차별하지 않는다. 기존에 일하고 있는 비정규직을 당장 한꺼번에 정규직화하기가 힘들다면 2~3년 정도의 시간을 갖고 단계적으로 정규직화를 할 수도 있다. 그리고 정규직화가 완성되기 전까지는 우선적으로 차별을 없애나간다. 만약 이런 일들이 이루어진다면 사회에 큰 귀감이 될 것이며 선한 영향력으로 사회 전반에 파급효과를 갖게 될 것이다.

4. '최저시급 1만원' 실현

최근 우리 사회에 '최저시급 1만원' 운동이 활발하게 펼쳐지고 있다. NCCK도 2년 전부터 이를 주장하면서 정부에 서신을 보내기도 했다. 또한 위에서 언급한 바와 같이 이미 NCCK에서는 실천하고 있는 부분이다.

왜 최저임금이 중요한가? 최저임금은 말 그대로 최소한의 가이드라인으로 최저임금이 결정되면 그것이 곧 자신의 임금이 되는 노동자들이 너무나 많기 때문이다. 그렇기에 한 나라의 최저임금의 수준은 곧 그 나라의 소득 평등 수준을 나타내는 척도가 된다. 그런데 아직 우리나라의 최저임금 수준은 턱없이 적다. 올해(2017년) 최저임금이 6,470원이므로 주 40시간을 꼬박 일했을 경우 한 달 임금은 1,352,230원[5]이 된다. 과연 이 돈으로 한 달을 살아갈 수 있을까? 그럴 수 없다는 것은 모두가 아는 현실이다. 이 때문에 직접 고용한 노동자들에게 최저임금을 넘어서 생활임금제를 적용하는 지자체들이 늘어나고 있다. 생활임금의 구체적인 금액은 지자체마다 조금씩 다르지만 대략 시급 7,000원에서 8,000원 선이다. 아직까지 '1만원'을 선언한 곳은 없다. 그렇다면 교회가 먼저 생활임금 '1만원'을 선언하면 어떨까? 모든 사람이 하나님 앞에서 소중한 영혼이고 노동의 종류에는 차별이 있을 수 없으니 노동자들에게 존재하는 차별을 최소화하고 교회 내 경제적 약자를 먼저 돌아보는 것이 하나님 나라의 실현에 좀 더 가까워지는 것이다.

최저임금이 1만 원이면 한 달 임금이 209만 원이 된다. 이것이 많은가? 결코 그렇지 않다. 1인 가족이라고 하더라도, 이 정도는 되어야 빚을 지지 않고 미래를 위해 약간의 저축도 하면서 살아갈 수 있을 것이다.

뜻은 좋지만 현실적으로 실현하기가 어렵다고 생각하는가? 규모가 있는 교회들이 앞장서서 기금을 조성하자. 조금 더 받는 사람들이 나눠서 소득 격차를 줄이자. 교회의 외형을 키우고 화려한 건물을 세우기보다는 교회 내 생활임금 실현을 우선적으로 하자.

5. 기본소득제 도입에 대한 성서적 근거 확립 및 확산

마태복음 20장의 '나중에 온 이 사람에게도' 똑같은 임금을 주었던 이야기를 읽으면 기본소득이 떠오른다. 이 말씀은 분명 기본소

---

5 주 40시간을 근무할 경우 월 임금은 주휴수당을 포함하여 시급×209시간으로 계산한다.

득 보장이 포도원 주인(하나님)의 뜻임을 역설한다.

기본소득이란 무엇인가? 능력이 있든 없든, 여성이든 남성이든, 장애를 가지고 있든 비장애인이든, 심지어 일을 많이 하든 적게 하든, 인간은 누구나 인간다운 삶을 영위해야 할 권리가 있고, 이에 합당한 소득이 보장되어야 한다는 것이다. 나는 능력이 많고, 그래서 남들보다 생산성이 높다면 억울하다는 생각이 들 수도 있다. 하지만 능력이 있어서 일을 많이 할 수 있다는 것 자체가 축복이 아닐까? 내가 능력이 많다고 해서 다른 사람의 기본적인 권리를 무시해서는 안 될 것이다.

이것은 매우 성서적인 논리이며, 이미 여러 신학자들이 기본소득에 대한 주장을 하고 있는 것으로 알고 있다. 앞으로도 신학자들이 기본소득에 대한 성서적 근거에 대해 더 많이 연구해서 교회 내에 확산시켜 주기를 기대한다.

6. 노동 문제의 교회 내 공론화 및 인식 확산

위 마태복음 20장뿐만 아니라 노동자와 사회적 약자의 관점에서 해석할 수 있는 성서 말씀이 매우 많은 것으로 알고 있다. 그러나 지금까지 교회에서 그런 가르침은 배척받아 왔다. 특히나 노동 문제를 교회에서 이야기하는 것은 금기시되어 왔다. 혹자는 교회 안에는 노동자뿐만 아니라 사용자 입장에 있는 분들도 많기 때문에 노동 문제를 이야기하기가 어렵다고 한다. 하지만 성서의 가르침을 이야기하는 데 누군가의 눈치를 보는 것은 바람직하지 않다는 생각이다. 그리스도를 따르는 신자라면 우선적으로 성서의 가르침을 따르며, 내가 처한 곳에서 어떻게 성서의 가르침을 실천할 것인지 고민해야 할 것이다.

　교회 안에 사용자들이 적지 않지만 그래도 노동자들이 훨씬 많은 것은 분명하다. 그렇다면 노동의 문제는 바로 교인들의 문제가 아닌가? 그런데 교회에서 삶의 중요한 문제는 이야기하지 않고 경건한 척, 아무 문제가 없는 척한다면 그것이 과연 참된 교회라고 할 수 있을까? 더군다나 노동의 문제는 특정 대상의 문제가 아니라 사회정의의 문제에 가깝다. 그런데 스스로가 노동자인 교인들조차도 이런 부분에 대한 인식이 너무나 부족한 것이 현실이다. 이제 교회에서, 설교 시간과 성경공부 시간에, 노동의 가치와 노동자의 권리, 노동조합의 역할 등에 대해 이야기하자. 노동의 가치가 얼마나 숭고하고, 노동자의 권리를 보호하는 것이 얼마나 중요하며, 노동조합이 꼭 필요한 조직이라는 것을 그리고 노동하는 삶과 신앙이 결코 분리된 것이 아니라는 것을 말이다. 이를 위해서 현재 나와 있는 몇 권의 책6과 교재7에 추가하여 목회자들이 활용하고 교회에서 쉽게 사용할 수 있는 관련 자료가 더 많이 개발되었으면 한다.

7. 교회 공간 개방

　교회가 가지고 있는 큰 장점 중 하나는 전국 방방곡곡, 산간벽지 어디에 가도 웬만하면 교회가 있고, 교회가 있는 곳에는 공간이 있

---

6 영등포산업선교회에서 2013년 발행한 비정규노동선교 핸드북 『나중에 온 이 사람에게도』.
7 NCCK 북시리즈 006 『성서에서 배우는 노동 – 청년을 위한 노동인권교육교재』 (2016).

다는 것이다. 이 공간은 누구에게나 열린 공간이 되었으면 한다. 누구나 목이 마르면 들어와 물을 마실 수 있고, 화장실을 이용할 수 있고, 지친 마음이 잠시 쉼을 얻어갈 수 있는 공간이 되었으면 한다. 물론 관리의 어려움이 있을 수 있으나 처음에만 조금 힘들지 나중에 정착되면 자정작용이 일어날 수 있을 것이다. 그것만으로도 교회의 사회적 역할은 엄청날 것이다.

특히 교회는 노동자들이 편하게 모이고 교육하고 상담할 수 있는 공간이 되었으면 한다. 여기서 중요한 것은 교회 공간 사용을 교회 출석이나 전도와 연결시켜서는 안 된다는 것이다. 교회 공간을 이용하였으니 교회에 나와야 한다는 것이 아니라 그냥 교회는 누구에게나 열린 공간이므로 와서 활용하라는 것이다. 그것 자체로 족하다. 사실상 교회만큼 노동자들이 소모임을 진행하기 좋은 곳이 없다. 집 가까이에 있다면 금상첨화일 것이다. 나아가 교회가 노동자들의 삶 속에 가까이 다가가는 것은 교회에게도 유익한 일이다. 마음의 문턱을 낮추는 것이 가장 어렵고 시간이 오래 걸리는 일이기 때문이다. 교회 공간을 이용함으로써 비신자들에게 교회나 기독교에 대한 인식의 전환이 이루어질 수 있고 친근하게 다가감으로 언젠가 힘들 때, 찾을 수 있는 계기를 제공할 수 있다.

지금이라도 이러한 취지에 공감하는 교회의 명단을 만들어보자. 나아가 전국적인 네트워크를 구성해보자. 그리고 사전 예약 등 간단한 절차를 거치면 공간을 사용할 수 있도록 해보자. 현실적으로 그리 어렵지 않게 할 수 있으면서도 아주 의미 있는 일이 될 것이다.

8. 지역마다 노동상담소 마련 및 상담과 치유를 위한 사업[8]

최근 '마음돌봄' 필요성에 대한 인식이 많이 개선되어 관련 사업이 눈에 띄게 늘어나고 있다. 노동자들에 대한 마음돌봄도 예외가 아니다. 고단한 노동과 불합리한 차별, 인권 침해의 위험에 노출된 노동자들은 누구라도 치유와 회복, 심리상담이나 집단 프로그램이 필요하다. 그렇다면 위에서 언급한 교회 공간의 개방과 더불어 지역마다 교회가 노동상담소 혹은 노동자심리상담소의 역할을 감당하면 어떨까? 교인들 중에는 노무사나 심리상담사가 있을 수 있고, 만약 없다고 하더라도 지역의 뜻 있는 분들과 연계가 가능할 것이다. 또한 만약 해당 지역에 노동자를 위한 상담/치유 사업을 하고자 하는 노동단체나 센터가 있다면 협력하고 나아가 네트워크를 구성[9]한다면 더더욱 좋을 것이다.

9. 고난 받는 노동자들을 위한 지지, 지원활동

위에서 언급한 비정규직, 정리해고, 노조탄압, 부당해고 등의 문제를 해결하기 위해, 자신과 가족의 생존권을 지키기 위해, 오랜 기간 길거리에서 풍찬노숙을 하며 고난 받는 노동자들이 있다. 어느

---

8 현재 영등포산업선교회에서는 이러한 역할을 담당하고 있다. 지역마다 영등포산업선교회와 같은 곳이 있다면 얼마나 좋을까 상상해 본다.

9 2016년 7월, 노동/사회/종교/심리상담단체 11개가 '사회활동가와 노동자 심리치유 네트워크 <통통톡>'을 만들어 다양한 활동을 펼치고 있으며, 이 네트워크에 영등포산업선교회가 사무국 역할을 담당하고 있다.

누구도 싸움을 오래 하고 싶은 사람은 없다. 하지만 하루하루 길어지는 날들을 되돌릴 수도 없고 정말 괴롭고 힘든 날들이다. 교회가 이런 고난의 현장을 찾아서 위로하고 기도한다면 큰 도움과 위안이 될 것이다. 교회 가까이에 노동자들의 농성장이 있다면 한번 방문해서 따뜻한 밥 한 끼를 나누며 그들의 이야기에 귀를 기울여보자. 샤워, 빨래, 반찬 등 작은 부분을 도와주며 자매결연 등 정기적 교류를 실천한다면 더욱 좋을 것이다.

바로 얼마 전 4월 1일, MBC 인기 예능 프로그램 '무한도전'의 "국민의원" 편에 노동 현장에서 부당하게 어려움을 겪고 있는 노동자들의 생생한 목소리와 함께 개선책에 대한 아이디어가 방송되었다. 인기 1,2위를 다투며 엄청난 영향력과 파급력을 가지고 있는 프로그램에서 노동의 문제가 적나라하게 방송된 점이 무척 놀랍고도 반가웠다. "국민의원" 프로젝트로 국민들의 입법 아이디어를 모으는 것에서 출발했는데 1만여 건의 입법 아이디어 중 노동 분야의 의견이 가장 많았다며 첫 번째로 방송되었다. 이것은 무엇을 의미하는 것일까? 노동 문제가 일반 서민들의 삶과 가장 직결된 문제이며 이제 그것을 드러내놓고 당당하게 이야기할 정도로는 인식 개선이 되었다는 것이다.

세상이 그럴진대 교회도 이제 인식의 전환이 절실한 때이다. 노동, 노동자, 노동조합이라는 단어를 터부시하지 않는 것에서 출발해야 한다. 나아가 교회는 세상보다 더 선명하게 노동 문제를 외치고 하나님의 나라를 이 땅에서 실현해 나가야 한다.

한반도의 국가, 분단, 통합, 통일*

(미래나눔재단 사무국장)

I. 서론

발제자는 1998년부터 라진·선봉 지역 합영회사 사업 경험이 있고, 2004년 이후 대북 인도적 사업차 신의주, 평양, 개성 등지를 왕래하며 북측 인사들과 갈등을 동반한 협상과 협력을 거듭하면서 한반도 문제를 직면하게 되었다. 특별히 한국교회의 구성원으로서 교회가 가진 유·무형의 자산들이 남북문제를 해결하는 데 유용하리라는 믿음이 있으며, 이 문제가 72년 이상 해결되지 않는 장애요인들을 밝히는 것이 첫걸음이라고 생각한다.

2015년 남한의 1인당 국민총소득(GNI)은 북한의 22.2배,[1] 국

---

* 이 글은 2017년 4월 22일 경동교회에서 열린 한국선교신학회에서 발표된 글입니다.

방비는 8.5배에 달하는 등 거의 모든 통계에서는 비교가 무의미할 정도로 남한이 압도하고 있으며, 외교·문화·정치적 수준 등 이른바, '소프트파워'에 있어서도 월등한 만큼 남북문제의 주도적 역량은 남한 사회에 있다고 할 것이다. 그러나 우리 사회는 남북 갈등으로 지난한 고통을 겪고 있으면서도 문제 파악에서 해법에 이르는 전체 체계를 갖고 있지 않거나, 실효성이 매우 낮은 허상을 그리고 있는 것이 아닌가 의심하게 된다.

발제자는 스스로 허공을 치는 행보를 하지 않으려는 소박한 동기로 '국가', '분단', '통합', '통일' 등의 기본 개념들을 짚어보기 시작하였고, 교회와 사회의 대중들에게 그 뿌리가 튼튼하지 않다는 것을 발견하였다. 특히, 교회는 그렇게 허약한 지적 기반을 확인하지 않은 채 목회의 철학을 세우고, 성도들을 교육하며, 기도의 제목을 제시하고, 선교의 방향과 미래 비전까지 채워나가고 있다. 물론 지적 완벽성은 가정할 수 없다고 할지라도, 매우 명백한 수준의 지적 결여가 발견되며 기독교 특유의 신중함을 잃는 경우도 있어 안타깝다.

부족하나마, 졸고를 통해 교회가 한반도 문제를 숙고하는 데 약간의 도움이 되기를 바라며 발제를 위한 개조식 구조와 전문을 첨부한다.

---

1 통계청, '주요 남북한 지표'; http://kosis.kr/bukhan 검색일: 2017년 4월 12일.

II. 발제 요약

◎ 남북문제는 세대 간에 벌어진 문제이고, 선후 세대 간의 협력으로 풀어가야 한다.

  ○ 분단 1세대와 현 세대의 합리적 판단이 다를 수밖에 없다. 윗세대의 합리성을 강요하거나 주입하려는 태도는 적절치 않다.

  ○ '통일'의 개념조차도 동시대인들이 재정의할 것이다.

  ○ 분단과 적대관계로 인해 왜곡되거나 사실보다는 전략적 이해로 점철했던 지식 체계는 더 이상 유효하지 않다. 이러한 것들은 통합의 장애물이다.

  ○ 교회는 통일보다 더 명백한 명령인 평화를 앞세워야 한다. 통일은 평화의 명령을 순종할 때만 선이 될 수 있다.

  ○ 따라서 후세대에게 물려줄 것은 평화의 역량이라고 할 수 있다.

◎ '분단'은 체제(state) 차원이 아니라 공동체(유구한 정치공동체) 차원의 사건이다.

  ○ 대한민국 정부의 주권범위는 1948년 국제사회의 승인근거로 남한에 한정되며, 6.25전사와 한일국교정상화 시의 논쟁, UN 동시가입 등 실효적으로도 확정되고 있다. ▷ 따라서, 체제 확장 혹은 실지회복 차원의 통일론은 실증적 근거

가 없는 허상이며 남북 갈등을 심화시키는 역작용이 있다.

○ 남북한 체제는 그 기원으로 볼 때는 분단이 아닌 분립이다.

○ 분단은 '하나의 사회'가 나뉜 것, 즉 공동체의 협동체제가 깨진 것으로 파악하는 것이 더 타당하다.

○ 그렇다면, '통일'과 '통합'은 이 협력구도(단일 공동체)의 회복이라고 할 수 있다.

◎ 체제, 국가, 공동체를 구분하여야 한다.

○ 정치공동체는 한반도에 유구한 역사를 가지고 존재해 왔으며 복수의 체제가 세워졌을 때마다 재통합을 추구하는 구심력을 갖고 있다.

○ 한반도의 정치공동체는 근대에 들어서 자신들이 필요와 이상에 따라 체제를 저작(著作)하여 '대한민국'이라는 체제를 구축해냈다. ◇체제는 늘 결핍이 있으며, 저작자들은 수정할 권한을 행사한다. ◇대한민국의 가장 큰 결핍은 한반도 전체를 통합하지 못한 것이며 오늘날의 정치공동체는 통합을 추구하고 있다.

○ '국가'를 때로는 '체제'로, 때로는 '공동체'로 혼용하는 것은 분석적 사고를 가로막고 있다. ◇중국 문화권의 '國家'는 천하통일이 확보되어 國의 구성원이 家의 구성원과 같이 친밀한 상태라는 유교적 이상, 즉 '天下一家'를 표현하며, 당대의 왕조 혹은 여타의 체제가 그렇지 못한 정치현실에

서 사용될 때는 그 이상과의 괴리를 드러낸다. ◇따라서, '국가'란 명멸하는 특정 체제보다는 유구하고도 이상적인 '정치공동체'에 가까운 표현이다.[2] ◇체제는 '국가'의 이상을 담지함으로써 정통성을 확보하려 한다(대한민국 헌법 전문). ◇특정 체제가 시대의 도구나 저작물의 정체성에 머물지 않고 상징이나 우상으로 숭앙받으려 하며, 정치공동체의 유일대표성을 가진 듯이 행위하려 할 때 정치공동체의 자유로운 발전을 침해할 수 있다.

○ 한반도의 통합은 정치공동체가 체제의 시대적 역할을 마감하고 새로운 체제를 저작하거나 상호 조화될 수 없는 체제들의 배타적 요소를 수정/보완하는 작업이 될 것이다.

◎ 남북 관계의 양면성은 역사적 시각에서 파악되어야 한다.

○ 남북 관계는 끊임없이 국제적(international)인가, 국내적(domestic)인가 하는 질문에 시달린다. ◇혼재: 학계에서는 '모순병치'(矛盾竝置)로, 남북기본합의서(1991)에는 국제관계를 부정하며 '나라와 나라 사이의 관계가 아닌 통일을 지향하는 과정에서 잠정적으로 형성되는 특수관계'로 표현하고 있으나 모두 합리적 구조를 가진 설명이라기보다는 현상을 표현한 데 그치고 있다. ← 상호 관계의 준칙이 도출되지 못한다. ◇국제적: 국제사회에서는 1948년 이후 'the two

---

2 양승태, 『대한민국이란 무엇인가』 (서울: 이화여자대학교출판부, 2010).

Koreas', 즉 국제관계로 규정되며 남북 당국도 그렇게 행위한다. ◇국내적: 북한이탈주민은 대한민국에서 즉시 '국민'의 지위를 부여받는다(역의 경우는 매우 드물지만 대칭적이라고 할 수 있다. 다만 최근의 몇몇 월북자들은 거부되고 있다). ◇선언과 실제의 괴리: 남북한은 국제관계가 아니라고 규정하여 '출입국'(出入國)이 아닌 '출입경'(出入境)으로 표현하지만 CIQ(세관·이민·검역)를 거치는 출입 절차는 모두 국제관계와 동일하다. ◇입장갈등 사례: "'대한민국 국가인권위원회'가 북한 인권 문제를 '국내문제'처럼 다뤄야 한다." ▷"북한의 인도적 문제에 대해서는 도울 필요가 없다." ▷"동명왕릉(고구려고분군)의 세계문화유산 등재는 북한의 일이므로 남한의 세금이 쓰여서는 안 된다."

○ 발제자는 동시대적으로는 국제관계(currently international)로 파악하여 상호존중을, 역사적 시간 속에서는 국내관계(historically domestic)로 파악하여 통합의 근거와 동력으로 삼을 것을 제안한다(본문 그림1). ◇직접적 협력이나 책무 관계가 성립하지 않는 현재적 사안들은 국제관계로 취급한다(도움을 주지 못하면서 비난하는 것은 갈등의 표출일 뿐이다). ◇현재의 대북 지원은 국제개발협력이다. 그러나 미래의 통합을 바라본다면 국내적 부조 성격도 있다. ◇선대의 독립운동가들의 노력은 당대의 남북한 모두를 돕고 있다. 당대의 남북한의 사회적 자본은 후대의 통합체 모두를 도울 것이다. 이처럼 시간축에 있어서 국내적인 현실이 펼

쳐지고 있다.

◎ 적정 수준의 정의로운 사회로의 통합을 위해.

　○ 선대들이 독립과 근대체제로의 혁신을 동시에 추구했듯이,
　　당대는 통합과 정의를 모두 추구해야 질 높은, 안정적인 통
　　일을 이룰 수 있다.

　○ 왕래의 양을 늘려야 한다. 당국, 민간, 경제, 대칭되는 제도
　　간의 활발한 만남이 많을수록 남북 관계는 바람직한 방향
　　으로 발전한다.

III. 한반도의 국가, 분단, 통합, 통일[3]

　동시대인의 대부분은 분단되지 않은 한반도를 본 적이 없다. '통
일'은 윗세대로부터 물려받은 꿈이니, 스스로 느끼는 절실함이 더
해지지 않는다면 그 열망이 식어가는 것도 이상한 일이 아니다. 반
면, 윗세대들에게 분단은 생살이 찢어지는 아픔이고, 통일은 목숨
보다 더 길고 간절한 열망이다. 대한민국 헌법은 대통령과 정부, 사
회에 대하여 통일을 위해 노력할 의무를 규정한다. '통일'을 명시적
으로 조항에 넣은 것은 1972, 1980, 1987년 개정헌법이지만 1948

---

3 SFC 총동문회,『개혁신앙』2015년 11·12월호, 84-92의 기고문을 현 시점에 맞게 수정보완
　한 글입니다.

년 헌법이 너무도 당연하게 한반도 1국가를 전제로 제정되었다는 것은 의심의 여지가 없다. 그때만 해도 분단이 이처럼 오래 가리라고 상상하지 못했겠지만, 제헌 이후 70년이 흐른 지금 그 헌법의 의무는 미래 세대에 넘기는 숙제이자 부탁이 되었다.

세월은 북쪽에서도 흐르고 있으므로 남북 각각의 이후 세대가 적대관계를 물려받는다면, '통일'이라는 숙제를 그 두 집단이 어떻게 해석할 것인지 생각해야 한다. 우리는 그것이 분단보다 나은 무엇이기를 바라지만, 그런 바람은 그런 씨앗을 심으며 가져야 한다. 물론 우리 중 몇은 '통일 얘기 이제 그만두자'고 할 수도 있지만, 우리가 그만둔다고 북쪽도 발걸음을 맞춰줄 리 없다. 남북 간의 소통 없이는 통일 논의를 그만둘 자유도 없는 것이다. 따라서 기성세대는 식어버린 소망을 되뇔 것이 아니라, 미래세대 스스로의 합리적 선택에 따라 모두에게 이익이 되는 평화의 체제를 이룩하는 것을 목표로 설정하고 그에 따른 당 세대의 의무를 찾아낼 때가 되었다.

그러자면 그 세대의 경험, 감정, 적대구도에서 오는 고정관념, 억지스럽지만 용인되었던 주장이나 억측을 과감히 털어내고 해법을 찾아내는 데 유용한 객관적 사실을 바탕으로 냉철한 집단지성을 가동하여야 한다. 이 글은 그 출발선에 놓인 기억과 지식의 장애물을 털어내는 데 기여하고자 한다.

1. 통합을 향한 출발선, '분단'에 관한 재고

분단·통합·통일은 모두 국가 혹은 국가의 주권(sovereignty)과 관련된다. 정치적 개념의 '분단'은 한 국가의 주권이 갈라진 것이며, '통일'(unification)은 둘 이상의 주권체가 하나로 합하는 것이다. '통합'(integration)은 그러한 통일의 전제조건이자 유지조건으로 둘 이상의 집단이 일체감을 이루어 나가는 과정이며 지속상태다. 한반도 문제는 그 시작인 '분단'부터 그리 단순하지 않다.

1910년 상실한 대한제국의 주권은 일제가 패망한 1945년에도 반환되지 못했고, 1948년에야 남북 각각의 정부가 구성되고 말았다. 이후 남북한은 각자의 정통성을 주장하다가 1991년에는 동시에 UN에 가입함으로써 'two Koreas'를 공인한 상태다. 정식 정부가 수립된 1948년에 UN은 대한민국 정부를 '한반도의 유일한 합법정부'로 인정했지만, 그 주권범위는 38°선 이남 지역으로 한정했다. 국가 주권의 형성을 위해서는 주민들의 합의가 필요조건인데, 이를 위한 자유총선거를 이북 지역에서 치르지 못했기 때문이다. 이 내용은 역사상 처음으로 한반도에 설립된 국가를 국제기구가 인정한 UN 총회 결의문 '195 (III) THE PROBLEM OF THE INDEPENDENCE OF KOREA'[4]에서 확인할 수 있는데, 우리 정부는 이 역사적인 결의문

---

4 김계동, 『한반도 분단, 누구의 책임인가?』(서울: 명인문화사, 2012), 207; UN총회 결의문 '195 (III) THE PROBLEM OF THE INDEPENDENCE OF KOREA', 1948. 12. 12 : "Declares that there has been established a lawful government (the Government of te Republic of Korea) having effective controland jurisdiction over that part of Korea where the Temporary Commission was able to observe and consult and in which the great majority of the people of all Korea reside; that this Government is based on elections which were a valid expression of the free will of the electorate of that part of Korea and which were observed by the Temporary Commission; and that this is the only such Government in Korea"(오자나 띄어쓰기도 그대로 전재함). "임시위원단(UN)의 감시와 지원이 가능하고 한국인 다수가 거주하는 한반도의 그 지역(that part)에서 유효한 관할과 통제 하에 법에 의한 정부(대한민국 정부)가 탄생하였음을 선언한다. 이는 이 정부가 임시위원단

을 학교에서 가르치지 않았고, 학자들조차 인용하지 않았다. 거기 나오는 표현에서 '유일한 합법정부'만을 강조하고 한정된 주권범위는 무시할 뿐 아니라 금기시하는 정책을 펼쳤다.[5] 그러나 국제사회에서는 주권의 본원적 요소인 '주민의 자유의사에 의한 선거'가 결여된 주권을 인정하지 않았고 지금도 변함이 없다.

대한민국 정부는 그 주권범위와 관련하여 적어도 두 차례 국제사회와 대립했다. 1950년 10월, 연합군의 한반도 전체 점령이 예견될 때, 이승만 정부는 북한 지역에 행정관을 파견하여 관할권을 행사하려했으나 UN은 관할권을 인정하지 않고 저지했으며, 1960년대, 한일수교협상에서 전범국인 일본에 대해 한반도 전체 몫의 배상을 요구했지만, 대한민국 정부는 북한 몫의 권리가 없다는 일본의 입장으로 귀결됐다. 두 경우 모두 앞서 소개한 1948년 UN 총회 결의문이 근거가 되었다.

이처럼, 유일한 정통성을 한반도 전체의 관할권으로 확대 주장해온 우리 정부의 입장은 선언적으로나 실효적으로 불능이다. 남북한은 각각 내부적으로, 또한 상호 관계에서 남북은 '국가 간 관계가 아니다'라고 합의하고 있고, 학자들은 이를 '모순병치'(矛盾竝置)라고 했는데, 이는 현상을 표현할 뿐, 논리적 판단중지 혹은 판단유보의 불완전한 개념이기에 그로부터 미래의 해법이 도출될 수 없다.

감시하에 실시된 그 지역(that part) 유권자들의 자유의사의 유효한 표출에 의한 선거에 기반을 두고 있다는 의미이다. 그러므로, 이와 같은 정부는 이 정부가 한반도에서 유일하다[번역 윤환철].

5 'a lawful government'를 통상 '합법정부'로 옮겨왔으나, 이는 UN 등 국제사회가 인정하는 주권의 확보절차를 거쳤다는 의미로 받아들일 수 있으며, 국내법상 합법과 불법이라는 대립적 개념으로 취급하기에는 무리가 있다.

2. 공동체의 관점에서 파악하는 분단과 통합

앞에서 살펴본 사실(史實)과 현상을 두고 본다면 남북한은 '분단'(分斷)이 아니라 '분립'(分立)된 것이고, 그것을 상호 인정까지 한 셈인데(그것도 보수정권 시기에), 우리는 어떻게 이것을 '분단'이라 하고, 그에 따른 과제가 '통일'이라고 할 수 있을까?

이 문제를 풀어내기 위하여 '국가' 혹은 하나의 공동체(사회)에 역사, 즉 시간축을 적절하게 고려할 것을 제안한다. 이를 잘 표현한 이는 존 롤스(J. Rawls)라는 정치철학자로, 그는 하나의 사회를 합리적인 구성원들의 '협동체'로 봤다. 자유로운 개인들이 굳이 누군가를 위하려는 생각과 무관하게 이기적인 동기에서 하는 행위들이 상호 협력하는 결과를 가져온다면 그 집단은 하나의 사회라는 것이다. 여기까지 두고 보면 현재의 남한과 북한은 명백하게 하나의 사회가 아니므로 서로를 외국처럼 취급해야 한다. 남북한의 개인들이 자기 일에 충실한다고 해서 경계를 넘어 상호 도움을 주는 구도는 없기 때문이다.

롤스는 그 '협동체'에 시간축에 대한 고려를 덧붙여 "역사상 시간 속에 펼쳐진 협동체"라는 보다 완성된 정의를 내놓았다. 이를 바탕으로 남북한을 바라보면 비로소 유용한 형태의 '분단' 규정을 찾아낼 수 있다. 그에 따르면, 한 세대는 선행세대의 성과와 유산을 받아 누리다가, 더 잘 살기를 바라는 소망만큼 더 얹어서 후세대에게 넘긴다. 당대의 좋은 것들 —생산력, 문화, 공정성, 평화 등등— 을 유지하고 후대에 넘기는 것은 당연한 의무다. 그것을 다하지 못한 세

대가 비난의 대상이 되는 것은 일가족(family line)과 사회가 마찬
가지다.

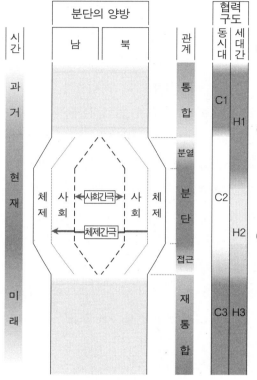

[그림 1]과 같이, 현재라는 시간적 단면만 볼 때는 명백히 하나의
사회가 아닌 남북한은 이전 세대의 협력의 수혜자라는 면에서 하나
가 아니라고 말할 수 없게 된다. 간단한 예로 독립운동가들이 남한
이나 북한 어느 한 쪽의 후세대만을 위해 재산과 목숨, 자손들의 미

래까지 내놓았다고 상상할 수 없고, 더군다나 70년 이상 싸우고 다투는 두 나라를 꿈꿨을 리 만무한 것이다. 일제로부터의 해방을 물려받은 세대는 일제 강점 이전의 하나된 공동체를 회복하고 되돌릴 수 없는 평화의 상태를 완성하여 다시 미래세대에 넘길 의무가 있었다고 할 수 있다.

여기서 '분단'을 '하나의 국가가 나뉜 것'이라는 막연한 인식에서 끄집어내어 한반도에 적합한 설명을 찾아낼 수 있다. 그것은 "역사상 시간 속의 존재하는 협동체(협력구도)가 깨진 상태"다. '국가의 분단'에 빗대어 차이를 두자면 '사회의 분단' 혹은 '공동체의 분단'이라고 하겠다. 그러면 통일을 소망한다는 것은 그 깨어짐이 일시적이기를 바라는 것이며, 시간축의 미래상이 개입되는 것으로 파악될 수 있다. 훗날 남북이 완전히 통합된 시점에 이 시대를 '분단시대'나 '2국 시대'라고 칭하면서 바라본다면 한반도 공동체가 역사적으로 유구한 협력구도에서 일탈한 기간이 될 것이다.

3. 국가론의 숙고

이제 '국가'라는 또 하나의 산을 넘어야 한다. 사회·공동체 차원의 통합은 필연적으로 주권체인 국가 차원으로 연계되고 가시화될 것이기 때문이다. 그런데 작금의 국가 담론은 두고 보기 힘들 정도로 혼란스럽다. 조심스럽게 다뤄야 하는 '국가 정체성'을 말글깨나 하는 인사들이 정치적 무기로 휘두르는데, 그 무지함이 놀랍다. 그런 언사는 남한의 통합 공동체마저 위협하고, 남북 간의 통합은 꿈도 못 꾸게 만드는 퇴행이기에 이를 지적하고서야 본론으로 돌아갈 수 있을 것이다.

논의의 편의를 위해 잠시 국가의 개념을 둘로 나눌 필요를 느낀다. 역사상 한반도에 명멸했던, 권력체계로서의 여러 국가들을 'state'(권력체계라는 의미)들이라 하고, 그 모든 국가들의 역사를 '우리나라'의 역사로 보는 통합적인 나라의 개념을 'nation'이라고 해 보자. 예컨대, 이순신 장군은 '조선'이라는, 과거 한반도에 존재했던 국가의 해군 제독인데, 지금, '대한민국'의 국민들이 자신들을 지켜준 영웅으로 추앙한다. 한반도의 '조선'과 '대한민국'은 다른 정치체제이고 법통을 이어온 것도 아닌데, 이 둘을 모두 역사의 흐름 속에 있는 '우리나라'로 파악하는 국가 개념 —앞서 언급한 '역사상 시간 속에 존재하는 협동체'가 다시 떠오른다— 이 우리에게 있는 것이다. 이 개념을 가지고 1910년부터 1945년까지 한반도를 본다. 당시의 state, 즉 권력체계는 '조선총독부'였고 총 9명의 일본 군인들이 총독으로 와서 행정권·사법권·군사권 등 국가가 갖는 모든 권한을 휘둘렀다. 그 압제에서, 겉으로나마 일본을 자신들의 '국가'로 인정했지만, 오늘날 '조선총독부' 혹은 제국주의 일본을 한반도에 존재했던 '우리나라'의 범주에 넣지 않는다.

만일 식민지 시절 일본에 충성한 것도 '애국'이라고 주장하는 사람이 있다면, 이들의 국가관을 "어떻게든 세워진 권력체계(state)는 그냥 국가다"라는 얕은 개념을 갖고 있을 것으로 추정된다. 이런 세계관에서는 국가를 무조건 숭배할 뿐, 그것을 만든 주인이 누구인지, 주인의 권한이 무엇인지, 주인의 뜻에 따라 갱신해야 할 과제가 무엇인지를 말하는 것은 금기다. 더 나아가 그러한 금기에 도전하는 구성원들을 적대시할 수 있다. 이는 전체주의의 면모로, 역사상 저질러진 수많은 집단적 악행의 뿌리다.

'애국세력'으로 자처하고, 국가 체제에 대한 정당한 문제제기조차 '반 대한민국 세력'(이른바, '반대세')의 음모로 몰아가는 세력들은 자신들이 '대한민국'을 지킨다고 생각하고 말하지만, 그것은 권력체계 —본 글에서 편의상 state로 분리한— 로서의 대한민국의 태생과 법통조차 이해하지 못하는 소치다. 최근에는 1948년을 건국기점으로, 광복절을 '건국절'로 해야 한다는 주장까지 내어놓아 스스로의 무지를 더욱 심화시킨다.

대한민국 헌법은 그 전문에 국가 수립의 주인을 '대한국민'으로 명백히 하고, '3·1운동으로 건립된 대한민국임시정부의 법통과 불의에 항거한 4·19민주이념을 계승'한다고 천명함으로써 국가 수립의 기점이 기미년(1919)의 독립선언이며, 그 주인은 민(民)이고, 국가 정당성이 흔들릴 때 민은 국가를 다시 갱신할 권한이 있음을 명백히 한다. 권력기구로서의 'state'가 'nation'의 개념을 인정하고 스스로 내포함으로써 두 개념의 일치를 통해 정당성을 추구하고 있는 것이다. 따라서 문제의 세력들이 내세우는 '애국'이 그저 있는 체제에 복종하라는 것이면 그것은 파시즘을 은폐하는 기만이고, 그들 스스로 애국의 대상이라는 대한민국의 이념에 도전하는 것이다. 이런 입장은 공동체의 발전을 위한 변화조차 거부하는 기득권 세력의 욕망에 기여할지 몰라도, 진정 발휘해야 할 애국심과는 정반대의 것이고, 변화가 절실한 구성원들에 대한 폭력이다.

이러한 국가관이 득세하는 사회에서 통일을 논하는 것은 무기력하다. 첫째로 서로 다른 구성원들이 보일 수 있는 합당한 불일치를 죄악시함으로써 한 사회조차 통합해내지 못하기 때문이고, 둘째로 통일이 그러한 폭력적 기득권의 확대일 뿐이라면 굳이 민(民)이 그것을 추구할 이유가 없기 때문이다.

4. 대한민국의 저작(著作)

기성세대의 의무는 미래 세대에게 억지 국가론을 주입하는 것이 아니라 통합 국가를 만들어낼 수 있는 주권자로서의 자각과 기획력을 북돋우는 것이다. 우리 중에 그래도 통일을 고민하는 분들이 "통일이 됩니까?" 혹은 "언제쯤 통일이 되겠습니까?" 하고 묻는데, 이것은 마치 경기하는 선수가 관중에게 혹은 서로에게 "우리가 이깁니까?"라고 묻는 꼴이다. 통합을 추구하는 것도, 그 통합이 어떤 것이냐를 결정하는 것도 경기의 승패처럼 그 '선수'들에게 달린 것인데도 말이다. 이 '선수'들에게는 대한민국이 어떻게 기획된 국가인지 들려주는 것이 도움이 될 것이다.

1910년, '대한제국'의 여권을 갖고 미국에 살던 우리 조상들은 그 여권을 발행한 대한제국이 사라지는 중대 사건에 직면했다. 국권이 일본에 넘어갔다면 일본 영사관에 가서 일본국 여권으로 바꿔 달라고 해야 할지 모르지만, 한인 지도자들은 고심 끝에 새로운 국가를 세우기로 한다. 가장 먼저 한 일은 국권을 넘긴 황제를 해고한 것이다. "황제가 황제인 이유는 주권을 갖고 있기 때문이다. 그 주권은 근본적으로 민(民)의 것이므로, 황제가 국권을 놓아버릴 수는 있지만 누군가에게 넘길 권한은 없다. 그러므로 황제가 놓아버린 국권은 민(民)에 귀속되는 것이다."[6]

그분들은 국가의 이름을 짓기 전에 왕정이 아닌 공화정, 개인의 자유와 삼권분립에 기초한 민주주의 국가라는 성격을 먼저 규정했다. 잃어버린 국가는 전 근대 봉건국가였지만, 다시 세울 국가는 근대국가이며, 신민(臣民)이 아닌 '국민'이 주인인 국가였다. 당시 미주의 한인들은 이러한 논의가 있었던 '대한인국민회'(大韓人國民會)를 '한국의 무형한 정부'로 인식했다. 국가를 세우려면 적어도 영토, 주권, 국민 이 세 가지가 있어야 하는데, 국민이 몇 있을 뿐 사실상 아무것도 없었기에 '무형'이고, 영토와 주권을 곧 되찾을 것이므로 '정부'다. 그렇게 임시정부 이전에 '무형정부'가 기획된 것이다. 놀라운 것은 이 국민회의 '입회증서'로 여권을 갈음하려 한 것이다. 미국 이민국도 이를 받아들임으로써, '무형한 정부'는 곧바로 유형의 권능을 행사하기 시작했다. 그 무형국가는 미주의 주요 도시에서 영사 기능을 수행했을 뿐 아니라, 공군에 해당하는 '조선비행대'(KAC)를 만들고 공군 사관학교에 해당하는 비행훈련기관도 세웠다. 라이트 형제가 비행기술을 발명한 지 얼마 지나지 않은 시점이었다. 현재 대한민국 공군은 이 비행학교를 자신들의 조상으로 알고 있다. 1897년 '조선'은 국호를 '대한제국'으로 바꾸었는데, 1910

---

6 강영심·김도훈·정혜경, 『1910년대 국외항일운동 II – 중국·미주·일본』 (천안: 독립기념관, 2009); 『한국독립운동의 역사』 제17권, 203-226; 전자책 = http://search.i815.or.kr/Degae/DegaeEbook.jsp?bookid=017&pgnum=.

년 일제가 식민지 '조선'으로 다시 바꾼 것을 1919년 3·1운동 이후 상해에 세워진 임시정부가 '대한민국'으로 제정했다.[7]

백지에서 국가 기획을 시작한 지 10년이 안 되어 임시정부와 국가가 건립됐고, 계속해서 재정, 군사, 외교 등 국가의 기능을 하나하나 채워나가다가 마침내 '대한민국'은 정식 정부를 갖게 된 것이다. 대한민국의 기획자들은 자신들이 국가의 주인이자 저작권자임을 알았고 이를 해냈다.

5. 미완의 국가기획, 새로운 도전

국가의 기획자들은 천신만고 끝에 세워진 대한민국에 중대한 결핍이 있다는 것도 알았다. 1948년 정부 수립 시점에도 제헌의회는 한반도 전체 의석 300석 가운데 북한 몫 100석을 비워두었다. 이후 추가된 헌법 제4조는 '통일을 위해 노력해야 한다'고 명시함으로써 국가 스스로 자신의 결핍을 고백하고 있다. 이 관점에서 통일은 국가 기획의 완성이라고 할 수 있다.

지금, 다른 민족의 압제는 아니지만 진정한 평화가 없다는 면에서 일제 강점기와 다름없는 시간이 100년이 넘게 흘러가고 있다. 우리에겐 이 기획의 패기와 정신을 넘겨받아 새 시대에 맞는 새 기획안을 낼 권리와 의무가 있다. 그 새로운 기획의 목표가 '통합국가'

---

7 정구복, 『우리나라 국호고 - 한반도 통일 이후 국호 제정을 위한 기초연구』 (장서각, 2013), 323. 이 글에서 정구복이 1948년을 '건국'이라고 칭한 것은 정부 수립과 건국의 개념을 구분하지 않은 문제로 보인다.

가 될 수 있다. 그러니까 통일은 우리가 모르는 중에 오거나 가는 것이 아니라 철저히 우리 손에서 만들어져야 하는 것이며 선수들은 그것을 어떤 모양으로 이뤄낼지 경연을 벌여야 하는 것이다.

지금이 1910년보다 어려운 것 같지 않다. 이미 북한 노동자 5만 명 이상과 남한 관리자 8백 명 이상이 직장을 같이하는 개성공단을 위시한 남북 간의 경제협력, '겨레말 큰사전' 편찬과 같은 학술문화 공동작업, '고구려 고분 공동발굴', '8 · 15 공동행사'와 같은 역사적 협력 등 부분적 통합의 사례가 우리 앞에 있다. 이러한 부분적 통합이 사회의 전 부문으로 확산되는 것이 사실상의 통일 상태라고 할 수 있으며, 권력 기구와 군부, 최종적으로 주권을 하나로 합하는 정치적 통일 과정은 그 정점이 될 것이다. 그러나 정치적 통일 이후에도 기나긴 통합의 작업이 이어질 것이다. 정치적 통일 이전의 통합이 서로 다른 사회 간에 이루어졌다면, 그 이후의 통합은 한 사회 내의 통합 작업이 될 것이다.

결국 우리가 생각하는 통일은 정의로운 원칙을 가지고 남북의 거민들이 하나의 공동체를 회복하는 것이라고 할 수 있는데, 이 일은 한 세대만으로 이룰 수 없다.

6. 세대에 걸친 기획, 세대 간의 협력

세대 간 협력에서 선행 세대의 몫은 남북 통합의 기회를 열고, 통합의 역량을 축적하여 물려주는 것이다. 통합은 정치 · 군사적으로 적대관계에 있는 북한과의 협력을 의미한다. '적과의 협력'은 모순적으로 들리지만 역대 대통령들을 비롯한 정치지도자들이 이미 경험했고, 대한민국이 북한과 크고 작은 범위에서 시행하고 있으며, 앞으로도 해야 한다고 말하는 것이다.

통합의 역량은 집단 간 적대관계를 협력관계로 전환하는 정치철학과 기술, 상이한 두 체제를 손실과 위험을 최소화하면서 융합시키는 절차적 아이디어, 평화롭게 된 뒤에도 나타나게 될 갈등을 공정하게 조절하면서 하나의 공동체로 수렴시키는 정의에 대한 감각과 지식, 이 모든 과정을 넉넉히 뒷받침하기 위한 자원의 조달능력, 복잡한 양상으로 나타나게 될 인간 실존의 문제에 접근하는 인권 감수성, 거대한 변화를 공동체적으로 해결해나가는 소통능력 등이다.

이러한 미래지향적 통일 역량은 과거의 원한과 오류를 극복하는 절차가 선행되어야 할 것이다. 예컨대, 우리 대중들과 학계에는 아직도 북한이 붕괴하면 거의 자동으로 우리 땅이 될 것이라는 망상이 확신처럼 굳어져 있다. 이 망상은 마치 '시한부 종말론'과 같아서 골치 아픈 북한을 더 이상 상대하지 말고 기다리자는 여론을 만들고, 정치권은 문제 해결을 위해 노력하고 있다는 표시를 내지만 별실적이 없는 시간을 허비하도록 한다. 한편, 자기들이 붕괴할 것이라고 예측하는 남쪽과 미국 등 외부 세계에 대해 어떤 행동을 선택할까. 더욱 움츠러들며 개방을 두려워하고 군사력 증강에 몰두할 것이다. 핵무기는 그들이 찾아낸 가장 저렴한 자위수단이다.

오늘날 대한민국 공동체가 북한보다 더 큰 역량을 가졌다. 우리는 대결구도 속에서도 월등한 국력을 확보했고, 이질적인 국가들과의 협력 경험도 풍부하다. 뿐만 아니라 미국은 종종 대 한반도정책이 백지 상태로 돌아가는데, 이미 1999년에 우리 정부는 미국의 한반도 정책을 거의 써준 경험도 있다. 6자회담 타결되어 '9·19공동성명'을 이끌어낸 '페리프로세스'가 그것이다. 이는 북한 정권이 상당히 까다로운 존재임에도 불구하고 그들을 상대로 좋은 결과를 이끌어낼 수 있다는 자신감을 갖게 한다. 현재 문재인 정부는 남·북·미를 중심으로 얽힌 실타래를 풀어내는 어렵고도 과감한 도전에 나서고 있으며 일정한 성과를 보여주고 있다. 그 기대치에 대해서는 다양한 예측이 존재할 수 있지만, 분명한 것은 대한민국 정부가 핵심에 설 수 있고, 그래야 한다는 사실이다.

필자도 일천하나마 북한과의 여러 차례 협상에서 좋은 결과를 얻어낸 경험이 있다. 협상이 어려웠던 이유는 남북이 언제 관계가 끊어질지 모르는 상호 적대관계 속에 있었고, 기회주의적 행동을 하려는 조직논리가 배경에 깔려있었기 때문이다. 물론, 그것마저도 극복할 수 있다.

우리 미래 세대는 대한민국 공동체를 더 낫게 만들 수 있고, 남북문제도 지금보다 더 잘 해결할 수 있을 것으로 믿는다. 문제는 선행 세대가 해결의 역량을 물려주느냐, 아니면 대결의 기억과 증오만을 대물림하느냐에 달려있다. 뒷세대일수록 역량도 크다. 세월호 사건에서 10대 아이들은 구명조끼 양보하고, 기록 남기고, 상황 전파하고 그 안에서 훌륭한 공동체를 이뤘지만 70대 선장부터 40대 선원들은 거의 그 배에서 도망한 걸 보면 알 수 있다.

7. 한반도의 이상

통합된 한반도 국가가 어떤 모양이어야 할까? 지금 우리 느끼고 있는 결핍, 억압, 고통, 어쩔 수 없는 것으로 받아들이는 현실이 그대로 북한까지 확장되는 것일까?

남한에 약 24,000명쯤 남아있는 탈북민들은 지속적으로 북한에 있는 가족들과 통화한다. 그들은 대개 비정규직이다. 북한에는 남한의 비정규직, 저소득층이 어떤 전망을 가질 수 있는지 전해지고 있는 것이다. 만일 북한의 먹는 문제가 해결된다면 자존심 강한 그들이 굳이 우리 사회와 합쳐서 하위 계층으로 사는 선택을 할 것 같지 않다. 그러므로 통일을 꿈꾼다면 우리 사회부터 다시 디자인 해나가는 노력이 같이 진행돼야 한다. 적어도 어제보다 나아지고 있는 사회가 매력적인 사회이고, 그래야 북한 주민들도 우리와 하나의 공동체를 만드는 데 기쁘게 동의할 수 있을 것이다.

기후 변화 시대 교회 개혁의 과제*

이 진 형
(기독교환경운동연대 사무총장)

I. 들어가는 말: 종교개혁과 기후 변화

500년 전, 아우구스티누스회 소속 수사였던 마르틴 루터가 독일 비텐베르크에서 새로운 개혁운동을 시작했다. 종교의 타락과 무능함을 바로잡으려 했던, 훗날 종교개혁이라는 이름을 얻은 이 운동은 우연인지 필연인지는 모르겠지만 본래의 의도와는 다르게 인류와 지구의 역사에 중요한 변곡점이 되었다.

무엇보다 종교개혁은 활판인쇄의 활용을 통해 정보전달 기술을 비약적으로 향상시켰고, 이는 인류가 자연에 순응하며 살아온 이전의 역사에서 벗어나 자연을 지배하고 정복하는 과학기술 진보의 기

이 글은 2017년 4월 22일 경동교회에서 열린 한국선교신학회에서 발표된 글입니다.

반이 되었다. 아울러 종교개혁은 부르주아라는 신흥 계급의 욕구와 맞물려 근대민족국가의 체제를 만드는 데 큰 기여를 했고, 근대민족국가 체제의 경쟁적인 식민지 자원의 약탈은 산업화라는 지구적인 자원의 소비를 필연적으로 수반하는 산업 활동의 시대로 인류와 지구의 역사를 이끌었다.

500년이 지난 지금, 인류의 과학기술을 통해 이루어진 산업화는 인류가 수천 년 동안 전혀 경험해보지 못한 지구 온난화라는 기후 변화의 직접적인 원인임이 밝혀졌다. 산업화의 과정에서 사용된 화석연료가 대기 중에 온실가스인 이산화탄소의 농도를 비약적으로 높였고, 이와 비례해서 지구의 온도가 급격하게 상승하고 있는 것이다. 혹자는 "기후 변화는 사기극이다"라고 애써 현실을 부정하지만, 그 속도가 너무나 빠르기 때문에 정서적으로 감당하기 어려울 뿐이지 기후 변화는 그리고 기후 변화로 인한 인류의 문명과 지구 생태계의 파국은 너무나도 분명한 현실이다.

물론 오늘날의 기후 변화의 원인을 500년 전의 종교개혁의 탓으로 돌리려거나, 종교개혁의 의미를 희석하거나 폄하하려는 것은 아니다. 오히려 종교개혁이라는 사건이 인류의 문명사만이 아니라 지구의 역사에 있어서도 참으로 중요한 사건이었다는 이야기를, 그래서 오늘 또 다시 500년 전의 종교개혁과 같은 개혁운동이 일어나 기후 변화의 파국으로부터 두려움에 떨고 있는 창조세계의 구원이 있기를 바란다는 이야기를 하려는 것이다.

그런데 하필이면 인류와 지구의 역사를 이어가기 위해 새로운 변화가 절실하게 필요한 이 순간에 기독교는 500년 전과 마찬가지로 여전히 타락과 무능의 늪에서 좀처럼 벗어나지 못하고 있다. 길잡이가 되어야 할 기독교가 절체절명의 위기의 순간을 앞두고서 혼수상태에 빠져 제 앞가림조차 못하고 있다. 사회가 교회를 향한 신뢰와 기대는 바닥을 치고 있는데, 교회 안의 소위 성직자들은 자신의 안정된 자리를 '고난의 십자가'라고 지칭하면서 자신의 자녀에게 물려주려는 시도를 공공연히 하고 있다. 이제 기독교가 눈을 뜨고 자기도취로부터 벗어나 위태로운 우리의 현실을 바라보게 되면 좋겠다. 다시 한 번 기독교가 인류와 지구의 역사에 아름다운 이야기를 전할 수 있으면 좋겠다.

II. 기후 변화의 현실: 여섯 번째 대멸종의 시기

현재 지구상에 존재하는 포유류의 25%, 조류의 12%, 파충류의 25%, 어류의 33%인 1만7천여 종의 생물종이 지구상에서 완전히 사라지는 멸종의 위기에 처해 있으며 멸종의 위기는 더 확대되고 있다. 생물학자들은 지금 우리가 살아가는 시간을 여섯 번째 대멸종의 시기라고 이야기한다. 지구의 역사를 거슬러 올라가보면 이전에도 다섯 차례에 걸쳐 이와 비슷한, 혹은 이보다도 심각한 생물종의 대멸종 사건이 있었다는 것이다. 지구의 지각 변동으로 인한 대규모의 화산 폭파나 거대 운석과의 충돌로 인한 대기 구성 변화, 해수면 변화, 기후 변화 등으로 변화된 환경에서 살아갈 수 없게 되어 생물들의 개체수가 급격하게 줄어들었던 일들이 반복되었던 것이다.

그런데 이전의 다섯 번의 대멸종 사건들이 외적인 원인에 의해 일어난 환경 변화가 원인이었던 반면에, 이번 여섯 번째 대멸종은 지구상의 하나의 종인 우리 인간의 산업 활동으로 인한 지구적 기후 변화가 원인이다. 분명히 짚고 넘어가야 할 것은 오늘 우리가 경험하고 있는 이러한 대멸종은 이 세상을 창조하신 하나님의 뜻하심과 상관없는, 오직 우리 인간들 스스로가 만들어낸 파국이라는 것이다. 그 때문에 기독교 신학은 기후 변화를 새 하늘과 새 땅으로 이어져 창조세계를 완성하는 종말론의 시각으로 바라볼 것이 아니라, 악의 세력이 하나님의 창조세계를 돌이킬 수 없는 파멸의 길로 이끌어가려는 종말 그 자체로 이해해야 한다.

기후 변화는 지구적인 환경 변화를 만들고 있다. 최근 들어 아프리카, 중앙아시아, 아메리카, 오세아니아의 건조지역은 오랫동안 지속되는 가뭄으로 인해 급격히 사막화가 진행되고 있다. 그로 인해 물 부족 사태가 일어나고 있고, 그로 인한 농업생산량이 급격히 감소하고 있다. 기독교환경운동연대는 10년 전부터 기후 변화 대응 사업으로 몽골 아르갈란트 지역에 나무를 심어 '은총의 숲'을 조성하고 있는데, 몽골의 경우만 하더라도 최근 20여년 사이에 700곳의 강과 시내, 1,500곳의 우물과 샘, 800곳의 호수가 사라졌고 그로 인해 식물종의 75%가 멸종 위기에 처해있다. 이로 인해 몽골의 유목민들은 더 이상 전통적인 유목 생활을 할 수 없어 몽골 인구의 절반이 몽골의 수도 울란바토르로 몰려들어 도시 빈민으로 살게 되었다. 동아프리카의 케냐와 탄자니아에 걸쳐있는 '그레이트 리프트 밸리'라고 하는 건조한 초원지대는 마사이족이 대대로 유목생활의 전통을 지키며 살아온 지역이다. 그런데 이곳 역시 기후 변화로 급격한 사막화가 진행되어 마사이족은 자신들의 오랜 유목생활의 전통을 버리고 생존을 위해 농사를 지어야만 했다. 그 결과 이제 마사이족은 물과 농지를 확보하기 위해 평화롭게 공존하던 이웃 부족들, 야생동물들과 생존을 건 전쟁을 할 수밖에 없게 되었다. 제네바에 본부를 둔 '국내난민감시센터'(IDMC)에 따르면, 2014년 한 해에만 자연재해로 난민이 된 사람이 전 세계적으로 1,930만 명에 달한다고 한다. 그리고 이 난민들 가운데 90% 이상은 몽골의 유목민들과 동아프리카의 마사이족과 같이 기후 변화로 난민이 된 소위 '기후난민'이라고 한다. 이 기관은 2014년까지 누적된 기후난민이 6,500만 명에 이르는 것으로 집계하고 있다.

그뿐만 아니다. 극지방과 고산지대는 빙하와 만년설이 급격히 녹아내리고 영구동토층이 감소해서 순식간에 지형이 바뀌는 일이 비일비재하다. 열대 섬 지역, 인구 밀집지역인 강 하구지역은 해수면의 상승으로 인한 토지와 농지 감소가 심각하다. 열대, 아열대 지역은 이전에는 경험하지 못한 규모의 대형 태풍, 허리케인이 빈발하여 피해가 심각하다. 일부 북반구 고위도 지역은 온난화로 인해 일시적으로 농업 생산성이 증가하고 보다 온순한 겨울을 맞는 등의 혜택을 누리기도 하지만, 기후변화는 인간들뿐만 아니라 생태계가 감당하기 힘들 정도의 급격한 환경 변화를 가져오고 있다.

때문에 앞에서도 언급한 것처럼 환경 변화로 인해 거의 모든 생물종이 멸종위기를 맞고 있다. 바다의 수온이 현재보다 2도만 더 상승한다면 바다의 산성화가 심화되어 해양생물의 안식처인 산호의 97%가 폐사하게 되어 해양생물의 개체수가 가파르게 줄어들게 된다고 한다. 남아메리카의 정글에는 아직도 분류되지 않은 미확인 생물종이 발견되고 있는데, 이러한 생물종들 가운데는 단 한 그루의 나무에서만 살아가는 정글 개구리가 있다. 이러한 정글 개구리는 한 그루의 나무가 벌목이나 기후 변화로 죽게 되면 다시는 그 생물종을 볼 수 없게 된다. 이처럼 기후 변화는 지구 생태계에서 살아가는 생물종을 멸종 위기로 몰아넣고 있는 것이다. 이동성이 부족한, 그래서 환경 변화에 더욱 민감한 식물과 같은 고착생명체의 경우는 멸종 속도가 더욱 가파르다. 이처럼 기후 변화는 상호의존적으로 구성된 생태계의 연결사슬을 취약하게 만들어 생물 다양성의 저하를 가져오는 가장 시급하고 중요한 문제이다.

지구 생명체의 한 종인 인간 역시 기후 변화로 인한 급격한 삶의 변화를 경험하고 있다. 지속적인 폭염 현상은 인간들의 심혈관 질환과 신장결석의 증가를 가져오고 있다. 또한 기후 변화로 인해 곤충들의 서식지 확대로 인해 곤충매개 전염병이 확대되고 있고, 기후 변화가 확대되기 이전보다 2억 4천만 명 이상의 사람들이 말라리아에 노출되었고, 황열·뎅기열·라임병도 지속적으로 확대되고 있다. 보건 시스템이 부족한 저개발 국가들에서는 가뭄과 홍수로 인한 식수의 오염으로 수인성 전염병이 빈발하고 있다. 그뿐만 아니라 2018년 7월 한 달 동안 일본에서 폭염으로 인한 사망자가 100명을 넘은 것처럼 선진국에서도 역시 기후 변화는 인간의 삶의 질을 저하시키는 가장 중요한 원인이 되고 있다.

아울러 급격한 기후 변화는 사회변화의 원인이 되고 있다. 대표적인 사례는 앞에서도 언급한 것처럼 기후 변화로 목초지, 농지와 주거지를 잃은 사람들이 살 곳을 찾아 떠도는 기후난민이 급격히 증가하는 것이다. 과학자들은 머지않은 2030년에는 더욱 급격한 해수면 상승, 토양의 사막화, 기온과 강수량 변화 등으로 기후난민이 10억 명에 이를 것이며, 2050년까지는 2억 명의 기후난민이 추가로 발생할 것이라는 예측을 하고 있다. 또한 기후 변화는 변화하는 환경에 대처할 수 있는 사회 기반을 확보한 사회와 그렇지 못한 사회 간의 경제적인 불평등과 불균형을 더욱 심화, 가속화시키고 있으며, 물·에너지·식량 등의 자원 감소로 인한 민족·국가·부족 간 갈등을 심화시켜 분쟁·전쟁·대량학살을 증가시키는 원인이 되고 있다. 최근 국제적인 난민사태와 분쟁의 핵심이 되고 있는 시리아 내전 역시 지중해 지역의 기후 변화가 시리아와 주변국가의 농업생산성의 급격한 저하를 가져왔고, 이로 인한 식량가격의 폭등이 내전의 중요한 원인으로 밝혀진 바 있다.

과학자들은 수천 년 동안 안정적인 기후균형을 유지해오던 지구의 대기 시스템이 그 능력을 상실하여 이제 산업화 이전의 기후로의 회복은 불가능하다는 전망을 내어놓고 있다. 과학자들은 앞으로 대기 중의 이산화탄소의 농도를 줄이거나 현재의 상태로라도 유지하지 않으면 지구의 대기 시스템이 완전히 붕괴되어 화성과 같이 수분이 증발하여 생명체가 존재할 수 없는 상태가 될 수도 있다고 심각한 경고를 하고 있다. 하지만, 기후상승을 2도 이내로 막아보자고 2015년 천신만고 끝에 체결된 '파리기후협약'의 준수조차 눈앞의 경제적 이익을 포기하지 못해 이 핑계 저 핑계를 대며 미루고 있는 것이 참담한 우리의 현실이다.

III. 기후 변화에 대응하기 위한 교회의 개혁 과제

그렇다. 기후 변화는 피할 수 없는, 돌이킬 수 없는 현실이다. 기후 변화는 '헬조선'의 문제가 아니라 '헬지구'의 문제이다. 기후 변화의 시대, 과연 지구에 희망이 있을까? 그리고 그 희망에 교회가 기후 변화에 어떤 역할을 할 수 있을까? 어느 신학자의 말처럼 우리의 자녀가 불구덩이에서 서로 싸우다 죽어가는 모습을 지켜보며 최소한의 인간성을 유지하도록, 침몰하는 타이타닉호에서 마지막까지 정성스럽게 연주를 하는 악사의 역할을 교회가 감당할 수 있는 것으로 그저 위안을 삼아야 할까? 500년 전 기독교가 스스로를 변화시킴으로써 커다란 사회의 변화를 가져왔듯이, 오늘 역시 교회가 무엇인가 스스로를 변화시킴으로써 인류와 지구가 다시 한 번 희망을 가질 수는 없을까?

이러한 물음에 답을 찾기 위해서 본격적으로 오늘 주제인 '기후 변화에 대응하기 위한 기독교의 개혁 과제'에 대해 이야기해보려고 한다. 결론부터 말씀을 드리자면 기독교가 현재의 시급한 기후 변화를 먼 산 바라보듯 마냥 지켜보고 있었던 것은 타락과 무능, 특히 '생태환경적 타락과 무능'에 기인한 것이라고 생각한다. 이러한 생태환경적 타락과 무능으로부터 벗어나는 것, 생태환경적인 기독교로 스스로를 변화시키는 것이 '기후 변화에 대응하기 위한 기독교의 개혁 과제'의 핵심일 것이다. 그리고 나는 이러한 변화가 신학·교회·영성의 세 차원에서 동시에 있을 때 진정한 변화가 가능할 것이라고 생각한다.

1. 신학의 개혁 과제

역사학자 린 화이트가 '생태적 위기의 역사적 근원'이라는 글에서 "서구의 과학기술에 의한 자연 파괴가 신은 인간으로 하여금 자연을 이용하도록 허락했다고 믿었던 성서적 자연관에 기인한다"라고 이야기를 발표한 지 50년이 지났다. 기독교 신학은 린 화이트의 문제제기대로 인간중심성이라는 특징을 가지고 있다. 하나님의 형상을 입은 특별한 존재로서의 인간, 자연을 정복하고 지배하라는 하나님의 명령을 따르는 역사의 주인공인 인간만이 신학의 주체였고, 자연은 인간의 특별함을 드러내는 대상일 뿐이었다.

하지만 기후 변화의 시대의 신학은 인간만의 신학이어서는 안 될 것이다. 오히려 기후 변화가 인간을 위한 신학에 기인했음을 고백하고 반성하는 신학이어야 한다. 기후 변화 시대의 신학은 기후 변화로 멸종의 위기를 맞는 열대우림의 개구리, 공장식 축산 농장에서 30일을 살다 도축되는 닭, 유전자조작기술로 살충성분을 품고 자라는 GMO 옥수수, 댐으로 막혀 거대한 호수가 되어버린 강, 관광개발을 위한 케이블카 설치로 망신창이가 되어버린 산의 구원을 다루는 지구와 생명 전체를 아우르는 신학의 자리로 돌아서야 한다.

노아의 방주가 노아의 가족만을 위해 설계되지 않았듯이 지구는 인간만을 위해 설계되지 않았다. 기독교의 신학이 인간만의 문제에 관심을 두기 때문에 기후 변화와 같은 지구적인 생태환경의 문제는 항상 부차적인 것이 되고 만다. 신학을 우리가 창조세계라고 고백하는 지구와 지구에서 살아가는 생명 전체를 동등한 시각으로 아우르는 우주적 생명신학의 자리에 놓고, 하나의 작은 존재인 인간을 돌아보고 창조세계의 본연의 자리로 돌아서게 하는 것이 기후 변화시대의 신학이어야 할 것이다.

이를 위해 신학은 생명 전체의 존재 이유를 밝히는 과학적 지식·물리학·생물학·생태학·지질학·기후학과의 겸손하고 진지한 대화를 모색해야 한다. 신학은 이들 학문과의 대화를 통해 지금 지구와 생명의 존재 가운데 계시되고 있는 하나님의 말씀에 더욱 귀를 기울일 수 있을 것이다. 500년 전 종교개혁가들이 오직 성서, 오직 믿음, 오직 은혜를 이야기했던 것처럼, 기후 변화시대의 신학은 오직 창조세계와 생명의 신비를 만나는 것이 출발점이 되어야 하고, 오직 창조세계와 생명의 치유와 회복을 기도하는 것이 정점이 되어야 하며, 오직 창조세계와 생명의 풍성함을 체험하는 것이 도착점이 되어야 할 것이다.

2. 교회의 개혁 과제

교회는 하나님의 나라를 살아가는 예수 그리스도를 고백하는 신앙인들의 공동체이다. 공동체라는 단어가 품고 있듯이 교회는 서로 다른 이들이 그리스도 안에서 한 몸을 이루어 존재하는 것이다. 창조세계의 모든 존재가 서로 유기적인 관계, 생명의 그물망을 이루며 존재하는 하나님 나라의 모습이 교회를 통해 나타나는 것이다. 창조세계 안에서는 작은 어느 것 하나라도 불필요한 것이 없이 서로가 서로에 기대어 존재하듯이, 교회 안에서도 모든 공동체 구성원들이 각자 저마다의 자리에서 서로 다른 지체의 역할을 감당한다.

그런데 그동안 교회는 서로의 다름을 존중하고 받아들이는 일에 지혜롭지 못했다. 초대교회는 유대교 전통을 지닌 유대인과 이방인 사이의 차별로부터 자유롭지 못했고, 종교개혁을 주도했던 교회들 역시 독일 농민들의 봉기를 탄압했던 것처럼 사회적·정치적·민족적 차이를 넘어서는 데 어려움을 겪었다. 이후에도 교회는 서로의 다름을 강조하며 자신만의 정체성을 만드는 데 힘을 쏟아왔고, 때문에 교회의 연합과 일치를 이루기 위한 공의회의 정신은 점점 힘을 잃었다. 이러한 교회의 모습이 그리스도로 고백하는 예수의 고통과 죽음에 대해서는 지나치게 공감하려 하면서도 교회가 창조세계 안의 다른 생명의 고난과 죽음에 대해서는 전혀 공감을 하지 못하는, 이중적이며 이율배반적인 모습을 갖게 된 이유일 것이다. 교회가 다른 생명의 존재와 죽음에 무감각해짐으로써 기후 변화라는 대멸종 사건의 마지막 안전장치가 풀려버린 것이다.

기후 변화 시대의 교회는 배타적인 모습을 벗어버리고 다양성이 공존하는 교회여야 한다. 다른 성별, 다른 세대, 다른 민족, 다른 인종, 다른 정체성, 다른 생각, 다른 생명, 다른 존재를 존중하고 받아들이고 보듬어주는 공동체로써 존재하는 교회만이 기후 변화의 시대에 정의·평화·창조세계의 온전성(JPIC)의 회복을 향한 부름을 받을 것이다. 창조세계의 질서인 생태계의 다양성을 교회의 존재 속에서 보여주지 못한다면, 기후 변화라는 죽음의 광풍을 교회가 감당할 수 없을 것이다. 교회는 그 자체로 창조세계 그 자체인 생태계의 다양성을 지키고 회복하는 생명의 방주, 이 땅에 실현된 하나님의 나라여야 한다.

이를 위해 기후 변화 시대의 교회는 겸손한 마음으로 사회의 환경운동·생태운동·생명운동과 긴밀한 관계를 맺어야 한다. 기후 변화의 대응을 위해 NGO, 생협, 녹색당과 같은 시민사회조직들과 정부의 관련 조직, 국제기구와도 적극적으로 협력해야 한다. 이제 교회는 기후 변화로 멸종의 위기에 처한 17,000여 종의 동물들 가운데 한 종을 살려내는 일이 예배가 되고, 기후 변화를 일으키는 온실가스를 배출하는 기업활동과 국가정책을 감시하고 조정하는 일이 교육이 되고, 이산화탄소를 감소시키기 위해 사막화가 진행되는 한 지역에 꾸준히 나무를 심고 가꾸는 일이 선교가 되고, 기후 난민들을 위해 먹을 것과 입을 것과 잘 곳을 나누는 일이 친교가 되어야할 것이다.

3. 영성의 개혁 과제

예수는 밀알의 비유를 통해 씨앗이 죽음을 통해 식물이 되어 많은 열매를 맺는, 한 개체가 죽음으로 분해되어 다른 개체에 생명을 더하는, 생명의 확장과 영속의 과정을 제자들에게 가르치셨다. 그리고는 자신의 생명을 올곧이 십자가에 내어줌으로써 정의와 평화의 하나님의 나라 운동에 생명을 불어 넣는 한 알의 밀알이 되셨다. 이것이 바로 예수의 믿음이었고, 사도 바울은 이 예수의 믿음이 우리에게 구원을 가져오는 것임을 깨달았다.

'내가 나'라는 자아로 삶과 죽음이 별개로 존재하는 세계에서 살아간다는 허상에서 깨어나, 이제 하나님의 창조세계에서 확장과 영속을 거듭하는 영원한 생명으로 살아가는 창조의 실제의 모습을 깨달아야 한다. 먼 미래의 어느 날의 영원한 삶을 위해 살아가는 지옥으로부터 벗어나, 한 순간 지금 여기 우리에게 허락된 하나님의 나라를 살아가는 천국으로 우리의 지향점이 바뀌어야 한다. 이것이 기후 변화 시대의 참된 영성의 길일 것이다. 이 길은 우리로 하여금 하나님의 창조세계의 신비를 체험하며, 창조세계 안에 살아감을 기뻐하며, 이루어지고 있는 세계의 창조에 동참함을 감사하는 발걸음을 걷게 한다. 그리고 한 걸음 한 걸음 걸어갈 때마다 작고 여린 생명들이 전능하신 하나님의 모습이며, 외롭고 아픈 이들을 살피고 돌보는 일이 우리에게 오신 예수 그리스도를 섬기는 일이고, 철을 따라 꽃이 피고 새가 우는 것이 성령의 역사임을 조용히 깨닫게 된다.

기후 변화 시대에 영성을 수련하는 길은 특별한 수련 과정이나 대단한 영성센터가 필요하지 않다. 작은 텃밭에서 농사를 지으며, 뒷동산 순례길을 조용히 걸으며, 땀 흘리는 육체노동을 하며, 낯선 타인과의 교제를 나누며, 노래를 부르며 그림을 그리는 소박한 예술을 즐기며, 살아있는 생명을 쓰다듬으며, 먼 길을 날아온 새들을 숨죽여 지켜보며, 깊은 바다의 웅장한 소리에 귀를 기울이며, 여름

날 소나기 지난 하늘 무지개를 바라보며, 산꼭대기 걸린 구름의 날 벼락에 깜짝 놀라며, 오랜 단식을 하며, 메말라가는 나무를 바라보며 하염없이 눈물을 흘리는 지금 이 순간들이 다시는 우리에게 허락되지 않을 유일무이한 영성의 자리가 될 것이다.

우리는 머지않아 이러한 시간과 자리를 그리워하고 소망하게 될 것이다. 기후 변화는 이제 머지않아 봄꽃을 허락하지 않을 것이고, 여름의 무지개를 사라지게 할 것이고, 가을 단풍을 감추어버릴 것이며, 겨울 철새들의 지저귐을 멈추게 할 것이기 때문이다. 사라지는 이 모든 것들을 향한 아련한 기억과 애타는 마음이 없이 우리는 감히 하나님의 창조세계의 고귀함을 이야기할 수 없을 것이다. 오직 하나님께서 우리를 불쌍히 여겨주시기만을 기도한다.

제3부

한국교회의 개혁 과제

학교폭력으로부터 평화로운 학교 만들기를 위한 교회의 선교 과제
— 좋은교사운동의 회복적 생활교육을 중심으로*

황홍렬

(부산장신대학교, 선교학)

I. 들어가는 말

학교폭력은 1990년대 중반부터 심각한 사회문제가 되어왔다. 그렇지만 학생들의 자살이 일어났을 때 잠시 여론화되다가 다시 수그러들기를 반복했다. 2004년 학교폭력 예방 및 대책에 관한 법률

* 이 논문은 한국선교신학회 편, 「선교신학」 제49집(2018), 433-474에 실린 글이다. 본 논문은 한국연구재단의 인문사회분야 중견연구자 지원사업(과제번호 201581A5A2 A01014227)으로 진행되었다. 본 연구 프로젝트의 익명의 심사자 세 분과 본 연구를 위해 귀한 조언을 주신 박상진 교수, 서정기 박사, 이재영 원장, 박성용 목사, 좋은교사운동 임종화 대표와 박숙영 선생, 인터뷰에 응한 교사 여덟 분 그리고 소중한 제언을 주신 익명의 심사자 세 분께 감사드린다.

이 제정되었다. 그러다가 2011년 말 한 달 동안 대구에서 학교폭력으로 잇따른 청소년 자살이 잇따르면서 학교폭력에 대한 대책을 마련하라는 여론이 들끓었다. 2012년 1월 26일 경찰청은 학교 폭력과 관련한 전국 지방경찰청장 회의를 개최해 종합 치안대책을 마련했다. 2012년 2월 6일 정부는 국무총리 주재로 학교폭력관련 관계장관회의를 열어 "학교폭력근절 종합대책"을 확정 발표했다.

본 연구는 학교뿐 아니라 우리 사회의 심각한 문제로 대두되고 있는 학교폭력 문제의 대안으로 '좋은교사운동'의 회복적 생활교육을 제시하고자 한다. 먼저 II는 연구 배경, 범위, 방법론, 전제, 용어, 문헌연구를 제시한다. III에서는 문헌연구를 통한 회복적 정의에 대한 이해, 회복적 정의를 정의(定意)할 때 고려할 요소 및 다양성과 가변성의 원인, 회복적 정의에 대한 정의, 성서에 나타난 회복적 정의와 회복적 정의의 영적 기초를 제시하고자 한다. IV는 학교에서의 회복적 정의에 대해 실천, 3단계 모형, 안전한 학교공동체를 회복적으로 규제하는 세 측면 등 일반적 이해를 다루려 한다. 이러한 논의를 전제로 V는 '좋은교사운동'이 전개하는 회복적 생활교육을 소개하고, 활동가 양성과정을 이수한 교사들에 대한 인터뷰를 통해 회복적 생활교육의 특징과 의의와 과제 및 교사들에게 필요한 성서적 · 예전적 · 영성적 · 선교신학적 지지를 제시하고자 한다. VI는 한국교회가 지역사회의 학교를 평화롭게 만드는 일을 자신의 선교과제로 받아들일 때 평화로운 학교 만들기를 위해서 교회가 어떻게 기여할 수 있는 지에 대해 제시하고자 한다. 필자가 기독교교육을 전공한 것이 아니기에 이 글을 회복적 생활교육을 위한 교육철학이나 교육신학적 기여가 아니라 회복적 생활교육에 참여하는 교사들을 위한 성서적·예전적·영성적·선교신학적 지지를 하기 위한 것임을 밝힌다. 그리고 이 글을 토대로 회복적 생활교육이 학교 현장과 교회현장에 적용되거나 확산시키기 위한 교회의 과제를 제시하고자 한다. 그래서 인용은 각주 형태를 따르지만 문헌연구는 각주가 너무 많아 이 방식을 따르지 못했음을 밝힌다.

II. 연구 배경, 범위, 방법론, 전제들, 용어

1. 연구 배경

필자가 처음으로 평화선교에 관심을 갖게 된 계기는 2004년 르완다의 수도 키갈리에서 열린 WCC 평화회의에 참석한 후였다. 1994년 4월 6일부터 7월 중순까지 약 100여 일 간 80만 명이 학살되었다. 귀국 후 필자가 연구부장으로 일하던 한민족평화선교연구소가 2005년 1년 동안 북아일랜드, 남아프리카공화국, 이스라엘과 팔레스타인, 인도네시아, 한반도 등 분쟁지역에서의 평화선교를 주제로 한 세미나를 기획해서 그 결과를 책으로 출판했다. 개인적으로는 『화해로써의 선교』라는 책을 출판했다.[1] 이후 갈등 지역에서의 평화는 소극적인 평화를 말하는 것이고, 적극적인 평화는 평화교육, 평화의 문화와 영성 함양, 보건과 사회복지 등을 포함하는

---

1 황홍렬, 『한반도에서 평화선교의 길과 신학 : 화해로써의 선교』 (서울: 예영 B&P, 2008).

것임을 알게 되었다.

한국교육개발원이 학교폭력실태조사를 두 번 했고(2006, 2012
년), 정부는 2012년 학교폭력종합대책을 발표했고, 교육과학기술
부는 '학교폭력 실태조사에 따른 후속 업무처리 매뉴얼'(2012. 4.
18)을 제시했다. 정부의 학교폭력종합대책에 대한 거시적 비판[2]과
교사들의 실질적 비판이 있었다.[3] 학교폭력을 교실 붕괴라는 맥락
에서 보는 관점이 있고,[4] 조한혜정은 문화산업 시대의 문화적 위기,
근대화와 일상성의 파괴라는 측면에서 본다.[5] 학교폭력에 대해 다
양한 대안이 있지만 여기서 특히 주목되는 입장은 단 올베우스
(Dan Olveus)의 학교폭력 개입프로그램과 회복적 정의이다. 올베
우스의 학교폭력 개입 프로그램의 소극적 목표는 폭력 학생과 희생
자 문제를 가능한 한 최대한으로 줄이고, 새로운 문제의 발생을 저
지하는 것이다. 이 프로그램의 적극적 목표는 폭력 학생과 희생자
문제의 제거와 예방이다. 이러한 개입을 위해서 교사와 학부모는
학교에서 벌어지는 폭력 학생과 희생자 문제의 내용을 인식하고 있
을 것과 어른들이 사태 변경을 위해서 개입하기로 결정할 것이 요

---

2 김태균, "학교폭력종합대책, 무엇을 노리고 실질적으로 폭력 근절이 가능한가", 노동사회과
  학연구소, 「정세와 노동」 제76호 (2012년 2월), 44-51; 노진철, "신자유주의와 학교폭력의
  연계성", 철학문화연구소, 「철학과 현실」 제93호 (2012년 6월), 45-57.
3 (사)좋은교사운동, <학교폭력 대안 마련을 위한 1차 토론회> 2013년 4월 1일 (보도자료,
  2013년 4월 2일); (사)좋은교사운동, <학교폭력 대안 마련을 위한 2차 토론회> 2013년 4월
  8일 (보도자료, 2013년 4월 9일).
4 이인규, "무너지는 학교, 흔들리는 교단", 전국교직원노동조합 참교육실천위원회 엮음, 『학
  교붕괴: 죽어가는 학교를 되살리기 위한 성찰과 진단』 (서울: 푸른나무, 1999), 57-65.
5 조한혜정, "청소년, 그들이 살아갈 세상에 대하여", 조한혜정·양선영·서동진 엮음, 『왜 지금,
  청소년? 하자센터가 만들어지기까지』 (서울: 또 하나의 문화, 2002), 27-54.

구된다.[6] 마을공동체연구소장 문재현은 올베우스의 개입 프로그램을 우리 학교현장 실정에 맞게 실천을 거쳐 '평화샘 프로젝트'를 제시한다.[7] 하워드 제어는 범죄와 정의에 대해 응보적 정의의 문제점들을 지적하고 대안으로 회복적 정의를 제시하고 있다. 오늘날의 사법은 중립적이고, 모든 사람을 평등하게 취급하려 하며 질서 유지를 중시하고, 국가와 그 강제력을 법의 원천이요, 수호자요, 집행자로 그 중심에 둔다.[8] 이에 반해 회복적 정의는 우선 피해자의 요구를 충족시키려 하고, 피해자와 가해자의 관계를 중심으로 다루며, 현재의 요구(화해)뿐 아니라 미래의 의지(새로운 관계 및 공동체로의 복귀 및 기여)를 다루면서 문제 해결에 초점을 둔다. 공동체 안에서 일어난 범죄를 함께 해결하는 과정에서 공동체의 구성원들은 배우고 성장할 수 있는 기회를 갖는다.[9] 하워드 제어의 회복적 정의는 미국의 여러 주 교육 당국이 채택하여 큰 성과를 거두고 있다. 그래서 이미 학교현장에서 실시했던 경험을 바탕으로 한 회복적 생활지도에 대한 내용들이 일부 책으로 소개되었다.[10]

---

6 Dan Olveus, *Bullying at School* (New Jersey: Wiley-blackwell, 1993), 이동진 옮김, 『바로 보는 왕따: 대안은 있다』 (서울: 삼신각, 1999), 92-94.

7 문재현 외 지음, 『학교폭력 멈춰! 보살핌·우정·배움의 공동체』 (서울: 살림터, 2012), 9-10.

8 Howard Zehr, *Changing Lenses: A New Focus for Crime and Justice,* 손진 옮김, 『회복적 정의란 무엇인가? 범죄와 정의에 대한 새로운 접근』 (서울: 한국아나뱁티스트출판사, 2010), 179.

9 위의 책, 232-233.

10 로레인 스투츠만 암스투츠, 쥬디 H. 뮬렛 지음/이재영·정용진 옮김, 『학교현장을 위한 회복적 학생생활지도: 어떻게 학생들에게 책임감과 상호존중을 가르칠 수 있을까?』 (서울: 한국아나뱁티스트출판사, 2011); 낸시 굿 사이더 외 지음/서정기·이재영 옮김, 『평화를 만드는 조정자 훈련 매뉴얼』 (서울: 한국아나뱁티스트출판사, 2006).

2. 연구 범위

본래는 회복적 생활교육과 '평화샘' 프로젝트를 연구하려 했었다. 그런데 '평화샘' 프로젝트에서 방관자의 상처에 대한 언급이 없는 것은 문제라는 서정기 박사의 지적[11]과 1년이라는 연구기간 동안 두 가지를 다 연구하기 어렵다는 연구 프로젝트에 대한 평가자의 지적을 받아들여 연구 범위를 '좋은교사운동'의 회복적 생활교육으로 제한하기로 한다.

3. 연구 방법론

1) 문헌연구

회복적 정의와 회복적 생활교육에 대한 다양한 접근방식과 결과에 대해 다양한 책과 논문들을 통해 회복적 정의와 회복적 생활교육에 대해 폭넓은 이해를 갖추고, 구체적 현장에서의 적용 사례 등을 연구하기로 한다.

2) '좋은교사운동'의 회복적 생활교육 연구자 인터뷰(질적 연구)

장신대 박상진 교수는 좋은교사운동에서 회복적 생활교육을 주도하는 박숙영 선생과 좋은교사운동의 임종화 대표를 소개했고, 관

---

11 서정기 박사와의 인터뷰 (2015년 6월 18일, 분당).

련 도서를 추천했다(2015년 6월 26일, 장신대 연구실). 임종화 대표에게 필자의 연구 프로젝트 개요를 소개했고, 좋은교사운동과 회복적 생활교육 반에 대해 들었다(2015년 7월 3일, 좋은교사운동본부). 박숙영 선생을 찾아가 회복적 생활교육을 잘 하고 있는 교사들을 추천받았고, 그들의 직함, 회복적 생활교육 관련 주요 활동이나 특징, 연락처 등을 소개받았다(2015년 7월21일, 신봉중학교). 회복적 정의운동을 주도하고 있는 한국평화교육훈련원의 이재영 원장을 찾아가 훈련원과 주요 활동을 소개받고 주요 서적을 구입했다(2015년 7월 24일, 한국평화교육훈련원). 비폭력평화물결의 박성용 목사를 만나 그 활동과 회복적 정의운동의 과제와 전망을 들었다(2016년 4월 26일). 박숙영 선생의 추천을 받은 대로 주로 회복적 생활교육의 시작점을 교사 개인 A(울산), B(광주), 초빙 교사 C(안양), 학생부장 D(인천), 교장/초빙교사 E(고양), 교육 재생산 F, G, H(전주) 등을 2015년 8월 4일~2016년 4월 26일 사이에 만나 2~3시간 동안 다음과 같은 내용을 인터뷰하되 그 내용을 컴퓨터에 직접 입력했다. 전주의 세 교사만 집단 인터뷰를 했고, 다른 교사들은 개인적으로 인터뷰를 했다. 인터뷰 내용은 성장 과정, 교사 지망 동기, 본인이 원하는 교사상, 교육현장에서의 학교폭력 경험 및 대응방식, 좋은 교사에서 회복적 생활교육을 연수하게 된 계기나 배경, 연수과정, 연수 이후 학교 현장에 적용 시 어려운 점(자신, 학생, 동료교사, 학부모, 학년부장, 교장, 교감), 학교에서 어려움을 극복하는 과정, 대안을 함께 만드는 과정, 다른 교사들이 시작할 때 권면 사항, 지역교회가 참여할 방법 등이다.

4. 연구 전제들

첫째 전제는 회복적 정의는 사법체계에서 아직 주변부이지만 청소년 사법에서는 주류로 부상하고 있다.[12] 회복적 사법에 대한 논의는 대체로 형사사법의 맥락에서 이뤄지고 있다. 따라서 이들을 학교 현장에 적용할 때에는 어느 정도 긴장관계가 있을 수밖에 없다. 왜냐하면 학교는 사법의 현장이 아니라 교육의 현장이기 때문이다. 둘째 전제는 그럼에도 불구하고 회복적 사법의 상당 부분이 학교 현장에도 유의미하다는 점이다.[13] 셋째 전제는 학교 현장에 회복적 정의를 실천함은 응보적 정의를 넘어서서 민주적 시민을 함양하는 민주적 교육을 지향한다. 그룬트비 목사가 덴마크에 자유학교를 도입할 때 그 목표를 왕의 신민을 민주시민으로 함양하는 것이었다. 자유학교의 이런 목표가 100년 만에 거둔 결실이 19세기말 노사 대타협이었고, 150년 뒤 세계에서 행복지수 1위인 국가가 된 것이었다. 이는 민주주의를 정착시킨 민주적 교육의 산물이다. 넷째 전제는 학교 현장의 특성을 고려하면서 회복적 사법에서의 논의를 학교현장에 적용하기 위해서는 브렌다 모리슨(Brenda Morrison)이 제안한 피라미드 모형을 고려해야 한다. 이에 대한 자세한 설명은 IV에서 하기로 한다.

---

12 Gerry Johnstone, *Restorative Justice: Ideas, Values, Debates* (Devon: Willan Publishing, 2002, 2008), 11.

13 Ibid., preface, xii.

5. 용어

이 글에서 대부분 회복적 정의(restorative justice)라는 단어를 사용한다. 그렇지만 이 단어는 원래 형사법에서 응보적 사법 (retributive justice)에 대응하는 개념으로 '회복적 사법'을 언급한 것 이기 때문에 맥락에 따라서는 '회복적 사법'이라는 단어를 사용한다. 그 이외의 경우에는 '회복적 정의'를 사용한다. 또 이 글은 '갈등전환' 을 주로 사용하려 하지만 인용된 문헌에 따라 '갈등해결'도 사용한다.

6. 문헌 연구

회복적 정의에 대한 연구는 회복적 정의에 대한 다양한 연구를 주제별로 종합 정리한 핸드북이 있다(Gerry Johnstone & Daniel W. Van Ness, eds. 2011). 회복적 정의의 주요 이해, 가치, 논쟁을 소개 한 책이 있고(Gerry Johnstone, 2008), 회복적 정의의 가치들과 이 를 적용하기 위한 기획, 체계수립, 변형을 소개한 책이 있다 (Daniel W. Van Ness & Karen Heetderks Strong, 2002). 회복적 정의에 관 해 쓴 제어의 책은 이 분야의 고전이다(Howard Zehr, 1990). 회복적 정의의 과정에 속한 책으로는 피해자 · 가해자 중재(Mark S. Umbreit, 1985, 1994, 1995), 가족집단대화(Allan MacRae & Howard Zehr, 2004), 서클 프로세스(케리 프라니스, 2005) 등이 있다. 회복적 정의 를 실천하기 위해 필요한 것으로는 갈등전환(존 폴 레더락, 2003), 트라우마의 이해와 치유(캐롤린 요더, 2005/2014) 등이 있다. 회복적 정의를 화해, 평화 등 보다 큰 패러다임으로 접근한 책들(리사 셔크, 2004/2014; 히즈키아스 아세파, 1993/2003; Jennifer J. Lle-wellyn & Daniel Philpott eds., 2014)이 있고, 평화교육(데이비드 힉스, 1988)·기독교 평화교육(윤응진, 201)으로 접근한 책이 있다. 회복적 정의를 실천하기 위한 2박 3일 워크숍을 위한 책(Arthur Lockhart & Lynn Zammit, 2005)과 조정자 훈련 매뉴얼(낸시 굿 사이더 외, 2007)로 나온 것이 있고, 미국연합감리교회가 교인들에게 성서와 사례들을 중심으로 회복적 정의를 소개한 책(Harmon L. Wray & Peggy Hutchison, 2002)이 있고, 성서연구교재 형태로 용서와 회복적 정의와 화해를 다룬 책(Stephanie Hixon & Thomas Porter, 2011)이 있다. 예장총회가 화해를 주제로 제작한 성서연구 교재가 있다(치유와화해의생명공동체운동10년위원회, 2015). 화해를 평화선교의 주제로 다룬 책도 있다(황홍렬, 2008). 회복적 정의의 다양한 사례를 모은 책(Carol S. Harcarik, 2009)이 있고, 갈등과 트라우마를 회복적 정의/용서와 화해, 평화 실천의 에너지로 보고 회복적 정의의 영성을 강조한 책(Mark Umbreit, 2013)도 있다.

한국에서 회복적 정의를 처음으로 논의한 것은 교정 맥락에서였다(배임호, 1995). 응보적 사법과 회복적 사법을 비교한 글들(김용세, 2005; 김성돈, 2005; 이진국, 2006; 이승호, 2007; 이호중, 2007)과 회복적 정의의 발전과정과 프로그램 소개를 한 글(배임호, 2007), 회복적 사법의 한계(장규원·윤현석, 2012), 양자의 관계를 다룬 글(이용식, 2012)도 있다. 회복적 사법의 실천 방안(이진국/오영근, 2006)이나 형사화해 일선지침을 다룬 책(김용세, 2009)이 있다.

학교폭력에 대한 대안으로 징벌적 사법으로부터 회복적 교육으로의 전환을 다룬 토론회가 열렸고(국회의원 배재정 외, 2013), 학교폭력 해결을 위한 회복적 정의 모델 도입방안을 연구한 보고서도 있다(한국청소년정책연구원, 2013). 학교폭력의 가해자와 가해자 가족의 갈등경험에 대한 연구를 통해 회복적 사법의 실천을 제시한 글도 있다(서정기, 2014). 회복적 생활교육에 관한 책은 미국 학교현장을 배경으로 나온 회복적 학생생활지도를 다룬 책(로레인 수투츠만 암스투츠, 쥬지 H. 뮬렛, 2005/2011)이 있고, 좋은교사운동에서 나온 회복적 정의를 학교현장에 적용한 책(박숙영, 2014)이 있고, 한국평화교육훈련원이 제작한 회복적 생활교육 학급운영 가이드북(정진, 2015)이 있다. 좋은교사운동은 회복적 생활교육에 대한 자기점검 차원에서의 토론회 자료집과 캐나다 탐방보고서를 꾸준히 만들고 있다(2013, 2014, 2015). 회복적정의 평화배움연구소와 회복적 생활교육 교사연구모임이 주최한 포럼은 회복적 생활교육의 다양한 사례와 서클에 대해 소개하고 있다(회복적정의 평화배움연구소). 회복적 정의를 교회의 화평사역과 연결시킨 글도 있다(김준수, 2011).

학원선교를 다룬 김은수(2008)와 윤승태(2016)의 논문들은 기독교 대학을 대상으로 한다. 황홍렬(2013)은 한국교회의 선교과제를 남북 사이의 통일선교뿐 아니라 갈등적 관계에 있는 집단들 사이의 평화선교를 제시하면서 평화교육을 언급했다. 오현선(2009)은 다문화사회에서 차이를 차별화하는 폭력성에 대처하는 기독교 평화교육의 방향을 제시했다. 직접적으로 학교폭력이라는 주제를 다룬 정종훈(1999)은 학교폭력에 대한 신학적 이해와 학교폭력에 대한 기독교 윤리적 과제를 제시했다. 강경미(2011)는 청소년 학교폭력 예방을 위한 기독교 상담을 제시했다. 김세광과 박소영(2014)은 학교폭력 해결을 위한 대안으로 회복적 정의를 제시하되 이론뿐 아니라 실천방식까지 제시했다.

III. 회복적 정의에 대한 이해

"회복적 정의는 불과 사반세기 만에 소수의 산발적인 실험적 프로젝트로부터 사회운동으로 성장했고 그리고 식별 가능한 실천과 연구의 분야가 되었다."[14] 회복적 정의는 범죄 사법영역으로부터 시작되어 학교·가정·직장에 적용된다. 회복적 정의운동은 전 지구적 운동이지만 내부적으로는 상당히 다양한 내용과 방식으로 전개되고 있어 회복적 정의운동이 지향하는 변혁의 본질에 대해 합의하지 못하고 있다.

1. 회복적 정의에 대한 세 가지 유형의 이해

1) 만남

회복적 정의는 범죄 행위에 대한 대응으로 피해자·가해자 중

---

14 Howard Zehr and Barb Toews (eds), *Critical Issues in Restorative Justice* (New York: Criminal Justice Press, 2004), preface, vii.

재,15 컨퍼런스,16 서클17이라는 과정을 중시한다. 이 입장은 회복적 정의에서 피해자와 가해자 그리고 범죄 관련 당사자 사이의 만남을 강조한다. 이 입장은 범죄 행위에 대응하기 위해서는 법정이 아니라 보다 안전한 공간에서 관련 당사자들이 만나 느낌이나 입장을 나누면서 대안을 결정할 권리가 당사자들에게 있다고 본다.18 최근에는 회복적 과정에서 견지되어야 할 회복적 정의의 핵심적 가치들에 대한 연구가 진행되었다.19

2) 회복

응보적 정의는 범죄 행위에 비례해서 범죄자에게 고통을 가함으로써 범죄자와 피해자 사이의 균형을 유지하는 것을 정의로 이해한다. 반면에 회복적 정의는 범죄 행위가 일으킨 손상을 회복시킴으로써 정의가 실현된 것으로 본다. 범죄로 인해 피해자는 인간의 자

---

15 Barbara E. Raye and Ann Warner Roberts, "Restorative processes", in Gerry Johnstone & Daniel W. Van Ness (eds.), *Handbooks of Restorative Justice* (London, New York: Routledge, 2007), 212-213; Mark S. Umbreit, *Victim Meets Offender: The Impact of Restorative Justice and Mediation* (New York: Willow Tree Press, Inc., 1994); Mark S. Umbreit, *Mediating Interpersonal Conflicts: Approaches to Peacemaking for Families, Schools, Workplaces, and Communities* (Oregon: Wipf & Stock Publishers, 1995).

16 Barbara E. Raye and Ann Warner Roberts, "Restorative processes", 213-214; Allan MacRae & Howard Zehr, *The Little Book of Family Group Conferences New Zealand Style: A hopeful approach when youth cause harm* (New York: Good Books, 2004).

17 Barbara E. Raye and Ann Warner Roberts, "Restorative processes", 215; Kay Pranis, *The Little Book of Circle Processes,* 강영실 옮김, 『서클 프로세스: 평화를 만드는 새로운/전통적 접근방식』 (춘천: Korea Anabaptist Press, 2012).

18 Gerry Johnstone & Daniel W. Van Ness, "The Idea of Restorative Justice", 9-10.

19 Ibid., 11.

율성에 대한 신뢰에 손상을 입기 때문에 손상의 회복은 인간의 자율성이 회복되어야 하고 이는 범죄 해결과정에서 피해자가 능동적인 역할을 할 때 회복이 가능하다. 가해자는 범죄 행위를 통해 자신을 지역사회로부터 소외시킴으로써 자신에게 손상을 가하기 때문에 자신의 행위에 대해 뉘우치고 자신의 잘못된 행위를 고치기 위한 의지를 행동으로 보여야 한다. 이를 위해 가해자는 피해자를 직접 만나 그들의 아픔을 경청하고 그에 대해 사과하고 그에 합당한 보상에 대해 합의하도록 한다. 그런데 회복을 강조하는 자들은 회복을 위해서는 공식 범죄 사법체계에 속한 공무원들이 가하는 회복적 제재도 수용할 수 있다고 본다. 회복을 강조하는 자들은 결과가 회복적이 되도록 하기 위해 제재 적용에 대한 원칙을 견지하려 한다.[20]

3) 변혁

회복적 정의는 범죄나 잘못된 행동에 대한 사회적 대응을 변화시키는 데 초점을 두어야 한다는 입장이다. 어떤 이들은 사회적 대응을 넘어서 자신을 이해하는 방식과 타자를 이해하는 방식을 변화시켜야 한다고 주장한다. 그들은 회복적 정의가 이런 변화를 일으키지 않으면 특정한 행동에 대한 변화는 회복적 정의가 일으키려는 변화를 이루는 데 성공하지 못하고 피상적 변화만을 일으킨다고 본다. 이러한 변혁은 권력에 기초한 자아로부터 참된 자아로의 변혁

---

20 Gerry Johnstone & Daniel W. Van Ness, "The Idea of Restorative Justice", 12-15.

을 지향하고, 자기비판을 통해 자신의 변혁을 지향한다.[21] 제어가
정의는 인간의 요구에서 시작되어야 하고 피해자의 요구에 주목하
면서도 인간의 요구를 피해자·가해자·공동체의 자유와 질서의 균
형 내에 설정[22]한 데 반해, 설리반과 티프트는 권리에 기초한 분배
정의 속에서 공적/상에 기초한 정의 개념(deserts-based justice)과
요구에 기초한 정의 개념(needs-based justice)을 대립시킨다.[23]

　회복적 정의를 실천한 결과는 관점의 변혁, 구조의 변혁 그리고
사람의 변혁이다.[24] 회복적 정의의 유형 중 만남 유형은 만남을 강
조하지만 동시에 만남의 결과가 회복적 정의의 가치들을 회복하는
지 여부가 중요하다. 그리고 회복 유형은 개인의 본래적 관계, 공동
체로의 회복만이 아니라 개인·공동체·사회의 변혁을 지향한다.
따라서 만남 유형과 회복 유형과 변혁 유형은 3층 집처럼[25] 각 층이
분리되기보다는 서로 연결된 것으로 회복적 정의를 이해해야
한다.

---

21 Gerry Johnstone & Daniel W. Van Ness, "The Idea of Restorative Justice", 15-16.
22 Howard Zehr/손진 옮김, 『회복적 정의란 무엇인가? 범죄와 정의에 대한 새로운 접근』,
　218-224.
23 Dennis Sullivan & Larry Tifft, *Restorative Justice: Healing the Foundations of Our
　Everyday Lives* (New York: Willow Tree Press, 2001), 99-120.
24 Daniel W. Van Ness & Karen Heetderks Strong, *Restoring Justice* (Cincinnati:
　Anderson Publishing Co., 2002), 239-249.
25 Gerry Johnstone & Daniel W. Van Ness, "The Idea of Restorative Justice", 17.

2. 회복적 정의를 정의하기 위한 세 요소와 회복적 정의의 다양성과 변화의 불가피성

회복적 정의를 정의할 때 고려해야 할 첫째 요소는 인간의 본성에 대한 이해다. 인간의 본성을 개인주의적으로 이해하거나, 인간의 본성을 근본적으로 협동적 존재로 보느냐에 따라 회복적 정의에 대한 이해가 달라진다. 둘째 요소는 조화이다. 회복적 정의는 개인적 책임에 병행하는 사회적 책임을 인정해야 하며 양자 사이에 균형이 중요하다. 셋째 요소는 자신과 타자를 관계 안에서 보는 방식이다. 회복적 정의는 범죄를 저지른 사람, 피해자, 그들의 가족에 대해 우리가 어떻게 생각하는지에 대해 의식적으로 자기성찰적이 되도록 해야 한다.[26]

회복적 정의를 정의(定意)하는 데 다양성과 변화가 불가피한 이유는 첫째로 모든 개혁운동은 시간이 지나면서 본래 목적으로부터 벗어나는 경향이 있기 때문이다.[27] 둘째로 회복적 정의는 자신의 본질적 정신을 잃을 위험을 경계해야 하기 때문이다.[28] 셋째로 회복적 정의를 이해하고 실천할 때 공동체 구성원 사이의, 서로 다른 공동체 사이의 문화적 차이, 계급적 차이, 젠더 차이가 있기 때문이다.[29] 넷째로 회복적 운동을 펼칠 때 국가의 역할이 다양하기 때문

---

26 Val Napoleon, "By Whom, and By What Processes, Is Restorative Justice Defined, and What Bias Might This Introduce?", in Howard Zehr and Barb Toews (eds), *Critical Issues in Restorative Justice*, 34-42.

27 Howard Zehr and Barb Toews (eds), *Critical Issues in Restorative Justice*, preface, viii.

28 Ibid., preface viii-ix.

29 Morris Jenkins, "How Do Culture, Class And Gender Affect The Practice of Restorative

이다.[30] 다섯째로 회복적 사법과 시민사회와 국가 사이에 선순환이 어렵기 때문이다. 국가의 관료기관들은 통제보다는 회복적 사법의 실천에 가치를 부여하려 하지만 이러한 태도를 끝까지 견지하기 어렵다.[31] 여섯째로 회복적 정의는 국가 사이의 차이(미국과 일본의 차이)에도 영향을 받기 때문이다.[32] 마지막으로 회복적 정의가 인간관계와 사회관계에서 평화를 지향하기 때문이다. 즉 "평화를 완성된 상태가 아니라 실현되어 가는 과정으로" 보고, "관계의 지속적인 진화와 발전의 과정으로" 보고, 평화를 지향하는 회복적 정의 역시 지속적 과정으로 봐야 하기 때문이다.[33]

3. 회복적 정의에 대한 정의

회복적 정의를 이해하는 세 가지 유형으로는 만남, 회복, 변혁이 있다. 만남 유형은 만남의 과정이나 결과에서 회복적 가치를 필요로 한다. 회복 유형은 손상된 것을 바로 잡고, 인간관계와 공동체의 회복을 지향한다. 변혁 유형은 사회적 구조가 변혁되는 것을 지향

Justice?", in Howard Zehr and Barb Toews (eds), *Critical Issues in Restorative Justice,* 315-324.

30 Veron E. Jantzi, "What is the Role of the State in Restorative Justice?" in Howard Zehr and Barb Toews (eds), *Critical Issues in Restorative Justice*, 190-198.

31 Heather Strang & John Braithwaite (eds.), *Restorative Justice and Civil Society* (Cambridge: Cambridge University Press, 2001), 8-10.

32 Lisa Cameron and Margaret Thorsborne, "Restorative Justice and School Discipline: Mutually Exclusive?" in Heather Strang & John Braithwaite (eds.), *Restorative Justice and Civil Society* (Cambridge: Cambridge University Press, 2001), 185.

33 John Paul Lederach, *The Little Book of Conflict Transformation*, 박지호 역, 『갈등전환: 갈등을 바라보는 새로운 패러다임』 (춘천: Korea Anabaptist Press, 2014), 33.

한다. 그런데 인간관계와 공동체의 회복을 위해서는 그런 행동을 초래하는 사회적 구조가 변혁되어야 하기 때문에 회복 유형과 변혁 유형은 밀접한 관계를 지닌다. 따라서 세 가지 유형은 회복적 정의를 이루기 위해서 독립된 것이 아니라 상호의존하고 있다. 그런데 회복적 정의에 대한 이해는 인간에 대한 이해(개인주의적, 협동적 존재), 이중적 시각(조화), 자신과 타자를 관계 안에서 보는 방식에 따라 달라진다. 그리고 회복적 정의는 개혁운동으로서 자기성찰적 태도가 필요하고, 회복적 정신을 잃을 위험을 경계해야 하며, 문화적 · 계급적 · 젠더의 차이를 고려해야 하고, 국가의 다양한 역할을 고려해야 하고, 국가와 시민사회 사이에 선순환이 이뤄져야 하고, 평화를 지향하는 지속적 과정으로 봐야 하기 때문에 역동적 개념으로 이해해야 한다. 아울러 교회의 선교과제로서 회복적 정의를 본다면 회복적 정의에 대한 성서적 이해와 기독교 신학적 이해가 추가되어야 한다.

4. 성서에 나타난 회복적 정의

많은 사람들은 성서에 응보적 정의만 있는 것으로 오해한다. 성서에서 정의는 하나님의 특징이고, 하나님에게서 유래한다. "나 여호와는 사랑과 정의와 공의를 땅에 행하는 자인 줄 깨닫는 것이라. 나는 이 일을 기뻐하노라. 여호와의 말씀이니라"(렘 9:24). 정의는 하나님께서 선하다고 하는 것을 옹호하고, 하나님께서 악하다고 하는 것을 반대한다는 의미에서 편파적이다. 그런데 정의(mishipat)

는 '심판'을 의미하기도 한다. 우리는 처벌과 회복 사이의 상호작용을 보며, 성서에 나타난 정의는 두 면이 있음을 알게 된다. 한편으로 정의는 억압자를 무너뜨리고, 다른 한편으로 정의는 억압받는 자들을 해방시킨다. 성서적 정의의 맥락에 처벌과 회복을 두면 억압자에 대한 처벌은 억압받는 자들의 회복을 초래한다. 이는 성서적 정의의 특징이 가혹하고 처벌중심적이라는 이해가 잘못된 것임을 말해준다. 하나님의 구원사건에서 정의와 심판, 자유와 구원은 분리될 수 없다. 마찬가지로 처벌과 회복도 분리될 수 없다.[34] 크리스토퍼 마샬도 성서에 나타난 처벌이 응보적 정의가 아니라 회복/구원의 맥락에 놓을 때 회복적 정의를 이룬다고 본다.[35] 신약성서에는 그리스도인들에게 악을 행하는 자에 대한 심판자의 역할을 맡긴다는 기록이 없다. 인간의 악에 대한 최종심판은 재림하실 그리스도에게만 주어져 있다.[36]

5. 회복적 정의의 영적 기초

회복적 정의를 현장에 적용할 때 생기는 문제 중 한 가지는 피해자와 가해자 사이에 용서와 화해가 일어나는 것을 현실적으로 여기지 않는 입장이다.[37] 그렇지만 회복적 정의의 전문가인 마크 움브

---

34 Jonathan Burnside, "Retribution and restoration in biblical texts", in Gerry Johnstone & Daniel W. Van Ness (eds.), *Handbooks of Restorative Justice*, 132-135.

35 Christopher D. Marshall, *Beyond Retribution: A New Testament Vision for Justice, Crime, and Punishment* (Grand Rapids: Williams B. Eerdmans Publishing Company, 2001), 259.

36 Ibid., 260-261.

라이트는 살인자와 유족 사이뿐 아니라 팔레스타인과 이스라엘 사이에, 9·11 이후 미국에서 이슬람인과 미국인 사이에, 라이베리아에서 전쟁을 끝내는 과정에서 용서와 화해가 일어나고, 그런 갈등과 트라우마가 생명을 살리는 지혜와 에너지를 준다고 주장한다. 그는 자신의 책 전체에서 우리의 적대자들을 인간화하고 우리 자신이 겸손해지는 것의 중요성을 강조하고 있다.[38] 회복적 정의는 회개, 용서, 화해의 원리와 함께 영적 과정이다. 교정과 관련된 일부 전문 학술지들이 1995년 이후 '종교와 교정', '영성과 교도소' 등을 주제로 발간한 것은 공공정책이 형사 법률에서 영적 역할을 반드시 다뤄야 함을 보여준 사례들이다.[39] 회복적 정의의 영적 뿌리는 종교들과 원주민 전통으로 거슬러 올라간다. 원주민들의 정의 이해는 회복적 정의의 영적 기초에 뿌리를 두고 있다.[40]

---

37 Gerry Johnstone, *Restorative Justice: Ideas, Values, Debates* (Devon: William Publishing, 2008), 133.

38 Mark Umbreit, *Dancing with the Energy of conflict and Trauma: Letting Go, finding Peace in Families, Communities & Nations* (Keynes: Lightning Source UK Ltd., 2013), Introduction, xiv.

39 Michael L. Hadley (ed.), *The Spiritual Roots of Restorative Justice* (Albany: State University of New York, 2001), Introduction, 5-9.

40 Arthur W. Blue and Meredith A. Rogers Blue, "The Case for Aboriginal Justice and Healing: The Self Perceived through a Broken Mirror", in Michael L. Hadley (ed.), *The Spiritual Roots of Restorative Justice,* 58-79.

IV. 학교에서의 회복적 정의

1. 학교에서 회복적 정의의 실천

회복적 정의를 학교현장에 적용한 것은 처음에는 회의에 제한되었지만 점차 확대되어 회복적 토론, 중재, 지역사회 대화, 문제해결 서클, 회복적 대화, 가족집단대화 등을 포함한다. 회복적 실천은 피해나 잘못된 행동에 대응하는 실천뿐 아니라 가르침과 배움을 향상시키는 예방적 실천을 포함해야 한다.[41] 이러한 반응적 실천과 예방적 실천으로 브렌다 모리슨은 회복적 사법을 학교현장에 적용하기 위한 3단계 피라미드 모형을 제시했다.[42] 1단계(보편적 단계)는 학교 공동체 전체를 대상으로 하되 규범의 존중, 학교 공동체에 대한 소속감, 절차상의 공정성을 목적으로 한다. 2단계(목표 집단 대상 단계)는 학교 공동체 중 고질적 행동의 문제가 발전할 위험이 있는 일부 학생들을 대상으로 한다. 3단계(일부 집단 집중 단계)는 이미 고질적인 문제 행동을 지닌 학생들을 대상으로 한다. 1단계 개입의 초점은 구성원의 관계를 재확인하는 것이고, 2단계 개입의 초점은 관계를 바로잡는 것이고, 3단계 개입의 초점은 관계를 재건하는 것이다. 이 피라미드 모델의 장점은 학교폭력이나 관계의 갈등 상황 정도에 따라 다른 대응이 필요하다는 점이고, 각각의 단계는 서로와 긴밀하게 연결되어 있다는 점이다.

---

41 Brenda Morrison, "Schools and restorative justice", 329-330.
42 Brenda Morrison, "Schools and restorative justice", 330-333.

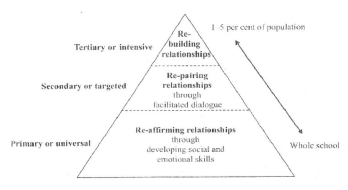

[그림 1] 회복적 정의와 대응적 규제에 기초한 학교의 규제 피라미드[43]

2. 안전한 학교공동체를 회복적으로 규제하는 세 측면들

안전한 학교공동체를 회복적으로 규제하는 틀의 세 가지 중요한
측면은 갈등해결, 사회적이며 감정적 지성, 수치(shaming) 관리이
다.[44] 첫째, 갈등해결은 회복적 정의 실천의 1단계인 보편적 단계의
실천으로서 창조적 갈등해결 프로그램, 평화증진 지원프로그램과
책임적 시민권 프로그램을 위에서 언급했다. 둘째, 사회적이며 감정
적 지성이다. 회복적 정의에서는 개인의 문제행동을 사회적 맥락에
서 보는 이중적 시각이 필요하다고 했다. 셋째, 수치 관리다. 약자
괴롭힘은 학교에서 학생들이 자존감을 갖기 어려울 때 다른 학생을
지배하거나 하위문화에 참여함을 통해 자기존중을 획득함으로써

---

43 Brenda Morrison, "Schools and restorative justice", 333, Figure 18.1
44 Brenda Morrison, *Restoring Safe School Communities: a whole school response to
bullying, violence and alienation* (Leichhardt: The Federation Press, 2007), 103.

갖지 못한 자존심에 대응하는 것이다. 따라서 학교는 자존감, 소속감 등의 긍정적 감정을 수립하는 데 기여하고, 수치와 굴욕 같은 부정적 감정을 관리하는 전략이 필요하다. 모리슨은 브레이스웨이트(John Braithwaite)의 재통합적 수치 이론을 통해 수치의 문제를 다룬다. 재통합적 수치 이론은 수치와 수치의 감정이 사회적 행위를 규제하는 데 중요한 요소로 보며, 공동체 구성원이 공동체가 용납하지 않는 행위를 했을 때 공동체는 그 사람과 행위를 모두 낙인찍는 수치(stigmatised shaming)로 규정하거나, 그 행동을 용납하지 않으면서도 그 사람을 지지하는 재통합적 수치(reintegrative shaming)로 규정한다. 브레이스웨이트는 공동체 대화(community conference)의 성공은 수치를 인정하고 그로부터 해방되는 데 달려있다고 했다. 피해자 지지공동체와 가해자 지지공동체는 피해자와 가해자가 잘못된 행동에 의해 야기되는 수치를 직면하는 어려운 과정을 견디게 한다.[45] 모리슨은 아메드(E. Harris Ahmed)의 수치 다루기를 통해 수치의 감정을 해결하고자 한다.[46] 그러나 맥도날드와 무어는 수치를 개인 사이의 맥락이 아니라 집단적 맥락에 놓을 때 갈등의 치유가 일어난다고 본다.[47]

---

45 Ibid., 30-36.
46 Ibid., 36-38.
47 John M. McDonald and Daivd B. Moore, "Community Conferencing as a Special Case of Conflict Transformation", in Heather Strang & John Braithwaite (eds.), *Restorative Justice and Civil Society* (Cambridge: Cambridge University Press, 2001), 136-139.

V. 회복적 생활교육 이해, 적용사례, 특징, 의의 및 과제

1. 회복적 생활교육 이해

1) 학교폭력의 대안으로서의 회복적 생활교육

학교에서의 회복적 정의를 한국의 학교에 적용한 사례가 좋은교
사운동이 전개하는 회복적 생활교육이다.[48] 좋은교사운동의 임종
화 대표는 학교폭력의 근본원인을 "우리 교육에 학습의 과잉과 관
계 맺기의 결핍이라는 불균형이 발생"한 데서 찾고, 학생들이 어려
서부터 "오직 공부만 강요받으면서 다른 사람과 소통하고 관계를
맺고 갈등을 해결하는 경험을 하지 못한 채 성장하여 다른 사람과
더불어 살아가는 영역에서 심각한 결손이 생긴다"는 데서 비롯되
었다고 보며, "더 심각한 것은 이 부분을 교육해야 할 교사들도 관
계 맺기, 갈등 해결, 대화하는 법 등을 배우지 못한 채" 교사가 되었
다고 했다. "'회복적 생활교육'은 이러한 불균형 상황에서 교육의 본
질을 회복하려는 하나의 시도"로 "갈등이 발생했을 때 처벌과 단절
이 아니라 연결과 배움으로 관계를 회복하려는 전통이 있음을 찾아
내어 학교에서 '생활지도'라는 것으로 축소되어 무시돼 왔던 영역
을 이제 '생활교육'이라는 이름으로 그의 원래 자리를 찾아주려"는
것이다.[49]

---

48 박숙영, 『공동체가 새로워지는 회복적 생활교육을 만나다』 (서울: 좋은교사, 2014).
49 위의 책., 추천사, 5-6.

2) 회복적 생활교육 정의

"기존의 생활지도가 권위를 전제로 한 처벌과 통제 중심이라면, 회복적 생활교육은 공감과 연결을 통한 관계와 공동체성 강화가 중심이다."[50] 회복적 생활교육은 첫째, 회복적 정의의 교육적 접근이다. 둘째, 회복적 생활교육은 통제 중심이 아닌 존중과 자발적 책임, 공동체의 참여와 협력 같은 내면의 힘을 키우는 것을 목적으로 하며, 힘을 공유하는 평등한 조직구조를 강조한다. 셋째, 회복적 생활교육은 관계성 향상을 통한 공동체를 세우는 과정이다. 회복적 생활교육의 핵심은 관계성과 공동체성이며, 그 목적은 안전한 그물망을 만들어 평화로운 공동체를 세우는 것이다.[51]

3) 회복적 생활교육의 실천 3단계

회복적 생활교육의 실천 3단계는 브렌다 모리슨의 3단계 피라미드 모형을 토대로 하고 있다.[52] 1단계는 공동체성 강화 단계로 학교 구성원 전체를 대상으로 공동체를 세우고 회복적 문화 토양을 만들어가는 예방적 차원의 과정이다. 주된 활동으로는 감정 코칭, 비폭력 의사소통 훈련(비폭력대화, non-violent communication, 이하 NVC), 공동체 놀이, 서클 회의, 체크 인 체크 아웃 서클 같은 평화롭고 안전한 관계 맺기,[53] 존중하는 관계 형성,[54] 학급 운영 실천

---

50 위의 책, 49.
51 위의 책, 49-52.
52 위의 책, 57-59.

계획 및 규칙 만들기[55] 등이다. 그리고 공감적 의사소통 프로그램(NVC, 비폭력대화)과 평화감수성 교육 등이 있다.[56] 2단계는 공동체성 보수 단계로 일상에서 발생하는 학급 구성원 사이의 갈등이나 학급 전체의 문제를 또래 중재, 문제해결 서클,[57] 회복적 서클,[58] 서클회의[59] 등으로 다룬다. 3단계는 피해자와 가해자가 명확하고 구체적 피해 회복이 요구되는 문제해결 단계로, 문제 해결 능력을 갖춘 외부의 조정자나 중재자의 개입이 필요하다. 적용 실천 모델로는 피해자 · 가해자 대화모임, 가족회합이나 조정위원회 등이 있다.

4) 회복적 생활교육에서 변화의 동인으로서 교사

회복적 생활교육의 실천에서 핵심은 교사의 변화가 학생의 변화와 성장을 초래한다는 점이다. 교사가 학생들의 필요와 요구에 귀를 기울이는 자가 될 때[60], 교사가 안전한 공간, 소통과 대화의 공간, 사랑과 평화의 공간을 창조하는 자가 될 때[61], 교사가 먼저 질문하는 자가 되고 대화하는 자가 될 때[62], 협력을 이끌어내는 리더십을 지닐

---

53 위의 책, 64-70.
54 위의 책, 71-79.
55 위의 책, 139-151.
56 김영철 · 김성오 · 박숙영 · 정주진, 『평화교육 사례 분석 및 실행방안 연구』, 경기도교육연구원, 정책연구 2017-01 (수원: 경기도교육연구원, 2017), 65-67.
57 박숙영, 『공동체가 새로워지는 회복적 생활교육을 만나다』, 82-93.
58 위의 책, 97-105.
59 위의 책, 127-138.
60 위의 책, 154-161.
61 위의 책, 162-166.
62 위의 책, 167-172.

때,63 평화의 중재자가 될 때64 학생들이 변화하고 성장한다.

2. 회복적 생활교육의 적용

좋은교사운동은 "2011년 NGO단체인 한국아나뱁티스트(KAC)를 통해 회복적 정의를 만나서 2012년 고양의 덕양중학교와 좋은교사운동 및 한국회복적서클위원회와 협력하여 회복적 생활교육의 현장 적용을 실험했다."65 좋은교사운동은 2011년 10월 31일 토론회를 통해 생활지도의 대안으로 '회복적 생활교육'을 제안했고, 2012년 11월 28일 토론회에서 1년간 덕양중학교에서 회복적 생활교육의 현장 적용 사례와 가능성에 대해 발표했다. 그리고 2013년에는 회복적 생활교육 실천가를 양성하는 1년 교육과정을 실시했다. '회복적 생활교육 실천가 양성과정'은 전국에서 28명의 교사를 선출해서 1년 동안 학기 중에는 매달 1박 2일, 방학 중에는 매달 2박 3일로 진행했다.66 이 양성과정의 주요 교육 내용은 회복적 정의, 도미닉 바터(Dominic Barter)의 회복적 서클, 비폭력대화에 기반한 공감적 의사소통, 청소년 평화지킴이, 트라우마의 이해와 치유, 명상 춤 등이었다. 진행은 2월 18일 시작해서 매월 진행했으며, 12월 21일에 수료식을 했다. 모인 횟수는 총 11회였다. 2014

---

63 위의 책, 173-178.
64 위의 책, 179-185.
65 위의 책, 12.
66 박숙영, "생활지도의 새로운 패러다임, '회복적 생활교육' 3년차를 돌아보다 - '회복적생활교육실천가 양성 1년 과정'을 통해서 본 가능성과 한계", (사)좋은교사운동, 「2013년 좋은교사운동 토론회 미간행 자료집」(2013. 12. 21.), 4.

년 1월 해외탐방(덴마크 방문)은 선택과정으로 진행되었다.[67] 여기서는 2013년 '회복적 생활교육 실천가 양성과정'에 참여했던 교사 중 시작점에 따라 일부 교사들을 인터뷰한 내용을 토대로 적용한 구체적 사례들에 대해서는 지면 제약상 생략하기로 한다.[68]

3. 회복적 생활교육의 적용 사례들의 특징과 의의

1) 특징

좋은교사운동의 회복적 생활교육 적용사례들의 특징은 회복적 생활교육의 시작점이 다르지만 어느 곳에서 시작하더라도 어떤 상황에서라도 회복적 생활교육의 가치들을 지키려 했다는 점이다. 회복적 생활교육을 실천하려는 교사들은 회복적 생활교육의 비전에 공감하지 않는 교사들에 대해서도 존중하며 듣기, 동일한 관심, 공감 등을 견지했다. 둘째, 회복적 만남처럼 반대하는 조직이나 개인들의 반대 이유에 경청하고 그 사람들을 이해하려고 노력했다. 셋째, 회복적 생활교육 교육에 참여한 동기는 문제의식과 절박함이 있었다. 삶에 대해 질문하지 않는 교육에 대한 문제의식, 하나님 나라에 적합한 교육에 대한 문제의식, 어떤 교사로 살 것인지에 대한 고민, 생활교육의 어려움이나 대안적 교육방식 갈구와 간절한 마음

---

67 위의 책, 19.
68 구체적 적용사례들은 황홍렬, "학교폭력으로부터 평화로운 학교만들기를 위한 교회의 선교과제: 좋은교사운동의 회복적 생활교육을 중심으로", 「미간행 비공개 자료집」(2016. 4. 12), 25-30을 참조하시오.

등이다. 넷째, 회복적 생활교육에 참여한 교사들은 유능한 교사들도 있고, 상처가 있는 교사들도 있다. 진급의 기회를 내려놓고 회복적 생활교육에 참가한 것은 자기를 부인하고 자기 십자가를 진 십자가의 길을 걷는 교사이다. 또 선교단체나 교회와의 갈등을 지닌 교사들도 있지만 그들 역시 십자가에 달리신 주님으로부터 상처를 치유 받고 십자가의 길로 나선 교사들이다. 다섯째, 이러한 십자가 영성과 자세는 먼저 자신들이 하나님과의 관계에서 변화가 일어났기 때문에 다른 교사들의 변화를 기다릴 수 있었다는 것을 보여준다. 좋은교사운동의 회복적 생활교육에 참여한 교사들은 자신의 변형을 통해 학생들의 변형, 다른 교사들의 변형, 학교 전체의 변형을 이끌어내려고 노력하고 있다. 그리스도인들은 이러한 변형이 성령의 열매라고 믿는다.

여섯째, 시작점이 교장이거나 학생부장인 경우 다른 사례와 달리 브렌다 모리슨의 피라미드 모형의 1단계인 학교 전체를 대상으로 하는 관계성 강화를 위한 다양한 활동이 가능하기 때문에 2단계 관계성의 회복과 3단계 관계성의 재건이 보다 용이하게 된다. 바꿔 말하면 1단계의 토대 없이 2단계나 3단계에서만 이뤄지는 회복적 생활교육은 그만큼 기초가 허약해서 지속적이기 어렵고 상황의 변화(핵심 교사 전근 등)에 따라 수년간 회복적 생활교육의 노력이 허사가 될 위험이 있다. 일곱째 회복적 생활교육이 학교 현장에 뿌리를 내리기 위해서는 교사들의 창의성이 중요하다. 그리고 회복적 생활교육을 배움의 공동체라는 수업과 연계하고, 회복적 생활교육과 배움의 공동체를 다시 평화교육이라는 큰 틀로 묶어낸 것도 창의적 활동이라고 생각한다.

2) 의의

먼저, 회복적 정의라는 심오한 철학을 좋은교사운동은 학교 현장에 회복적 생활교육이라는 구체적 실천으로 뿌리내리게 하고 있다. 회복적 정의의 만남, 회복, 변혁 등에 적합한 사례들을 볼 수 있고, 브렌다 모리슨의 삼단계 모형을 자신의 현장에서 적절하게 실천하고 있다. 둘째, 좋은교사운동은 다양한 시작점을 지닌 회복적 생활교육의 모범적 사례들을 제시하고 있다. 셋째, 2013년에 실시했던 회복적 생활교육 실천가 양성과정은 회복적 생활교육을 가르치고 확산하는 데에만 기여한 것이 아니라 그 자체가 회복적 생활교육에 참여하는 교사들의 치유제 역할을 했다는 점이 주목할 만하다. 넷째, 이런 교육과정이 좋은교사운동, 한국평화교육훈련원, 비폭력평화물결 등에 속한 전문가들이 연대해서 이뤄진 점도 큰 의의가 있다. 마지막으로, 전주지역에서 나타난 것처럼 좋은 교사운동의 이러한 교육과정이 지역으로 확산될 수 있는 가능성을 보여준 점이다.

4. 회복적 생활교육을 발전시키기 위한 교사들의 과제

첫째, 시작점이 다른 사례들에 대한 보다 심층적인 연구를 통해 새롭게 시작하려는 학교들에게 제공할 매뉴얼을 만드는 작업이 필요하다. 둘째, 회복적 정의의 과정, 가치, 변혁의 선순환과 복잡성, 다양성, 가변성 등의 이유를 이해하고 실천에서 이런 요소들을 고려해야 한다. 그리고 학교 현장에서 회복적 정의와 응보적 정의 관계를 구체적으로 어떻게 수립할지에 대해 고민해야 한다. 셋째, 회복적 생활교육은 교육 자체와 결합되어야 할 필요가 있다.[69] 고양시 ㄷ중학교의 사례처럼 평화교육이라는 큰 틀 속에 회복적 생활교육과 회복적 가치들을 통합시키는 것이 바람직하다. 넷째, 회복적 생활교육을 전국적으로 확대하기 위해 지역에서 자체 훈련 과정을 운영할 수 있는 거점을 만드는 것이 필요하다. 물론 이 지역 거점이 다른 지역 거점과 그물망으로 연결되어야 하고, 전국적인 훈련 단위와도 긴밀한 협력 체계를 갖추는 것이 바람직하다. 다섯째, 회복적 생활교육에 참여하는 교사들이 지속적으로 자기를 성찰하는 과정이 필요하다. 여섯째, 여기서 따라오는 것이 회복적 생활교육의 이론 못지 않게 회복적 영성을 체화하고 이론과 영성의 조화를 교사의 삶에서 구현하는 것이 중요한 과제다. 이는 회복적 정의와 회복적 생활에 대한 성서적·예전적·영성적·신학적 지지가 필요하다. 그리고 서클이 지닌 종교적인, 기독교적인 측면을 보완할 필요가 있다. 박성용 목사가 인도하는 서클예배와 평화서클교회는 이점에서 시사하는 바가 크다.[70] 일곱째, 안전한 학교 공동체를 회복적으로 규제하는 세 가지 틀 중 갈등해결/전환, 사회적이며 감정적 지성에 대해서는 회복적 생활이 많이 다루지만 수치관리를 좀 더

---

69 비폭력평화물결 대표 박성용 목사와의 인터뷰(2016년 4월 26일, 서울).
70 비폭력평화물결 대표 박성용 목사와의 인터뷰(2016년 4월 26일, 서울).

보완할 필요가 있다고 본다.

5. 교사들에게 필요한 성서적, 예전적, 영성적, 신학적 지지

1) 성서적 지지

일부 교사는 회복적 생활교육의 중요한 내용을 퀘이커나 메노나이트 등 재세례파에서 가져온 데 대해 부담을 갖고 있다. 왜냐하면 많은 한국교회들이 재세례파를 이단으로 보기 때문이다. 그러나 재세례파를 이단으로 여기는 교회는 한국교회 밖에 없는 것 같다. 이는 한국 복음주의자들 다수는 열린 복음주의자가 아니라 근본주의자들이기 때문이다. 그럼에도 불구하고 회복적 생활교육을 확산시키기 위해서는 회복적 생활교육의 기초를 성서에서, 예전에서, 기독교 평화영성에서, 평화/화해신학에서 찾는 것도 필요하다. 위에서 언급했던 것처럼 성서에 나타난 응보적 정의는 인간의 구원을 위한 회복적 정의 맥락에서 보아야 한다. 그리고 신구약 성서 전체가 어떻게 정의의 관점에서 연결되는지를, 구약성서에서 사랑과 정의와 겸손(미 6:8)이 결합되어 있음을, 신약성서에서 하나님 나라의 핵심이 성령 안에서 정의와 평화와 기쁨(롬 14:17)이라는 것을 알아야 한다. 즉 성서에서 정의는 핵심인 것을 이해해야 한다.

2) 예전적 지지

회복적 정의의 기초로서 성만찬과 예전에 대해 주목해야 한다. 세례, 성만찬, 기도는 용서를 실천하는 예전적 자원이 된다.[71] 성만찬이 회복적 정의의 기초가 됨은 우리가 성만찬에서 관계를 치유하고, 화해의 사역이 일어나는 장소를, 시간을, 예전을, 영적 능력을 발견하기 때문이다. 성만찬에서 이런 것을 발견하는 이유는 성만찬에 초대하는 분이 적대적인 벽을 허무시는 예수 그리스도이기 때문이고, 예수 그리스도께서 성만찬에 참여하는 자들을 평화를 만드는 자로, 화해의 사역자로 변형시키기 때문이고, 폭력과 보복의 악순환으로부터 벗어나는 유일한 길은 성만찬에서 기념하는 예수 그리스도의 십자가와 부활로부터 오는 용서의 말씀에 기인하기 때문이고, 우리들의 차이에도 불구하고 하나님의 자기를 내어주는 사랑 안에서 차이를 넘어서는 근거를, 화해의 근거를 성만찬에서 발견하기 때문이고, 우리의 연약함 그대로 성만찬에 참여하지만 하나님의 은혜로 우리를 변형시키는 거룩한 공간이요 안전한 공간이기 때문이고, 성만찬은 하나님과 이웃과 우주에 대해 책임을 지는 사회적 거룩함의 장소, 치유의 장소, 회복적 정의의 장소이기 때문이고, 성만찬은 우리의 갈등의 이름을 밝히고(유다의 배반 예고) 그런 갈등을 통해 화해를 실천하는 장소이기 때문이다.[72] 성만찬에서 놀라운

---

71 L. Gregory Jones, *Embodying Forgiveness: A Theological Analysis* (Grand Rapids: William B. Eerdmans Publishing Company, 1995), 163-204; 황홍렬, 『한반도에서 평화선교의 길과 신학- 화해로써의 선교』(서울: 예영B&P, 2008), 273-275.

72 Thomas Porter et al., *Conflict and Communion: Reconciliation and Restorative Justice*

것은 예수께서 갈등을 드러낸 것이 아니라 갈등에 대한 답으로 빵과 포도주를 주신 것이다. 빵과 포도주는 하나님과 백성 사이의 새 계약을, 용서와 화해의 계약을 상징한다. 최후의 만찬은 예수가 폭력과 보복의 악순환을 깨뜨리고 명명된 갈등을 용서와 화해로 변형시킨다. 그러므로 성만찬에 참여하는 그리스도인들은 비난을 명명된 갈등으로, 처벌을 책임으로, 보복을 용서로 전환시키는 자가 되어야 한다.[73]

회복적 정의의 기초로서 예전(ritual)을 제시해야 한다. 예전학자들은 한계성(liminality)을 성년식, 결혼식, 장례식 같이 관계의 변화를 상징하는 예식에서 어원(limen)에 근거하여 '문턱'을 의미한다고 본다. 예전은 갈등을 통해 우리의 새로운 정체성과 공동체로 인도하는 문턱이요, 하나님의 회복적 정의를, 예수의 용서와 평화를 우리의 현실로 만드는 문턱이다.[74] 맥피는 예전을 서클과 연계시키고 있다.[75] 이는 서클이 본래 원주민들의 종교의식과 관련된 영성적 실천이기 때문에 맥피는 서클을 기독교 예전의 맥락에서 해석하고 있다. 윌리엄 에버레트는 주일 저녁 원탁에 모이는 서클/원탁 예배의 경험을 제시한다.[76] 이 세상의 갈등을 전환하려는 노력

at Christ's Table (Nashville: Discipleship Resources, 2006), Introduction, 10-12.

73 Thomas Porter, "The Last Supper: Naming the Conflicts and Giving Bread and Wine", in Thomas Porter et al., *Conflict and Communion: Reconciliation and Restorative Justice at Christ's Table,* 19-21.

74 Marcia McFee, "Ritual Formation: Liturgical Practices and the Practice of Peacebuilding", in Thomas Porter et al., *Conflict and Communion: Reconciliation and Restorative Justice at Christ's Table,* 68-69.

75 Ibid., 69-76.

76 William Johnson Everett, "Gathering at the Roundtable", in Thomas Porter et al.,

과 우리 자신을 하나님의 가장 심오한 목적과 연결짓는 상징적 활동이 원탁에서 만나게 된다. 기존 기독교 예전의 중심은 제단으로 위계적 관계, 특히 가부장적 위계질서 안에 놓여 있다. 제단이 복종을 강조하는 데 반해, 원탁은 설득, 상호 공감과 서클 프로세스의 역동성을 강조한다.

3) 영성적 지지

헨리 나웬은 영성에 대해 우리가 분주한 삶의 모든 것을 내려놓고, 예수 그리스도가 선포한 하나님의 나라를 찾는 것으로 정의하면서 고독과 공동체를 방법으로 제시했다.[77] 필자는 여기에 저항을 추가하고자 한다. 고독이 하나님 앞에 홀로 있음을 통해 하나님의 자녀라는 정체성을 회복하는 것이라면, 공동체는 하나님 나라를 향한 출애굽 여정에서 함께 순례하는 하나님의 언약 백성됨을 지향한다. 저항은 정체성 회복과 하나님 백성됨의 공동체 형성에서 오는 많은 유혹·시련·갈등·세상의 통치의 도전들에 저항함으로써 우리 자신과 이웃과 피조물의 회심·치유·화해·해방·구원을 지향하는 것이다. 기독교 영성은 영육 이분법이 아니다. '육'이 인간적 관점이나 사회적 통념을 따르는 것이라면, '영'은 "참 자아로서 그리스도 안에서 하느님과 일치하고 있는 우리의 가장 깊은 내면"으로 성령의 목소리이면서 동시에 우리 자신의 내적 목소리다.[78] 공동체는

Conflict and Communion: Reconciliation and Restorative Justice at Christ's Table, 121-129.

77 헨리 나우웬/윤종석 옮김, 『모든 것을 새롭게』 (서울: 두란노, 2011).

하나님의 아가페 사랑으로 빚어진다. 사랑하라는 명령은 공동체를 회복하라는 명령이고, 불의에 저항하고, 이웃의 필요를 충족시키라는 명령이다. 제자공동체는 산상수훈, 특히 팔복을 따르는 자들 속에 형성된다. 제자공동체는 세상 문화의 폭력의 영성을 거슬러 하나님의 비폭력의 영성을 따르는 자들이다. 즉 폭력이나 전쟁을 통한 구원을 선포하는 죽음의 우상들을 거부하고, 정의를 위해 투쟁하면서도 자비를 베푸는 사람들이다. 비폭력의 사람이 되기 위해서는 내면에서부터 평화로워져야 한다. 우리 안에 비폭력의 힘을 키우고, 평화의 하나님과의 관계 속에 모든 일을 뿌리내리게 해야 하는데 이는 십자가와 부활의 신비에 기인한다.[79] 고독·저항·공동체에 필요한 것이 광야[80]·기도[81]·성만찬[82]이다.

4) 선교신학적 지지

회복적 생활교육을 신학적으로 지지하는 것은 화해신학, 평화선교신학이다. 필자는 화해를 선교의 패러다임으로 가장 먼저 제시했던 로버트 쉬라이터(Robert J. Schreiter)의 화해론을 비롯해서 미로슬라프 볼프(Miroslav Volf)의 화해론, 그레고리 존스(L. Gregory Jones)의 용서에 대한 신학적 이해, 도날드 쉬라이버(Donald W.

---

78 토마스 머튼/남재희 옮김,『삶과 거룩함』(서울: 생활성서, 2007), 88-89.
79 존 디어/김준우 옮김,『예수의 평화 영성』(일산: 한국기독교연구소, 2008), 59-79.
80 위의 책, 27-28.
81 존 디어/이현주 옮김,『살아 있는 평화』(서울: 생활성서, 2004), 40.
82 헨리 나우웬/김명희 옮김,『이는 내 사랑하는 자요』(서울: IVP, 1995).

Schriver Jr.)의 화해의 요소 등을 제시했다.[83] 세계교회협의회 (World Council of Churches, 이하 WCC)의 세계선교와전도위원회는 2005년에 열렸던 아테네 선교대회의 화해문서를 통해 21세기 선교의 새로운 패러다임으로 화해를 제시했다. WCC는 화해의 여섯 가지 측면을 진실 · 기억 · 회개 · 정의 · 용서 · 사랑이라고 했다. WCC가 21세기 첫 10년을 폭력극복의 10년 운동으로 전개한 후 이를 정리한 문서가 "정의로운 평화"다.[84]

VI. 평화로운 학교만들기를 위한 교회의 선교 과제

첫째, 지역교회는 함께 지역사회에 있는 학교를 평화롭게 만드는 일에 협력하는 것을 선교과제로 이해해야 한다. 둘째, 교회에 출석하는 교사들에게 좋은교사운동에 참여를 권유하고, 회복적 생활교육에 대해 소개하고 이를 학교 현장에 적용하도록 권면한다. 셋째, 학부모들에게 회복적 생활교육에 대해 교육을 해서 학교폭력 등 다양한 학교 현장에 자원봉사자로 참여하게 한다. 넷째, 목회자들이 회복적 생활교육에 대해 이해하고 일부 교역자들에게 회복적 생활교육을 학교폭력 문제에 참여하게 한다. 다섯째, 교회학교에 서클을 도입하고, 교육전도사와 교육목사가 회복적 생활교육을 배

---

83 황홍렬, 『한반도에서 평화선교의 길과 신학- 화해로써의 선교』, 258-286.
84 WCC의 화해문서와 "정의로운 평화"문서에 대해서는 황홍렬, "한반도에서 남북의 화해와 평화통일을 위한 한국교회의 평화선교 과제", 한국선교신학회 편, 「선교신학」 제32집, Vol. I (2013), 326-339를 참조하시오.

워서 교회교육에 적용하도록 한다. 여섯째, 신학교에서 학교폭력
과 회복적 생활교육 등에 대해 소개하고 구체적인 교육을 통해 교
회학교 현장에 적용하도록 한다. 일곱째, 이를 위해 회복적 정의에
대한 성서적 이해를 제시하고, 회복적 정의의 예전적 기초, 성만찬
적 기초, 서클/원탁 예배, 회복적 정의를 함양하는 기도회, 성서연
구, 예배 등을 개발할 필요가 있다.

VII. 나오는 말

이상의 주요 논의를 정리하면 다음과 같다. 첫째, 회복적 정의에
대한 이해는 만남, 회복, 변형 등 세 가지 유형이 있지만 서로 긴밀
하게 연결되어 있다. 회복적 정의에 대한 이해는 인간 이해, 조화,
타자와의 관계, 자기성찰적 태도, 회복적 정신 유지, 문화·계급·
젠더 차이, 국가 역할, 국가와 시민사회의 관계, 과정으로서의 평화
등 다양한 요인을 고려한 열린 개념이다. 둘째, 회복적 정의와 응보
적 정의는 초기 연구처럼 이분법을 당연시하지 않는다. 성서에 나
타난 응보적 처벌도 회복과 구원의 맥락에 놓으면 회복적 정의를
이룬다는 것을 알 수 있다. 셋째, 회복적 정의의 영적 기초가 중요하
고 이는 회복적 과정이나 가치에도 반영된다. 넷째, 학교에서 회복
적 정의는 브렌다 모리슨이 제시한 3단계 피라미드 모형을 따르지
만 안전한 학교공동체를 회복적으로 규제하는 갈등 해결, 사회적이
며 감정적 지성, 수치관리가 핵심이다. 다섯째, 회복적 정의를 한국

학교에 적용한 좋은교사운동은 자신의 회복적 실천들과 변화의 동인으로서 교사의 역할을 제시하고 있다. 여섯째, 좋은교사운동이 전개하는 회복적 생활교육은 시작점이 개인 교사, 초빙 교사, 학생부장, 교장, 집단에 의한 교육 재생산 등에 따라 다르지만 그 사례들의 특징은 위에서 언급했던 회복적 가치들에 상당히 부합되는 것을 알 수 있다. 일곱째, 회복적 생활교육의 과제는 시작점이 다른 곳에서 회복적 생활교육을 시작하려 할 때 제공할 매뉴얼 제작하기, 회복적 정의의 다양성과 가변성에 대한 이해, 회복적 생활교육과 교육의 결합, 회복적 생활교육의 지역거점 마련과 지역거점들의 전국적 연결망 구축, 회복적 영성과 이론의 조화, 기독인 교사를 위한 성서적, 예전적, 영적, 신학적 지지 등이다. 마지막으로, 평화로운 학교 만들기를 위한 교회의 선교과제는 교회 내 교사들로 하여금 좋은교사운동 참여 권면하기, 회복적 생활교육을 배워 실천하기, 학부모들에게 회복적 생활교육을 나눠 학교폭력 문제에 참여하게 하기, 목회자들이 회복적 생활교육을 배워 서클을 비롯한 회복적 생활교육의 장점을 교회 교회교육에 도입하기, 신학교에서 회복적 생활교육 등을 소개하여 교육전도사들이 교회학교에서 회복적 생활교육으로 지도하기, 회복적 정의에 대한 성서교재 제작하기, 회복적 정의의 예전적, 성만찬적, 기초를 수립하고, 서클 예배, 회복적 정의를 함양하는 기도회, 성서연구, 예배를 개발하기 등이다.

참고문헌

〈1차 자료〉

회복적정의평화배움연구소 서정기 소장과의 인터뷰 (2015년 6월 18일).

장신대 박상진 교수와의 인터뷰 (2015년 6월 26일).

좋은교사운동 임종화 대표와의 인터뷰 (2015년 7월 3일).

신봉고등학교 박숙영 선생과의 인터뷰 (2015년 7월 21일).

한국평화교육훈련원 이재영 원장과의 인터뷰 (2015년 7월 24일).

비폭력평화물결 대표 박성용목사와의 인터뷰(2016년 4월 26일)

울산 ㄷ고등학교 교사 A와의 인터뷰 (2015년 8월 4일).

인천 ㅅ중학교 교사 D와의 인터뷰 (2015년 8월 14일.

완주 ㅂ초등학교 교사 G, 전주 ㅇ초등학교 교사 F, 전북 ㅂ초등학교 교사 H와 인터뷰
       (2016년 1월 6일).

안양 ㄱ초등학교 교사 C와의 인터뷰 (2016년 2월 5일).

고양 ㄷ중학교 교사 E와의 인터뷰 (2016년 2월 15일).

화순 ㅁ초등학교 교사 B와의 인터뷰 (2016년 4월 27일).

박숙영. 『공동체가 새로워지는 회복적 생활교육을 만나다』. 서울: 좋은교사, 2014.

정진. 『회복적 생활교육 학급운영 가이드북』. 서울: 피스빌딩, 2016.

좋은교사운동 회복적 생활교육연구회. 「생활지도의 새로운 패러다임 '회복적 생활교육'
       3년차를 돌아보다」, 2013년 12월 21일, 미간행 자료집.

_____.「회복적 생활교육 현장을 찾아가다: 2014년 회복적 생활교육 캐나다 탐방 보고
       서」, 미간행 자료집.

좋은교사운동 회복적 생활교율 연구센터, 「회복적 생활교육, 어디까지 왔나? 2015 회복
       적 생활교육 컨퍼런스」, 미간행 자료집.

〈2차 자료〉

강경미. "청소년 학교폭력의 예방과 기독교 상담." 「복음과 상담」 제16집(2011): 64-92.

강순원 엮음. 『아래로부터의 한일평화교육』. 서울: 커뮤니티, 2005.

교육과학기술부. 「학교폭력 실태조사에 따른 후속 업무처리 매뉴얼」(2012. 4. 18).

김세광·박소영. "학교폭력 해결을 위한 기독교교육의 회복적 접근." 한국기독교교육정
　　보학회,「기독교교육정보」제41집(2014): 217-255.

김성돈. "형사사법과 회복적 사법."「성균관 법학」제17권 제1호(2005): 405-436.

김영철·김성오·박숙영·정주진.『평화교육 사례 분석 및 실행방안 연구』, 경기도교육연
　　구원 정책연구 2017-01. 수원: 경기도교육연구원, 2017.

김용세. "형사제재시스템과 회복적 사법."「형사법연구」, 한국형사법학회, 제23호
　　(2005): 224-253.

_____.『회복적 사법과 형사화해: 형사화해 알선지침』. 서울: 진원사, 2009.

김은수. "한국 기독교대학의 선교현황과 과제- 전주대학을 중심으로." 한국선교신학회
　　편,「선교신학」제18집(2008): 141-166.

김준수. "교회의 화평사역과 회복적 정의." ACTS,「신학과 선교」제12호(2011년):
　　523-547.

배임호. "21세기를 향한 새로운 도전: 회복적 정의." 한국교정학회,「교정연구」제5집
　　(1995년 10월): 227-151.

_____."회복적 사법 정의의 배경, 발전 과정, 적용 프로그램 그리고 선진 교정복지." 한
　　국교정학회,「교정연구」제37집(2007년 12월): 137-169.

서정기. "학교폭력 이후 가해자 및 가해자 가족의 갈등경험에 대한 질적 사례연구-회복적
　　사법의 실천을 중심으로."「범죄예방 정책연구」제25호(2013): 99-157.

오현선. "다문화사회에서 '차이'를 '차별'화하는 폭력성의 극복을 위한 기독교 평화교육
　　의 한 방향."「기독교교육논총」제20집(2009): 301-329.

윤승태. "기독교대학의 학원선교 위기극복을 위한 이머징 예배의 비판적 수용." 한국선교
　　신학회 편,「선교신학」제41집(2016): 263-290.

이승호. "회복적 사법과 우리나라 형사제재체계." 한국형사법학회,「형사법연구」제19
　　권 제11호(2007): 339-358.

이용식. "회복적 정의와 형사사법 정의- 두 정의의 '절충'은 가능한 것인가?" 동아대 법학
　　연구소,「동아법학」제54호(2012년 2월): 417-448.

이진국. "회복적 사법과 형사사법의 관계에 관한 소고."「피해자학연구」제14권 2호
　　(2006): 69-88.

이진국·오영근.『형사사법 체계상 회복적 사법이념의 실천방안』. 서울: 한국형사정책연
　　구원, 2006.

이호중. "한국의 형사사법과 회복적 사법- 과거, 현재 그리고 미래." 한국형사법학회,

「형사법연구」제19권 제3호(2007): 297-338.

장규원·윤현석. "회복적 사법의 한계에 대한 고찰." 동아대 법학연구소, 「동아법학」제57
호(2012년 11월): 119-144.

정종훈. "학교폭력의 문제와 기독교윤리적인 과제의 모색." 연세대 신학대학원, 「신학논
단」제27집(1999): 291-317.

조한혜정. "청소년 '문제'에서 청소년 '존재'에 대한 질문으로" 『왜 지금, 청소년? 하자센
터가 만들어지기까지』. 서울: 또하나의문화, 2002, 82-109.

한국청소년정책연구원. 『학교폭력 해결을 위한 회복적 정의모델 도입방안 연구』. 연구보
고 14-R08, 2014.

황홍렬. 『한반도에서 평화선교의 길과 신학: 화해로써의 선교』. 서울: 예영 B&P, 2008.

_____. "한반도에서 남북의 화해와 평화통일을 위한 한국교회의 평화선교 과제." 한국
선교신학회 편, 「선교신학」제32집(2013): 321-357.

Amstutz, Lorraine Stutzman & Judy H. Mullet. *The Little Book of Restorative
Discipline for Schools.* 이재영·정용진 옮김. 『학교현장을 위한 회복적 학생생
활 지도』. 춘천: KAP, 2011.

Assefa, Hizkias. *Peace and Reconciliation as a Paradigm.* 이재영 옮김. 『평화와 화해의
새로운 패러다임』. 춘천: KAP, 2014.

Burnside, Jonathan. "Retribution and restoration in biblical texts." in Gerry Johnstone
& Daniel W. Van Ness (eds.), *Handbook of Restorative Justice:* 132-146.

Dear, John. *Living Peace.* 이현주 옮김. 『살아 있는 평화』. 서울: 생활성서, 2004.

_____. *Jesus the Rebel: Bearer of God's Peace and Justice.* 김준우 옮김. 『예수의 평화
영성』. 일산: 한국기독교연구소, 2008.

Harcarik, Carol S. *Restorative Justice is Changing the World.* Winsconsin: Harington
Press, 2009.

Hixon, Stephanie & Thomas Porter. *The Journey: forgiveness, restorative justice and
reconciliation.* New York: Women's Division, The General Board of Global
Ministries, The United Methodist Church, 2011.

Jones, L. Gregory. *Embodying Forgiveness: A Theological Analysis.* Grand Rapids:
William B. Eerdmans Publishing Company, 1995.

Johnstone, Gerry. *Restorative Justice: Ideas, Values, Debates.* Devon: William
Publishing, 2008.

Johnstone, Gerry & Daniel W. Van Ness (eds.), *Handbooks of Restorative Justice.* London, New York: Routledge, 2007.

_____. "The Idea of Restorative Justice." in Gerry Johnstone & Daniel W. Van Ness (eds.). *Handbook of Restorative Justice:* 5-20.

Hadley, Michael L.(ed.). *The Spiritual Roots of Restorative Justice.* Albany: State University of New York, 2001.

Lederach, John Paul. *The Little Book of Conflict Transformation.* 박지호 역.『갈등전환 』. 춘천: KAP, 2014.

Llewellyn, Jennifer J. & Daniel Philpott(ed.). *Restorative Justice, Reconciliation and Peacebuilding.* Oxford: Oxford University Press, 2014.

Lockhart, Arthur & Lynn Zammit. *Restorative Justice Transforming Society.* Toronto: Inclusion Press, 2005.

MacRae, Allan & Howard Zehr. *The Little Book of Family Group Conferences: New Zealand Style.* New York: Good Books, 2004.

Marshall, Christopher D. *Beyond Retribution: A New Testament Vision for Justice, Crime, and Punishment.* Grand Rapids: Williams B. Eerdmans Publishing Company, 2001.

Merton, Thomas. *Life and Holiness.* 남재희 옮김.『삶과 거룩함』. 서울: 생활성서, 2007.

Morrison, Brenda. "Schools and restorative justice." in Gerry Johnstone & Daniel W. Van Ness (eds.), *Handbook of Restorative Justice:* 325-346.

_____, *Restoring Safe School Communities: a whole school response to bullying, violence and alienation.* Leichhardt: The Federation Press, 2007.

Nouwen, Henri. *Life of the Beloved.* 김명희 옮김.『이는 내 사랑하는 자요』. 서울: IVP, 1995.

_____. *Making All Things New.* 윤종석 옮김.『모든 것을 새롭게』. 서울: 두란노, 2011.

Porter, Thomas. et al. *Conflict and Communion: Reconciliation and Restorative Justice at Christ's Table.* Nashville: Discipleship Resources, 2006.

Pranis, Kay. *The Little Book of Circle Process.* 강영실 옮김.『서클 프로세스』. 춘천: 대장간, 2012.

Raye, Barbara E. and Ann Warner Roberts. "Restorative processes." in Gerry Johnstone & Daniel W. Van Ness (eds.). *Handbook of Restorative Justice:*

211-225.

Schirch, Lisa. *The Little Book of Strategic Peacebuilding.* 김가연 옮김.『전략적 평화 세우기』. 춘천: KAP, 2014.

Sider, Nancy Good. Mediation skills Training Manua. 서정기·이재영 옮김.『평화를 만드는 조정자 훈련 매뉴얼』. 춘천: KAP, 2007.

Strang, Heather & John Braithwaite (eds.). *Restorative Justice and Civil Society.* Cambridge: Cambridge University Press, 2001.

Sullivan, Dennis & Larry Tifft. *Restorative Justice: Healing the Foundations of Our Everyday Lives.* New York: Willow Tree Press, 2001.

Umbreit, Mark. *Victim Offender Mediation: Conflict Resolution and Restitution.* Indiana: PACT Institute of Justice, 1985.

_____. *Victim Meets Offender: The Impact of Restorative Justice and Mediation.* New York: Willow Tree Press, Inc., 1994.

_____. *Mediating Interpersonal Conflicts.* Oregon: Wipf&Stock Publishers, 1995.

_____. *Dancing with the Energy of Conflict and Trauma: Letting Go, Finding Peace in Families, Communities & Nations.* Keynes: Lightning Source UK Ltd., 2013.

Van Ness, Daniel W. & Karen Heetderks Strong. *Restoring Justice.* Cincinnati: Anderson Publishing Co., 2002.

Wray, Harmon L. & Peggy Hutchison. R*estorative Justice: Moving Beyond Punishment.* New York: The General Board of Global Ministries, The United Methodist Church, 2002.

Yoder, Carolyn. T*he Little Book of Trauma Healing.* 김복기 옮김.『트라우마의 이해와 치유』. 춘천: KAP, 2014.

Zehr, Howard. *Changing Lenses: A New Focus for Crime and Justice.* 손진 옮김.『회복적 정의란 무엇인가? 범죄와 정의에 대한 새로운 접근』. 춘천: KAP, 2010.

Zehr, Howard and Barb Toews (eds). *Critical Issues in Restorative Justice.* New York: Criminal Justice Press, 2004.

비정규직 이해와 한국교회의 비정규직 선교의 과제*

황 홍 렬
(부산장신대학교, 선교학)

I. 들어가는 말

2007년 비정규직법이 제정된 취지는 1997년 외환위기 이후 확대된 비정규직을 보호하기 위해서였지만 현실은 이 법 때문에 비정규직 노동자들은 갈수록 계약기간이 짧아져서 초단기계약을 함으로써 고용의 불안이 더 심각해졌다. 1998년 한국노총이 정리해고제를 받아들인 것은 국가적 위기를 속히 극복하기 위해 불가피한

* 이 논문은 한국선교신학회 편, 「선교신학」 제40집(2015), 409-444에 실린 글이다. 이 글은 한국선교신학회·한국복음주의선교신학회의 2015년 제7차 공동학술대회에서 발표한 "가난한 자에게 복음전하기로서의 선교: 비정규직과 해고노동자선교를 중심으로", 「제7차 공동학술대회 미간행 자료집」 (2015년 6월 13일), 48-86 중 비정규직 부분을 중심으로 일부 수정한 글이다.

선택이었다. 그런데 소위 IMF를 졸업한 이후에도 정리해고는 확대되었다. 일시적 현상일줄 알고 비정규직과 정리해고를 받아들였던 노동자들은 이제 전 산업으로 확대되는 비정규직과 끊이지 않는 정리해고 단행으로 실업의 공포 속에 살고 있다. 이 글은 우리 사회의 노동, 경제, 사회의 흐름을 바꿔놓은 비정규직에 대한 이해를 바탕으로 한국교회가 비정규직 노동자를 어떻게 선교해야 하는지에 대해 알아보고자 한다.[1] 먼저 2장에서는 비정규직에 대한 정의와 발생배경을 알아보고, 비정규직 노동자의 현황을 살펴보고, 비정규직이 노동자의 삶과 활동에 어떤 영향을 주었는지 알아보고자 한다. 그리고 비정규직의 문제와 대안을 제시하고자 한다. 3장에서는 성서의 가난한 자를 살펴보되 신자유주의적 지구화 시대의 가난한 자들에 대해 주목하고자 한다. 그리고 노동과 임금, 실업 등에 대해 개혁신학자 깔뱅의 신학적 논의들을 소개하고자 한다. 그리고 경제, 지구화, 자본주의에 대한 신학적 반성을 한 후 비정규직에 대한 한국교회의 선교과제를 제시하고자 한다. 독일교회, 영국교회, 미국교회가 신자유주의 세계화에 대해 어떤 대응활동을 했는지를 간략히 소개한 후 비정규직 노동자를 위한 교회의 선교과제를 제시하고자 한다. 그런데 이 글에서는 신자유주의와 지구화/세계화는 엄격하게 다른 개념이지만 신자유주의적 세계화/지구화라는 말처럼

---

1 학회지 중 비정규직에 대한 논문은 없고, 경제와 선교와 관련된 논문들도 디아코니아적 대안 공동체로서의 협동조합, 사회적 기업 등을 다루거나, 한반도 평화선교의 맥락에서 희년과 경제정의를 다루거나, 학제적 연구의 가능성을 타진했다. 황홍렬, "한국기독교의 디아코니아 사례와 선교신학적 의의", 「선교신학」 제19집 (2008), 11-40; 황홍렬, "한반도에서 남북의 화해와 평화통일을 위한 한국교회의 평화선교 과제", 「선교신학」 제32집 (2013), 340-341; 김윤태, "종교에 대한 경제학적 접근의 선교적 허용", 「선교신학」 제32집, 107-138.

둘이 밀접히 결합되어 사용하는 경우가 있기 때문에 이 글에서는 혼용해서 사용하기로 한다. 우리 사회에서 비정규직의 문제가 사회적 문제로 부상한 것이 20년이 넘었지만 신학계에는 이런 문제가 생소한 만큼 문제제기 차원으로서 이 글의 의의가 있다고 하겠다. 지면의 제한으로 노동에 대한 신학적 성찰과 웨슬리의 신학과 경제 이해를 추가하려던 계획을 다른 글로 미뤄야 했다.[2] 앞으로 당사자들의 이야기에 귀를 기울이면서 좀 더 심층적으로 복합적으로 이 문제를 다루는 글로 발전하는 데 발판이 되는 글이 되기를 기대한다.

II. 비정규직 노동자에 대한 이해

1. 비정규직에 대한 정의

비정규직에 대한 이해는 국내뿐 아니라 국제적으로도 서로 달라 국제노동기구(ILO)도 통일된 비정규직 개념을 제시하지 않는다.[3]

---

2 권터 브라켈만/백용기 옮김, 『기독교 노동윤리: 인간은 일하기 위해서 태어 났는가?』 (서울: 한들출판사, 2004); 강원돈, 『노동윤리의 신학적 근거: 인간과 노동』 (서울: 민들레성서마을, 2005); 김홍기, 『IMF 위기와 통일운동 시대를 위한- 존 웨슬리의 경제윤리』 (서울: 대한기독교서회, 2001).

3 비정규직 개념에 대해서는 김수현, "비정규직 개념과 경제위기 이후 비정규직" (새로운 사회를 여는 연구원, 2010년 4월 26일), 5-9를 참고하였다. 국내 학계에서는 비정규라는 용어와 함께 비정형, 비전형, 불안정 노동을 혼용해서 사용하기도 한다(정이환, 윤정향). 심상완은 권리나 보호로부터 배제된 비정규 노동자, 고용관계에서 차이를 강조하는 비전형노동자, 고용형태의 고정성이 약하거나 없을 경우 비정형 노동자로 분류한다. 류기철은 근로제공방식이 통상적 고용형태와 다르다는 측면에서 비전형 노동자로 보고, 전형 노동자 중 정규직의 조건을 채우지 못한 노동자를 비정규직으로 분류한다. 통계청은 한시적 노동자, 시간제 노동자,

이 글에서는 김수현을 따라 정규직에 비해 낮은 임금을 감수하고, 고용의 안정성을 누리지 못하며, 정규직이 누리는 법적·제도적 고용조건에서 차별받는 노동자를 비정규직 노동자로 정의한다. 고용 기간, 고용 시간, 고용 형태에 따른 비정규직의 분류는 비정규직에 대한 이해에 도움을 준다.[4] 고용기간에 따라 기간제 노동자(일용직, 임시직, 계약직)를 비정규직 노동자로 본다. 일용직은 고용기간이 하루인 노동자를, 임시직은 정직원이 출산휴가를 가거나 스키장 같이 한 계절에만 일자리가 필요할 때 임시로 고용된 노동자를, 계약직은 전산망 구축이나 연구 프로젝트 등 제한된 기간 내에 일이 완료되면 계속 수행할 필요가 없는 일을 하는 노동자를 가리킨다. 고용시간에 따라 시간제(파트타임) 노동자가 비정규직 노동자이다. 외식산업은 식사 시간에 일손이 많이 필요하므로 그 시간대에만 일할 사람들을 파트타임으로 고용하게 된다. 고용 형태에 따라 간접고용 노동자(파견, 도급, 용역, 사내 하청)를 비정규직 노동자로 본다.

그런데 비정규직의 현실은 위의 정의나 분류와 달리 다양하게 편법이나 불법이 시행되고 있기 때문에 문제다.[5] 기간제 노동자는

비전형 노동자를 비정규직으로 규정하고 있다. 이런 비정규직 개념에 대해서 김유선은 임시·일용 노동자 중 장기임시노동자를 포함하지 못하므로 임시·일용직을 비정규직에 포함시켜야 한다고 했다. 통계청은 고용형태상 비정형 노동자의 개념으로 비정규직의 규모를 파악하는 데 반해 김유선을 비롯한 노동계는 고용지위에 고용형태를 더해 비정규직 규모를 파악하고 있다. 김유선은 비정형·정규, 정형·비정규, 비정형·비정규 노동자를 비정규직 개념으로 이해했다. 이는 임시·일용직을 비정규직에 포함시킴으로써 비정규직을 과다하게 측정한다는 비판을 받을 수 있으나, 고용계약, 근로시간, 근로제공 방식에서 정규직과 구분되는 노동자를 비정규직으로 봄으로써 노동시장에서 저임금, 고용불안정성, 법적·제도적 차별을 받는 노동자를 포괄한다는 장점을 지닌다.
4 장귀연, 『비정규직』(서울: 책세상, 2010), 16-26.
5 위의 책, 18-24.

기간이 정해져 있는 노동자를 가리키지만 지금은 항시적이고 핵심적 업무에서도 기간제 비정규직(교사, 은행 창구직원)을 채용한다. 기간제 비정규직은 가장 대표적인 비정규직 유형으로 부문과 업종을 막론하고 널리 퍼져 있다. 비정규직의 90% 이상이 고용 계약기간이 제한되어 있다. 나중에 정규직으로 전환해주는 한이 있더라도 일단 계약직으로 채용하는 것이 기업들의 고용 풍조다. 시간제 노동자의 경우 서유럽은 주로 '자발적 선택'인 데 반해 우리나라는 전일제 직장을 구하지 못해 시간제 노동을 하는 경우가 많다. 기업도 전일제 직원 한 명을 고용하는 대신에 단기간 시간제 직원 두 명을 고용하는 경향이 있다. 1998년 파견법이 합법화된 이후 파견 허용업종이 한정돼 있지만 고용주와 사용주가 다르면 책임소재가 불명확해지면서 노동자가 부당한 대우를 받을 가능성이 크다. 형식상 도급계약이지만 실제로는 위장 도급이나 불법 파견인 경우가 많다. 특수고용의 경우 형식상으로는 기업과 사업자 또는 프리랜서로 계약을 위장하지만 실제로는 고용관계인 경우가 많다. 이럴 경우 고용주와 사용자는 실제로 고용된 노동자에 대해 책임을 지지 않아 문제가 발생한다.

2. 비정규직의 규모

정부기관들의 통계 중에는 임금노동자 중 비정규직의 비율이 30% 대라는 통계도 있지만 민간연구소는 비정규직의 비율이 50%에 달한다고 한다. 이 차이는 일용직과 임시직을 비정규직에 포함시키느냐 여부에 따른다. 짧은 기간 일할 경우 고용기간을 명시하지 않거나 근로계약서를 작성하지 않는 경우가 많기 때문이다. 일용직이나 임시직은 기간제라고 하기도 어렵고 정규직도 아니기 때문에 논란의 여지가 있다.[6] 통계청의 자료(2014년 8월)에 의하면 임금노동자 중 비정규직의 비율은 45.4%로 852만 명이다. 2007년 3월 879만 명(55.8%)을 정점으로 2014년 3월 823만 명(44.7%)까지 감소했던 비정규직 규모가 8월에는 45.4%로 증가했다. 김유선은 통계청의 통계가 사내하청 노동자를 정규직으로, 특수고용노동자를 자영업자로 잘못 분류했기 때문에 실제 비정규직은 50%가 넘을 것으로 추산하고 있다. 정규직과 비정규직의 임금격차가 100:50으로 고착화하고 있을 뿐 아니라 성별 고용형태의 차별이 비정규직 여성에게 집중되고 있다. 한국은 OECD 국가 중 고용이 가장 불안정한, 초단기근속의 나라다. 근속년수 평균값은 5.6년이고, 중위값은 2.4년으로 OECD 국가 중 가장 짧다. 단기근속자(근속년수 1년 미만)는 전체 노동자의 32.3%로 가장 많고, 장기근속자(근속년수 10년 이상)는 20.1%로 가장 적다.[7]

---

6 위의 책, 27-29.
7 김유선, "비정규직 규모와 실태 – 통계청, '경제활동인구조사 부가조사'(2014.8) 결과", 한국노동사회연구소 (2014년 11월), 1-34.

3. 비정규직의 발생 배경: 케인스주의로부터 신자유주의로 경제패러다임의 전환[8]

그동안 비정규직은 사회에서 주목받지 못했지만 이제 비정규직은 심각한 사회적 문제로 부상했다. 1995년까지는 정규직의 비율이 계속 증가하다가 1996년부터 정규직의 비율이 감소하기 시작해서 1999년에는 전체 임금노동자의 절반 이하로 감소했다. 비정규직이 일반적인 고용 방식으로 바뀌고 있고, 대졸자들과 대기업 일자리에서 비정규직이 가장 크게 증가했다. 이처럼 고용방식과 일자리의 성격이 바뀐 것은 경제 패러다임이 바뀌었기 때문이다. 20세기 초 대공황은 상품을 생산해도 팔리지 않아 기업들이 도산했기 때문에 유효 수요를 늘리는 것이 중요했다. 물건을 많이 사도록 소비를 늘리려면 노동자들의 고용이 안정되어야 하고 임금이 높아야 한다. 따라서 경제정책은 완전고용을 목표로 하고 노동자들이 고임금을 받도록 하는 데 있었다. 이렇게 수요 중시 경제정책의 경제패러다임을 케인스주의라 했다. 그런데 선진국에서 1970년대에서 1980년대 사이에 경제가 성장하면서도 생산이 국내 수요를 앞지르면서 이윤율이 떨어지기 시작했다. 서구 기업들은 수출이나 해외에 자본 투자를 통해 이윤을 확보하려 했다. 세계화가 급속히 진행되면서 서방 기업들의 요구로 무역과 자본의 이동의 장벽이 철폐되기 시작했다. 그러나 세계화는 대가를 치러야 했다. 기업이 세계를 상대로 할 때에는 경제 상황의 변수가 더 많고 예측이 더 어려워지면

---

8 장귀연, 『비정규직』, 36-52.

서 경쟁이 치열해졌다. 이런 상황의 변화에 따라 케인스주의 패러다임이 붕괴하면서 부상한 것이 신자유주의 패러다임이었다. 이제 불확실성 증가와 전 지구적 경쟁의 시대가 도래하면서 기업들은 단기 이윤을 중요시하게 되었다. 당장 이윤을 내지 못하면 기업들이 전 지구적 경쟁에서 탈락하기 때문이었다. 기업이 단기 이윤을 내기 위한 손쉬운 방법은 노동비용을 줄이는 것이다. 기업이 정규직을 줄이고 비정규직을 늘리는 추세로 인해 비정규직이 지배적인 고용 패러다임이 되었다. 경제패러다임이 신자유주의가 되면서 고용 패러다임이 비정규직 중심이 되었다. 한국에서 케인스주의 패러다임이 1980년대 말부터 1990년대까지 주도하다가 IMF 경제위기 이후에는 신자유주의 패러다임이 주류로 부상하기 시작했다. 서구는 두 세대에 걸친 케인스주의 패러다임 시기에 보편적 사회복지체제를 수립했기 때문에 신자유주의가 도래했을 때에도 실업에 대해 대처할 수 있었다. 그러나 한국 사회는 너무 짧은 시기 동안 케인스주의를 경험했기 때문에 사회복지체계를 수립하지 못한 상황에서 신자유주의 패러다임을 맞으며 실업자나 비정규직에 대한 대처가 지극히 미흡한 상황이어서 '해고는 살인이다'라는 구호가 나오고, 비정규직이 심각한 사회적 문제가 되었다.

4. 비정규직 노동자의 현황[9]

비정규직 노동자의 삶은 저임금과 열악한 노동조건 속에서 차별

---

9 김순천, "닫힌 삶들", 김순천 외, 『부서진 미래: 세계화 시대 비정규직 사람들 이야기』 (서울: 삶이보이는창, 2006), 264-295.

과 서러움을 겪고 있으며, 고용의 불안정으로 인해 미래를 박탈당한 삶을 살고 있다.[10] 2005년 경제활동인구 부가조사에 대한 분석을 보면 정규직 중 저임금 노동자는 15명 중 1명꼴인 데 비해 비정규직 노동자는 4명 중 1명이 저임금 노동자다. 법정최저임금 미만자의 95%가 비정규직이다. 직장의 4대 사회보험 가입률은 정규직이 82~98%인 데 반해 비정규직은 31~33%밖에 안 된다. 그런데 비정규직 노동자는 정규직과 동일한 업무를 하면서도 월급이 정규직의 절반을 받는 경우가 많다. 기업은 정규직과 비정규직 노동자들 사이에 다양한 차별들을 의도적으로 만들어낸다. 이러한 차별과 임금의 격차는 양 진영의 노동자들에게 '우리는 서로 다르다'는 인식을 심어줌으로써 정규직과 비정규직 노동자를 분열시키는 효과를 거둔다. 이러한 차별기제는 노동자 사이에 심리적 거리감과 위계 의식을 형성하게 한다. 비정규직 노동자들은 앞에서 한 책의 제목처럼 "미래가 부서진 사람들"이다. 비정규직 노동자는 다양한 차별을 통해 '무시'와 '모욕감'을 느낀다. 한 파견노동자는 자신의 노동을 '인생막장'으로 느끼면서 "계속 나를 깎아내리는 것 같"은 "주변의 시선" 때문에 "내 삶도 자신이 없어"지고 "자부심이 많이 떨어"지면서 "깊은 인간관계를 맺기 힘들"게 되었다고 했다.[11] 비정규직 노동자에 대한 차별은 노동자의 존엄성을 훼손한다. "자본에 의해 훼

---

10 장귀연, 『권리를 상실한 노동자 비정규직』 (서울: 책세상, 2007), 101-114.
11 전국불안정노동철폐연대 지음, 『차별이 노동자에게 미치는 영향』 (2014), 44쪽; 훈창, "차별이 노동자에게 미치는 영향", 대한불교조계종노동위원회, 천주교서울교구노동사목위원회, 한국기독교교회협의회 인권센터, 장그래살리기운동본부, 「정부의 비정규직 확산정책이 사회에 미치는 영향 토론회」 (2015년 4월 7일), 28에서 거듭 인용.

손된 노동 가치는 당사자들에게 자신의 노동을 부수적으로 여기게 된다. 또한 '존엄한 인간'이 아닌 생산수단이 되어버린 자신을 마주하게 한다."[12] 또 차별은 노동자의 평등과 연대를 훼손한다. 정규직과 비정규직의 위계는 업무의 위계만이 아닌 사람의 위계로 변화하며, 자본과 노동자뿐 아니라 노동자 사이에도 갑을관계가 존재한다.

5. 비정규직 문제와 대안

1) 비정규직의 문제

첫째, 일자리의 문제다.[13] 비정규직 일자리는 저임금과 노동조건이 열악하고 차별과 서러움을 겪으며, 일자리가 불안정하기 때문에 미래가 불투명하다. 그런데 비정규직의 저임금과 기업 복지로부터의 배제는 필연적 이유가 있는 것은 아니다. 이는 자본이 정규직과 비정규직을 분리해서 갈등을 일으키는 가운데 양자를 지배하려하기 때문이다. 둘째, 비정규직 자체가 지닌 제도적 문제다. 자본주의 사회는 노동자의 권리를 보호하기 위해 노동권을 보장하며 그 제도로는 노동조합과 근로기준법이 있다. 그렇지만 비정규직은 이런 보호를 받지 못한다. 이처럼 비정규직은 노동자에게 주어진 노동권을 무력화시키는 제도적 결함을 안고 있다. 비정규직은 기업이 주기적으로 해고할 수 있는 기회를 제도적으로 보장하고, 직장에서

---

12 훈창, "차별이 노동자에게 미치는 영향", 27-29.
13 장귀연, 『비정규직』, 67-73.

발생하는 사고나 위험에 대한 책임소재가 불분명하고, 야근 수당도 지급의 책임이 불분명하고, 노동법마저도 정규직을 고용형태로 상정하고 있기 때문에 법의 보호도 받지 못한다.[14] 셋째, 비정규직이 초래한 사회적 문제로서 계층 구조의 양극화와 이로 인한 사회 분위기의 악화다.[15] 양극화는 정규직과 비정규직의 임금 격차에서도 비롯되지만 근본적으로는 자본 소득 대 노동 소득의 차이에 기인한다. 세계화 시대에 노동 소득보다는 투자를 해서 이익을 얻는 자본 소득의 비중이 점점 높아져 가고 있다. 전체 소득에서 노동 소득보다 자본 소득의 비중이 커질수록 사회적 양극화가 심화된다. 비정규직이 증가하는 것은 개인의 문제가 아니라 정규직과 비정규직 사이의 갈등, 빈곤으로 인한 자살, 다양한 형태의 증오범죄 등이 증가하면서 사회가 큰 혼란을 겪게 된다. 한국 사회가 직면한 저출산고령화사회는 비정규직 증가추세와 밀접한 관련되어 있다.

2) 비정규직의 대안을 찾아서

(1) 비정규직 노동자를 위한 정책 수립

첫째, 신자유주의 정책으로부터 경제민주화로의 정책의 전환이다. 신자유주의 정책은 노동시장에서 금융시장까지 규제를 완화하여 높은 경제성장을 이루면 소득양극화를 초래하겠지만 기업이 잘되면 낙수효과를 통해 경제성장의 성과가 노동자와 가계에 전달될

---

14 위의 책, 74-83.
15 장귀연, 『비정규직』, 84-93.

수 있다고 주장한다. 금융시장 개방이 가계부채 증가와 자산거품을 조장했고, 수출중심의 경제성장과 고환율 정책과 노동유연화, 부자를 위한 법인세와 소득세 감세를 시행했지만 소득 양극화와 사회적 양극화가 극도로 진행된 반면 낙수효과는 일어나지 않고 있다.[16] 둘째, 기업 중심의 노동유연화 정책으로부터 노동자 중심의 노동시장 정책으로의 전환과 정규직 중심의 사회보장 정책으로부터 비정규직과 실업자 중심의 사회보장 정책으로의 전환이다. OECD도 불평등, 사회적 양극화를 해소하기 위해 먼저 해야 할 일이 노동시장의 개선이라 했다.[17] 그런데 노동시장 정책의 전환은 경제민주화라는 큰 틀에서 보아야 한다. 한국에서 경제민주화는 세 시기를 거치면서 의제가 변해왔다.[18] 그런데 박근혜 정권은 국가의 규제를 줄이면 시장질서가 확립되는 것으로 보는 첫 번째 시기의 경제민주화 이해에 머물러 있어 현재의 경제민주화 흐름에 역행하고 있다. 현재의 경제민주화는 기업, 특히 재벌의 규제와 투기적 금융자본에 대한 규제를 통해 시장질서를 수립하고, 독일처럼 중소기업이 고용과 GDP에서 절반 정도를 차지할 수 있도록 중소기업, 소상공인, 자영업자, 노동자를 지원하는 정책과 고용정책의 전환이 시급하다. 셋째, 비정규직과 실업자 중심의 사회보장정책을 수립해야 한다. 사회보장정책은 사회적 약자를 중심에 두어야 하는데

---

16 이수연, "외환위기 이후 도입된 신자유주의 정책들, 소득 양극화 부추겨"(새로운 사회를 여는 연구원, 2014년 4월 8일), 3-5.

17 이은경, "국제비교로 본 한국사회 불평등 들여다보기: OECD 불평등보고서", 7.

18 유철규, "경제민주화 공약과 박근혜 정부: 중간평가와 대안적 과제", 한국사회과학연구회, 「동향과 전망」 89호 (2013년 10월), 73-79.

한국은 거꾸로 비정규직과 실업자들을 배제하고 있다. 우선 국가가 교육과 의료 등 공공 부문을 책임지도록 정책을 마련해야 한다. 그리고 실업자와 비정규직 등 취약계층을 위한 실업보험, 노령연금, 의료보험, 장애연금 등의 사회보험을 의무화하고 국가가 책임져야 한다. 넷째 비정규직 중에서도 차별을 받는 저임금여성노동자를 위해서는 최저임금의 한계가 있는 만큼 생활임금을 도입할 수 있다.[19] 그런데 현재 정부의 비정규직 대책은 거꾸로 가고 있어 비판을 받고 있다.[20]

(2) 비정규직 관련한 법, 제도, 의식의 개선

첫째, 비정규직 법을 개정하고 법을 엄격히 적용해야 한다. 법학자 윤애림은 비정규 고용형태를 노동자들의 조직화에 대항하는 자본가들의 대항 전략이라고 보았다. 그는 비정규직 노동기본권 보장을 위한 우선입법과제로서 "기간제 · 파견 근로를 포함한 비정규직 고용형태의 사용사유 제한, 노동법상 직접고용 · 상시고용의 원칙 재확립, 비정규직 노동자에 대한 차별금지 등도 하루 빨리 입법되어야 하지만, 이런 법제도들이 현실에서 실제 작동될 수 있게 하기 위해서라도 비정규직 노동자의 노동3권을 실효성 있게 보장하기 위한 노동조합 및 노동관계조정법 개정"을 제시했다.[21] 정규직 노

---

19 제갈현숙, "생활임금과 저임금여성노동자: 대안 임금정책의 가능성을 중심으로", 「젠더와 문화」 제7권 2호 (2014), 109-145.
20 홍윤경, "노동환경의 실상과 교회를 향한 제언", 한국기독교교회협의회, 「2015 에큐메니칼 정책협의회 자료집: 흔들리는 교회, 다시 광야로」 (2015년 4월 9일), 55-56.
21 윤애림, "비정규직 문제 해결의 첫단추는 노동기본권 보장으로부터", 「서강법률논총」 제1권 제2호 (2012년 8월), 124.

동자를 전제로 제정된 근로기준법과 노동조합법이 비정규직 노동자가 전체 임금노동자의 과반이 된 현실과 괴리가 있기 때문에 근로기준법과 노조법의 개정이 시급하다. 노동법 개정은 비정규직 여성노동자와 청년실업, 청년 아르바이트를 고려해야 하고, '동일노동 동일임금' 원칙을 포함해야 한다. 둘째, 비정규직을 위한 제도 개선책으로 '쌍용자동차 실직가족 심리치유센터 와락' 같은 치유센터를 해고자, 그 가족과 남은 동료 노동자, 비정규직 노동자들을 위해 건립해야 한다.22 셋째, 비정규직 노동자에 대한 시민의 의식이 개선되도록 해야 한다. 사실 일반 교육과정을 통해 노동자에 대해, 노동조합에 대해 제대로 배운 시민, 언론인, 종교인, 법조인이 거의 없다. 초·중·고 교육과정을 통해, 시민교육을 통해 노동자와 노동조합의 활동에 대해 올바른 이해를 갖게 하는 것이 시급하다.

(3) 기업에 대한 규제

기업이 비정규직을 선호하는 이유를 기업의 전략적 측면에서 이해하고 대응하는 것이 필요하다. 자본의 과잉축적으로 인한 구조적 위기로 인해 저성장기 자본축적전략은 가치생산중심에서 가치실현중심으로 상품연쇄 구조조정을 이루기 위해 노동과정이 불가피하게 유연표준화와 탈숙련화를 지향하는데, 이는 비정규직과 정리해고를 통해 실현되었다.23 이런 자본의 전략은 노조에 대한 대응

---

22 권지영, "당신의 어려움을 '와락' 껴안는 와락센터의 기적—평택 쌍용자동차 실직가족 심리치유센터 '와락' 센터 건립사례", 「로컬리티 인문학」 제8호 (2012년 10월), 211—234.
23 김철식, "노동의 불안정화를 양산하는 자본의 전략: 지배대자본 주도의 상품연쇄 구조조정을 중심으로", 전국불안정노동철폐연대 지음, 『비정규직 없는 세상: 비정규직 철폐운동의

이 아니라 자본축적의 위기에 대응하기 위한 내적 논리이지만, 이를 그대로 방치하는 것은 비정규직 노동자의 고통만이 아니라 대자본의 핵심 산업 이외 거의 모든 기업의 노동자의 비정규직화와 하위자본들에게로의 비용전가로 인해 노동자들의 삶은 생존권 이하로 떨어질 우려가 높아 국가의 토대가 흔들릴 수 있다. 따라서 국가는 시장이 작동하도록 하기 위해서 그리고 시민의 생명을 지키기 위해서 자본을 규제하고 그 한계를 설정해야 한다. 1997년 환란위기나 2008년 글로벌 금융위기나 '고통분담'에 대해서 노동자와 가정에 고통을 전담시키고 위기를 초래한 기업과 금융권은 공적 자금으로 사적 자본을 지키는 것에 대해 문제를 제기해야 한다. 조지프 스티글리츠는 이익은 기업이 사유화하고, 손실은 사회화(공적자금/시민의 세금)하는 미국 경제는 모조(짝퉁) 자본주의라고 비판했다. 2008년 금융위기를 처리하는 과정에서 나타난 금융권 CEO의 도덕적 해이는 여론의 질타를 받았음에도 정부는 그들을 규제하지 않았다. 세계적인 경제학자 갤브레이스는 이러한 시장경제와 금융권을 '죄 값을 치르지 않는 사기'(innocent fraud)라고 했다. 그는 미국 7대기업에 속하던 에너지 기업 엔론의 경영진이 벌인 분식회계와 부정부패로 거대기업이 파산한 것을 예로 들면서 처벌을 받지 않는 사기를 저지르는 기업의 권력을 규제하지 못하면 국민경제와 정부, 기업 모두를 희생시키는 결과를 초래할 것이라고 경고했다.[24]

전망』 (서울: 메이데이, 2009), 57-104.
24 존 케네스 갤브레이스/장상환 번역감수·이해준 옮김, 『갤브레이스에게 듣는 경제의 진실: 한미 FTA 시대에 다시 읽는 미국경제』 (서울: 한국방송통신대학교출판부, 2007), 8-11.

(4) 노동조합과 노동자의 과제

우선 노동조합의 강화와 변화를 지향해야 한다.25 비정규직 노동자가 노력해야 한다. 정규직 노조도 처음 조직할 때 많은 어려움을 겪었다. 정규직 노조는 비정규직 노동자를 조합원으로 받아들여 함께 노조를 만들어야 한다. 그리고 노조를 기업별 조직으로부터 산업별로, 지역별로 조직하는 방향으로 전환해야 한다. 노조의 제도와 관행에서 비정규직에 적합하지 않은 부분을 보완해야 한다. 비정규직 여성노동자에 대한 차별을 극복하는 노동조합과 노동자들이 되어야 한다.26 그런데 비정규직 노동자와 해고된 실업자에 대한 사회보장이 되어 있지 않은 한국 사회에서 '해고는 살인이다'라는 구호는 노동자들을 단결시키기보다는 엄청난 공포감 속에서 노동자 사이의 관계를 단절시키고 노동의 부패를, 노동계급의 자기 붕괴를 초래하며 배신의 프레임이 노동관계를 지배하게 한다.27 외환위기 이후 고용빙하기에 기아자동차 입사비리로 수사를 받았던 한 청년은 "영혼을 팔아서라도 취직하고 싶다"라고 했다. 정규직도 영혼을 팔아서라도 고용을 유지하고 싶어 했다. 『의자놀이』라는 책

---

25 장귀연, 『비정규직』, 129-133.
26 제갈현숙, "생활임금과 저임금여성노동자: 대안 임금정책의 가능성을 중심으로", 122, 각주 8번을 참고하시오. 이를 위한 한 모범적 사례를 소개한다. 2010년 공공운수노조에서 제안한 '따뜻한 밥 한 끼의 권리' 캠페인은 미화, 간병노동자 등 여성비정규직 노동자의 정당한 한 끼 식사의 권리를 목표로 시작되었다. 이 캠페인을 통해 이들의 권리박탈의 현실이 폭로되면서 최저임금 및 비정규직 고용형태 문제 해결에 대한 사회적 공감대가 형성되었다. 캠페인의 성과로 서울지역 대학 청소노동자들의 조직 및 간병인 조직률 증가와 더불어 서울지역 대학 청소노동자들은 노조를 결성해서 임금협상의 기틀을 마련하고 임금인상에 성공했다.
27 조건준, "노동을 지배하는 배신의 프레임들", 「진보평론」 제54호 (2012년 겨울호), 90-112.

제목처럼 노동자들은 "해고는 살인이다=고용은 생명이다"라는 공포감 속에서 서로 일자리를 뺏기지 않으려고, 또 빼앗으려고 고용게임을 하고 있다. 노동자들에게 고용이 신(神)이 되어 고용만 보장해준다면 무엇이든 하겠다는 노동자와 자본가 사이에 신성동맹이 탄생했다. 동맹에 따라 회사에 저항하는 비정규직을 정규직이 앞장서서 물리쳐주는 것이 동맹군의 의리다. 실업의 공포가 휩쓴 한국에서 노동계급이 사라져갔다. 노동자 의식이 사라진 노동자들은 우울증과 정신분열에 시달렸다. 많은 생산현장에서 민주노조든 어용노조든 고용이데올로기와 기업이데올로기를 숭배했다. 문제는 그 속에서 타자를 비판하지만 자기를 성찰하는 노동자를 발견하기 어렵다는 점이다. 노동자들은 실업에 대한 엄청난 공포 속에서 자긍심과 희망과 꿈을 상실했다. 자긍심을 갖고 운동을 한 사례가 희망버스운동이었다. "사람이 꽃이다. 노동자가 꽃이다"라는 노동자의 자긍심, 노동해방의 희망, 보다 나은 삶에 대한 꿈을 지닌 운동이 노동자와 시민을 하나로 묶고 여론을 움직이는 데 성공했다. 공포감과 배신의 프레임을 극복하기 위해 필요한 것이 노동자의 자긍심, 꿈을 회복하는 것이다. 이를 사회적으로 뒷받침하는 것은 앞서 언급했던 비정규직 노동자와 실업자들을 위한 사회보장 정책이다. 노동자의 공포감과 배신의 프레임을 극복하고 자긍심과 영성을 회복하기 위해서 교회는 어떤 기여를 할 수 있을까에 답하는 것이 이 글의 3장의 주제다.

III. 비정규직 노동자 선교 과제[28]

1. 신자유주의적 지구화 시대 성서와 가난한 자[29]

인류 역사상 지금처럼 엄청나게 많은 사람들이 지구화의 무차별적인 폭력 앞에서 생명을 잃고 질병으로 신음하고 빈부 차이가 확대되고 가정과 사회가 해체되고 있을 때 그리스도인들은 성서를 어떻게 읽어야 하는가? 성서의 안식일과 안식년과 희년을 새롭게 읽어야 한다. 안식일, 안식년, 희년은 모두 출애굽 경험에 근거를 두고 있다. 이스라엘 경제는 모두를 위한 풍요로운 경제를 지향하며, 빈부 차이가 극심한 바로의 경제를 거부한다. 만나 경제는 "많이 거둔 자도 남지 않고 적게 거둔 자도 모자라지 않는 경제"(출 16:18)를 지향한다. 희년 경제는 정의를 결여한 종교는 거짓 종교임을 알려준다. 이스라엘 왕국의 멸망과 바벨론 포로기는 하나님과의 계약에 충실하지 못했기 때문이었다. '오병이어의 기적'은 만나 경제의 실현이요, 주의 기도 역시 안식일 경제, 희년 영성으로의 부르심이다.

---

28 3장 1절과 2절의 (나) 부분은 황홍렬, "지구화 시대 시민·사회운동과 기독교 선교", 기독교종합연구원 외, 『지구화시대 제3세계의 현실과 신학』(서울: 한들출판사/한일장신대학교출판부, 2004), 248-259에 근거하고 있음을 밝힌다. 3장에서는 '에큐메니칼 운동의 경제이해와 대안'을 제시하려 했으나 지면의 제한으로 아래의 글을 제시하는 것으로 대체한다. 황홍렬, "신자유주의적 지구화 시대의 생명선교", 참된평화를만드는사람들 편저, 『신자유주의 시대, 평화와 생명선교』(서울: 동연, 2008), 105-118.

29 구약성서에 나타난 가난한 자에 대해서는 서인석, 『성서의 가난한 사람들』(서울: 분도출판사, 1981)와 황홍렬, "빈곤복지선교의 신학적 이해", 조흥식·이승열·황홍렬·김기원·손의성 공저, 『빈곤복지선교론』(서울: 학지사, 2010), 53-63 참조 성서에 나타난 비정규직에 대해서는 김정철, "구약성서의 비정규직", "신약성서의 비정규직", 영등포산업선교회 편, 『나중에 온 이 사람에게도』(서울: 한국장로교출판사, 2013), 17-44를 참조하시오

사도행전의 성령강림은 개인의 영적 체험이 아니라 희년의 성취요, 하나님의 통치의 체험이다.[30]

엠마뉴엘 레비나스에 의하면 "성서는 자신과 관련하여 타자의 우선성에 관한 것(기록)이다."[31] 성서에서는 타자가 내 자신보다 항상 앞서 간다. 구약의 경우 고아와 과부와 나그네다. 신약의 경우 세리와 죄인들, 병자들, 창녀들이다. 지구화 시대에 우리가 성서를 읽을 때 우리 자신보다 앞서 생각해야 할 사람들이 지구화의 희생자들, 가난한 자들, 여성, 원주민, 실직ㆍ노숙인, 비정규직, 이주노동자, 새터민, 어린이, 노인, 장애인 등이다. 비정규직의 눈으로 성서를 읽는 것은 회개와 교회갱신에 필수적이라 할 수 있다.

2. 노동, 임금, 실업, 비정규직에 대한 신학적 이해

1) 깔뱅의 이해[32]

(1) 인간과 사회 이해[33]

그의 인간과 사회에 대한 이해는 타락한 피조물의 구원은 인간

---

30 Ross Kinsler and Gloria Kinsler, *The Biblical Jubilee and the Struggle for Life: an Invitation to personal, ecclesial, and social transformation* (Maryknoll, New York: Orbis Books, 1999).

31 Gustavo Gutiérrez, "Liberation Theology and the Future of the Poor", 103에서 거듭 인용.

32 깔뱅의 경제와 노동에 대한 이해를 André Biéler의 책을 통해 하고자 한다. 그는 경제학자요 신학자로 깔뱅 전문가이다. 그의 박사학위 논문(1961)을 세계개혁교회연맹의 주관으로 2005년에 번역하여 출판한 것을 보면 그의 깔뱅 이해가 세계개혁교회들의 인정을 받고 있는 것을 알 수 있다.

33 André Biéler, *L'humanisme social de Calvin*, 박성원 옮김, 『칼빈의 사회적 휴머니즘』 (서울: 대한기독교서회, 2007), 1장.

의 구원에 국한되지 않고 사회의 회복, 우주의 회복을 포함한다. 즉 인간이 하나님과 화해가 이뤄지면 이웃과 피조물과의 화해로 나아가야 한다.34 깔뱅의 경제, 사회, 정치, 윤리에 대한 교훈을 바르게 이해하려면 인간 본성의 애매성을 염두에 두는 것이 중요하다. 왜냐하면 인간은 영적 윤리(교회)와 법의 윤리(국가)라는 두 영역에서 살기 때문이다.35 그리고 사회적 조화와 일치는 죄에 의해 손상되었지만 완전히 파괴되지는 않았다. 사회에서 새로운 질서가 성취되지 않는 이유는 교인들의 수가 소수라는 점도 있지만, 사회의 부패가 교회 안에도 만연해 있기 때문이다.36 비정규직의 문제에 교회가 관심이 없다는 것은 하나님과의 화해가 제대로 이뤄진 것인지를 질문하게 한다. 그리고 그는 물질적 삶과 영적 삶이 긴밀하게 연결되었다는 것이 성서의 가르침임을 깨우쳐줬다. 물질은 하나님의 은혜의 징표요, 하나님의 통치를 미리 보여주는 징표다. 기독교인의 영적 삶은 그의 물질에 대한 태도를 통해 판단된다. 개혁신학은 부를 도덕적 문제가 아니라 종교의 문제로 이해한다.37 한국교회가 이분법적 신앙을 지녔다는 지적은 그런 교회들은 이미 맘몬 우상숭배를 하고 있다는 깔뱅의 비판을 심각하게 받아들이도록 한다.

---

34 André Biéler, *La pensée économique et social de Calvin,* trans. by James Greig, *Calvin's Economic and Social Thought* (Geneva: WARC, WCC Publications, 2005), 217.
35 Ibid., 180-181.
36 Ibid., 240, 242.
37 Ibid., 270-271, 278.

(2) 재화의 교류38

재화나 돈은 하나님의 섭리의 도구로 부자로부터 가난한 자에게로 순환함으로써 어느 정도 소유의 균형을 이루고 불평등을 해소함으로써 하나님의 경제질서를 수립하고 부자와 가난한 자 사이의 사회적 상호의존 관계를 통해 인류를 하나되게 하는 영적 연대를 이뤄야 한다. 이러한 순환을 방해하는 것이 죄, 이기심, 게으름, 탐욕이다.39 부자로부터 가난한 자에게로, 자본가로부터 노동자/비정규직 노동자에게로 돈이 흘러가게 하여 불평등을 해소하도록 하는 것이 비정규직 선교의 주요과제이다. 동시에 양자 사이에 상호의존 관계를, 영적 연대를 회복하는 것과 이러한 순환과 관계의 회복을 방해하는 탐욕과 이기심을 극복하게 하는 것도 비정규직 선교의 주요과제이다.

(3) 노동과 임금

인간의 본질은 노동이 아니라 안식이다. 노동으로부터의 해방된 안식이 하나님의 형상을 회복하게 하고 예수 그리스도를 통해 창조적, 해방적 노동을 가능하게 한다. 주일을 거룩하게 지내지 않는 것이 노동의 타락의 시작이고 억압적인 노동이 되게 한다.40 교회는 기독교인들에게 영적 교제의 표현인 물질의 순환을 회복시킨다. 물질적 나눔의 행동이 결여된 기독교 영성은 잘못된 것이다. 집사는 영적 교제의 표현인 물질, 재화(헌금)의 순환, 나눔을 위한 직

---

38 『칼빈의 사회적 휴머니즘』, 2장.
39 Biéler, *Calvin's Economic and Social Thought*, 287, 292-293, 295.
40 Ibid., 348-350.

분이다.[41] 당시 제네바는 엄청난 수의 프로테스탄트 난민 때문에 노동문제가 심각했다. 그는 그들이 새로운 일자리에 적응하도록 직업교육에 관심을 기울였고, 일자리를 찾지 못하는 사람들에게는 유급 임시직을 부여했다. 그런데도 일자리를 찾지 못하는 사람들을 위해 시의회에 직조산업을 개발할 것을 제안했다. 병원은 환자 이외에도 생계가 막연한 가난한 사람들을 수용하도록 했다.[42] 비정규직 선교에서 노동자들의 노동이 해방적이고 창조적이 되도록 하는 것과 영적 교제로서 재화가 순환하게 하는 것이 중요한 과제다.

임금은 노동자와 기업가 모두 하나님으로부터 사랑으로 선물로 받는다. 임금의 결정권은 인간에게, 기업가에게 속한 것이 아니라 하나님께 속한다. 따라서 임금을 부자가 선택의 여지가 없는 가난한 노동자에게 일방적으로 절반만 주려는 것은 착취이자 신성모독이다. 임금의 기준은 하나님 앞에서 공평하고 정의로워야 한다. 노동은 상품이 아니다.[43] 부자들은 종종 가난한 자들의 임금을 절반으로 깎으려고 호시탐탐 노린다. 가난한 노동자는 대안이 없기 때문에 빵 한 조각만 줘도 부자가 고용할 수 있다고 생각한다. 이는 가난한 사람을 착취하는 짓이다. 그는 노동자들과 고용주들과 정부 사이의 논쟁에 개입하여 삼자가 평등한 권리를 갖는 상공조직을 제안하여 삼자에 의해 수용되고 원활한 활동을 통해 파업을 피하여 사회평화가 경제회복과 번영으로 꽃피우게 하는 데 기여했다.[44] 비

41 Ibid., 304-305, 322.
42 『칼빈의 사회적 휴머니즘』, 71-76.
43 André Biéler, *Calvin's Economic and Social Thought*, 366-371.
44 Biéler, 『칼빈의 사회적 휴머니즘』, 77-82.

정규직 선교는 비정규직 노동자의 임금이 정규직 노동자의 절반에 불과하고, 여성 비정규직의 임금이 남성 비정규직의 임금보다 적은 것을 시정하기 위해 노력해야 한다.

2) 경제, 지구화, 자본주의에 대한 신학적 반성

(1) 경제에 대한 신학적 반성

오늘날 경제가 중요시되는 이유는 지구 전체에 미치는 사건들 중에서 가장 결정적 요인이 경제이기 때문이다.[45] 아리스토텔레스에 의하면 경제는 획득의 기술로서 집안 살림(가정관리)의 경제와 돈벌이로서의 경제로 양분된다. "가정은 인간들 간의 관계이므로 가정경제의 모든 물질적 측면에 앞서서 성원들 간의 윤리적 관계를 고려해야 하는" 반면에 돈벌이로서의 경제(kapelike, 영리적 상업)는 "교묘하게 사람을 속여서 이윤을 남기는 영리적 상업이라는 뜻을 함축하고" 있어 아리스토텔레스는 "(이러한) 모든 종류의 이윤을 상대방에 대한 도둑질이라고" 비난했다.[46] 그런데 현대자본주의에서는 이러한 경제에 대한 평가에 역전이 일어났다. 돈벌이로서의 경제가 중심이 될 뿐 아니라 칼 폴라니가 지적한 것처럼 현대자본주의 사회에서 "경제가 사회관계들 속에 들어가 있는 대신에 사회관계들이 경제제도 안에 들어가 있다"[47]는 것이다. 세계에는 두

---

45 John B. Cobb J., *Sustaining the Common Good: A Christian Perspective on the Global Economy* (Ohio: The Pilgrim Press, 1994), Preface, viii.

46 홍기빈 지음, 『아리스토텔레스, 경제를 말하다』(서울: 책세상, 2005), 92, 105-106.

47 Karl Polanyi, *The Great Transformation* (Boston: Beacon, [1944] 1957), 57; Herman E.

가지 경제가 있다. 소수의 부의 축적과 풍요를 보장하기 위해 다수가 희생되는 세상의 경제와 하나님의 나라를 지향하고 피조물의 생명을 포괄하는 하나님의 살림살이 경제다. 하나님의 살림살이 경제에서 볼 때 현재의 경제체계는 단지 생태계의 하부구조에 불과하다.[48]

경제학자 허먼 데일리와 신학자 존 캅은 개인의 사적 이익을 추구하는 경제적 인간(Homo economicus) 대신에 공동체 안에 사는 인간(person-in-community)을 대안으로 제시했다. 이 대안은 경제학이 독립된 학문분야로부터 공동체를 섬기는 학문으로, 돈벌이 경제로부터 가정경제로, 개인주의로부터 공동체 안에 사는 인간으로, 세계주의로부터 공동체들로 구성된 공동체로, 물질을 경제의 수단으로만 보는 관점으로부터 인간의 삶에 소중한 생태계로 보는 관점으로의 전환을 요청한다.[49] 더글라스 믹스는 하나님의 경제학을 다음과 같이 제시하고 있다.[50] 경제(economy)는 오이코노미아 (oikonomia)에서 왔는데 이는 집(oikos)과 법(nomos)의 합성어로 '집안의 살림살이를 다스리는 법', 인류의, 피조물의 살림살이를 다스리는 법이다. 하나님의 경제는 피조물의 생명과 미래에 대한

Daly & John B. Cobb Jr, *For the Common Good: Redirecting the Economy toward Community, the Environment, and a Sustainable Future* (Boston: Beacon Press, 1994), Introduction, 8에서 거듭 인용.

48 Lukas Vischer, "How Sustainable Is the Present Project of World Trade?", in Julio de Santa Ana (ed.), *Sustainability and Globalization* (Geneva: WCC Publications, 1998), 42.

49 Herman E. Daly & John B. Cobb Jr, op. cit., 6장-10장을 참조하시오.

50 M. Dougls Meeks, *God the Economist: The Doctrine of God and Political Economy*, 홍근수·이승무 옮김, 『하느님의 경제학: 신론과 정치경제학』 (서울: 한울,1998).

섬김이 핵심이다. 시장에 의해 지배관계가 제거된다는 자유주의자들의 주장은 시장을 통해 지배 관계를 만들고 무산자를 사회적으로 종속시킴으로써 거짓으로 드러났다. 경제학의 주요 근거인 희소성은 자원의 희소성이 아니라 자원에 대한 접근수단의 부족에 기인한다. 문제는 희소성이 아니라 하나님의 의의 실현 여부다. 하나님의 의가 생명의 원천이기 때문이다. 하나님은 연약한 식구의 생명을 돌보는 집안의 가장이요 머슴이다. 하나님의 경제는 하나님의 의를 펼치는 것으로 무의 권능인 죽음과 투쟁을 벌이는 생명의 경제다. 하나님의 경제는 사회의 찌꺼기 같은 자들을 하나님의 가족이 되게 함으로써 하나님의 나라를 이룬다.

(2) 신자유주의적 세계화/지구화에 대한 신학적 반성

성서는 하나님과 맘몬을 함께 섬길 수 없다(마 6:24)고 하지만, 현대신학의 심각한 문제는 하나님과 맘몬을 동시에 섬기려는 데 있다. 지구화의 문제는 지금보다 더 많은 것이 시장에 종속될 필요가 있다는 것이 아니라, "어떻게 모든 것들이, 심지어는 신학과 우리의 하나님에 대한 이미지조차, 이미 시장의 힘에 종속되었는가를 우리가 깨달을 필요가 있다는 것이다."[51] 동구권 사회주의 붕괴 이후 시장은 진정한 세계종교가 되었다. 자본주의 시장은 "인류 역사상 이전의 어떤 신앙체계와 가치체계보다 훨씬 빨리 더 많은 개종자를 얻은 모든 시대의 가장 성공한 종교"[52]다. 그러나 시장이 막강한 영

51 Joerg Rieger, "Introduction: Watch the Money", in Joerg Rieger (ed.), *Liberating the Future: God, Mammon, and Theology* (Minneapolis: Fortress Press, 1998), 2.
52 Ibid., 7.

향력을 행사하기 시작한 것은 제2차 세계대전으로 거슬러 올라간다. 제1차 세계대전의 경우 민족주의가 우상이었다면, 제2차 세계대전은 경제주의가 우상이었다. 경제주의는 경제적 가치가 국가정책과 국제 정책을 결정하는 가장 중요한 요소가 되고 다른 가치들은 2차적인 관심사가 되는, 경제적 가치를 가장 중요한 가치로 여기는 체제이다.[53] 이로써 사람들의 관심사가 민족의 영광으로부터 경제 번영으로 바뀐 것을 알 수 있다. 이제는 지구화라는 전대미문의 거대한 폭력이 전세계를 짓밟고 있다. 브라질의 노동자당 당수였던 실바는 이미 제3차 세계대전을 치르고 있다고 했다. 이 '조용한 전쟁'에서는 군인이 죽는 대신에 어린이들이 죽어 가고 있다. 이들의 죽음은 제3세계의 눈덩이처럼 불어나는 외채와의 전쟁에서 비롯되었다. 원자폭탄보다도 더 살인적인 무기는 이자였다.[54] 이런 상황 속에 있는 라틴 아메리카의 경우 가난은 "때 이른 불의한 죽음"[55]을 의미한다. 요한 바오로 2세는 캐나다를 방문하면서 가난한 남반부가 풍요로운 북반부를 심판할 것이라고 했다. 몰트만은 지구화로 인해 제3세계의 가난이 제1세계 한복판에 들어와 있음을 지적했다. 유럽과 북미와 일본과 호주에도 빈곤선 이하에 사는 사람들이 1억 명 가량이 된다. 유럽도 중간 계급의 해체 위기로 인해 정치적 민주주의가 위협받고 있다. 그는 남미 해방신학이 지구화 덕

---

53 John B. Cobb Jr, "Liberation Theology and the Global Economy", in *Liberating the Future*, 31-32.

54 Frederick Herzog, "New Birth of Conscience", in *Liberating the Future*, 144.

55 Gustavo Gutiérrez, "Liberation Theology and the Future of the Poor", in *Liberating the Future*, 110.

분에 보편적이 되어 가고 있다고 했다.[56]

(3) 자본주의에 대한 신학적 반성

자본주의 시장이 종교라면 그것은 어떤 종교 체제를 갖는지에 대해 알아보자.[57] 자본주의가 약속하는 낙원은 과학 기술의 발달로 인해 역사 한복판에서 실현될 것으로 간주하는 소위 '진보의 신화'다. 부르주아는 서구 문명과 사법체제, 경찰체제에 의해 폭력적 죽음을 근절시키고, 경제성장에 의해 기아로 인한 죽음을 뿌리 뽑고, 지식의 발전으로 자연적 죽음을 종식시킨다는 신화를 갖고 있다. 낙원의 비밀은 부의 무한정 축적을 가능케 하는 끝없는 발전인데 문제는 유한한 자연과 인간이 어떻게 무한정의 자본을 축적할 수 있는가 하는 것이다. 낙원의 약속의 이행자는 자본주의 체제다. 이런 큰 약속을 제안하기 위해서는 자본주의 체제에 대한 확고한 믿음이 필요하다. 낙원의 약속이 상처를 입을 때 고난과 악의 원인을 해명하는 것이 필요하다. 자본주의에서 '원죄'는 시장에 대한 지식 소유와 이를 통해 사회적 문제를 해결하려는 모든 시도다. 악은 시장의 법칙에 간섭하거나 역행하는 행위다. 즉 시장의 희생자들 편에 서서 시장의 법칙에 제한을 가하려는 행위가 바로 악이다. 여기서 기독교의 사랑의 의미가 완전히 전도되는 것을 본다. 자본주의에서 사랑은 희생자와의 연대가 아니라 시장의 본래 이익을 보호하는 것이다. 가난한 자들의 고통에 무감각하고 냉소적이 되어야 한

---

56 Jürgen Moltmann, "Political Theology and Theology of Liberation", in *Liberating the Future*, 77-78.

57 성정모/홍인식 옮김, 『욕구와 시장 그리고 신학』 (서울: 일월서각, 2000), 38-52.

다. 시장 체제는 인류를 풍족한 삶으로 이끄는 '길과 진리'다. 이를 위해 시장에서 희생되는 자들은 '발전을 위한 필연적 희생'으로 간주된다. 어느 정도의 '필연적 희생'이 없으면 자본주의는 약속한 열매를 결코 맺을 수 없다. 이 체제에서 '죄인들'은 필연적 희생 논리를 믿지 않는 자들, 시장에 간섭하려는 '오만한 자들', 투쟁적인 노동조합들, 민중운동가들, 민중교회와 공동체, 좌익 당원들로써, 이들은 필연적 희생을 역행함으로써 낙원이 임하는 것을 지연시키는 '죄인들'이다.

이런 논리에 대해 성정모는 예수 그리스도의 부활과 희생에 대해 재해석함으로써 기독교가 자본주의 우상숭배를 비판하는 길을 제시했다.[58] 기독교의 믿음은 하나님은 승리자의 편에 서있다는 데 있는 것이 아니라 로마 제국과 유대교로부터 패배하여 죽임을 당한 예수가 부활했다는 데 근거를 둔다. 부활신앙으로 인해 초대교회 교인들은 소유를 나눔으로써 가난한 자가 없게 하였고, 나눔으로써 그들은 생활신앙공동체가 되었다(행 4:32-34). 희생과 관련해서 예수가 그리스도라고 고백하는 것은 그의 승리 때문이 아니라 로마 제국의 우상숭배에 대해 죽음까지도 불사하며 대항하고 하나님께 충성하는 충성심 때문이다. 예수는 하나님의 나라를 선포했지만 인류 역사에서 하나님의 나라가 온전히 성취되지 못함을 깨달아야 한다. 따라서 이 땅에 낙원을 건설하기 위해 다른 사람들을 희생시켜서는 안 된다. 주님께서 원하시는 것은 자비이지 희생이 아니라고 하셨다. 하나님의 나라는 하나님의 은혜와 자비의 열매이지 인간의

---

58 Ibid., 59-72.

손으로 성취할 수 있는 것이 아니다. 생명이신 하나님 편에 서서 약한 자들의 편에 서서 그들과의 연대를 통해서 정의롭고 올바른 경제적 · 사회적 질서를 만들어가는 일에 참여할 때 부활하신 예수를 만날 수 있다.

3. 비정규직 노동자에 대한 교회의 선교 과제

1) 신자유주의적 지구화 시대 세계교회의 선교적 활동

독일교회는 "연대와 정의에 기반한 미래를 위하여"(1997년)라는 문서를 통해 신자유주의를 비판하고, 복지국가의 위기, 생태계 위기 등의 상황을 분석하고, 하나님 사랑, 이웃사랑, 가난한 자들에 대한 우선적 선택, 정의, 연대, 지속성 등의 방향을 정하고, 지속가능한 사회를 위해 경제인들이 의사결정과 인간적 노동조건에 참여하는 권리가 포함된 노동을 제공해야 할 책임이 있음을 촉구했다. 교회는 실업 줄이기, 세금제도 개혁, 중소기업 지원, 복지국가 개혁, 연금과 의료체계 보호, 올바른 고통분담(재산은 의무를 부과한다, 헌법 14항) 등을 목표로 제시했다. 교회 역시 윤리적 투자, 교회 건물과 재산에 대한 사회적이고 환경적 기준 준수, 교회 토지에서 친환경적 농사, 정의 · 평화 · 창조보전에 근거한 교회 나눔과 공동체 작업을 실천하기로 했다.[59]

---

[59] 울리히 두흐로, "지구화가 노동세계에 미친 영향과 독일교회의 대응", 강원돈 · 권진관 · 손규태 · 심상완 · 울리히 두흐로 지음, 『지구화와 사회윤리: 변화된 노동관계』(서울: 다산글방, 2003), 163-182.

영국교회는 국제적 수준에서는 빈곤반감의 국제개발목표를 위해 GNP 15%를 빈곤국가의 개발원조로 지원하도록 하고자 교인들이 가처분소득의 1%를 Christian Aid나 세계개발운동에 기부할 것을 호소했다. 유럽 잉여농산물을 세계시장에 덤핑 판매하는 것은 제3세계 농민들의 생계를 위협한다고 비판하면서 제3세계와 공정무역을 촉구했다. 빈곤국가의 부채탕감과 희년을 위해 1998년 7월 영구 버밍엄에서 열렸던 G8 정상회의 당시 인간띠잇기를 했다. 국내적 수준에서 영국교회는 21세기 선교과제를 '누구에게나 충분히 좋은 일' 창출을 위해 노력했고, 지역활동으로는 빈민과 실업자를 지원하고, 산업선교로는 노동자 돌봄과 노사분규 중재, 정리해고 상담, 연구모임 조직, 작업장에서 기도회, 지역경제적 쟁점을 전국의제로 만들기 등을 시도했다. 영국교회의 산업선교가 바뀌었다. 80년대에는 산업과 상업의 관계, 방법, 목표를 재정비했었는데, 90년대에는 지역경제를 강조하면서 산업뿐 아니라 주거, 건강, 교육, 복지로 관심사를 확대시켰다.[60]

미국교회의 경우 NCC는 '희년2000 프로젝트'와 '미가서 6장 8절 프로젝트'를 실시했다. 희년 프로젝트는 하나님이 주신 생명을 보호하는 차원에서 부채탕감을 요구했다. 미가서 프로젝트는 7개 지역 40개 교회들이 참여해서 불의에 저항하고 약자들을 도우며 하나님과 함께 걷는 교회들의 활동을 지원했다. 연합감리교회는 2001년 '패스트 트랙 반대운동'(Oppose Fast Track)을 통해 외국

---

60 심상완, "지구화에 대한 영국교회의 대응", 강원돈·권진관·손규태·심상완·울리히 두흐로 지음, 『지구화와 사회윤리: 변화된 노동관계』, 205-228.

과 무역협정을 맺을 때 의회의 동의를 거치도록 했다. 최저임금 인상과 세금감면을 반대하는 성명서와 문서를 발표했다. 장로교회는 2000년에 한국교회와 브라질교회와 함께 신학 세미나를 열어 가난한 자들을 위로하는 목회, 환경과 미래세대를 위한 보다 정의로운 사회질서 수립 노력, 개혁신앙과 지구적 경제 등에 나타난 신앙의 통찰 배우기, 정의에 관한 예배 자료 개발, WTO, IMF, 세계은행 등을 개혁하고, 투기적 자본을 통제하고 노동시장을 안정하는 방안을 논의했다.[61]

2) 비정규직노동자를 위한 선교적 과제

첫째, 교회는 비정규직 노동자를 포함한 노동자에 대해 올바른 성서적 이해를 갖도록 교인들에게 가르쳐야 한다. 신학교는 신학생들에게 노동자에 대해 올바른 성서적, 신학적 입장을 갖도록 교육해야 한다. 특히 장로교회는 깔뱅의 신학을 바르게 가르쳐야 할 것이다. 총회와 노회는 목회자 재교육과정을 통해 노동자와 비정규직, 정리해고, 노동조합에 대한 성서적, 신학적 입장을 바르게 갖도록 해야 한다. 교회교육 과정에 노동자에 대해 학생들이 바르게 이해할 수 있는 교재를 개발하여 교육을 하도록 해야 한다. 장년들이 노동자에 대해 바르게 이해할 수 있도록 성서연구 교재를 개발할 필요가 있다. 노동전문가 또는 해고노동자가 교회에 와서 특강을

---

61 권진관, "경제적 지구화에 대한 미국교회의 대응", 강원돈·권진관·손규태·심상완·울리히 두흐로 지음, 『지구화와 사회윤리: 변화된 노동관계』, 183-204.

할 수 있다. 둘째, 교회는 깔뱅의 제안대로 재화를 가난한 자에게로 흘러가도록 재화의 순환을 위한 나눔활동을 강화해야 한다. 구제나 복지활동뿐 아니라 교회예산 5%를 미소금융에 지원하여 가난한 가정이 일어설 수 있도록 지원하거나 예산의 1%를 지역의 다양한 협동조합에 기금으로 지원할 수 있다. 셋째, 고난당하는 노동자들을 지지방문하거나 거리에서 기도회나 예배를 드릴 수 있다. 부산 시청 앞 교통안내 전광판에 지난 4월 16일 두 명의 노동자가 노동조건 개선을 요구하면서 올라갔다. 부산 예수살기와 NCC, 목회자 정의평화협의회가 주관하는 목요기도회가 5차례 열렸다. 넷째, 지역교회들이 노동자 상담/교육을 위한 공간으로 교육관이나 다양한 공간을 개방할 수 있다. 이러한 공간에서는 교육뿐 아니라 노동상담, 생활상담, 심리상담 등을 진행할 수 있다.[62] 다섯째, 노동자와 노동자 가족들의 내적 치유와 회복을 위한 교육프로그램을 실시해야 한다. 주요 지역마다 '와락' 센터와 같은 노동자 심리치유상담센터를 세우는 것이 바람직하다. "투쟁의 목적은 우리 삶의 구조를 바꾸는 것이다. 그러므로 먼저 나를 들여다보고, 내 삶을 변화시킬 수 있는 내적인 힘이 필요하다." 영등포산업선교회가 전개하는 '노동자 품 교육'은 "먼저 나를 돌아볼 수 있도록 돕고, 의사소통 방식을 개선하여 신뢰가 돈독해질 수 있도록 하는 것"에 주력하고 있다. 왜냐하면 "우리 모두에게 필요한 것은 자기성찰, 상대 존중, 수용 느낌"이기 때문이다.[63] 노동자가 노동운동, 투쟁과정에서 안팎으로

---

62 홍윤경, "노동환경의 실상과 교회를 향한 제언", 58.
63 홍윤경, "비정규직 노동자들의 고통의 근원적 치유", 대한불교조계종노동위원회·천주교

받은 상처를 치유하고 그 상처가 다른 사람을 치유하는 밑거름이 되지 못하면 치유되지 않은 상처가 자신뿐 아니라 동료를, 가족을, 찌르며 아프게 할 것이다. 자신의 영성이 그리스도와의 만남 속에서 회복되지 않으면 고난 속에서 자신의 존엄성을 지키기 어렵고 다른 사람을 수용하거나 감당하기 어렵다. 이럴 때 노동자가 지향하는 대안적 세계나 공동체를 본인이 이뤄내지 못했기에 그 운동의 꿈과 희망을, 정체성을 지니며 계속 하기가 어렵다. 인간의 본질은 노동이 아니라 안식에서 비롯되기 때문이다. 여섯째, 교회 내 비정규직 일자리를 단계별로 정규직화하는 모범을 보이고, 교회 내 최저임금 준수 및 생활임금 적용을 선언하는 것이 필요하다.[64] 일곱째, 정부가 비정규직과 해고자에 대한 편파적 시각을 갖고 있는 것이 사실이다. 기독교인들은 이웃종교인들과 함께 시민사회단체들과 연대하여 비정규직법, 정리해고법 개정과 노동법, 근로기준법 등을 비정규직 노동자에게도 적합하게 개정하는 일 그리고 기업살인죄를 도입하고, 국가가 교육과 의료를 공적으로 책임지며 비정규직과 실업자에 초점을 둔 사회보장정책을 수립하도록 정부와 국회를 움직이는 데 힘을 모아야 할 것이다.

서울교구노동사목위원회·한국기독교교회협의회 인권센터·장그래살리기운동본부, 「정부의 비정규직 확산정책이 사회에 미치는 영향 토론회」(2015년 4월 7일), 32-34.

64 홍윤경, "노동환경의 실상과 교회를 향한 제언", 58.

IV. 나오는 말

이상의 중요한 내용을 정리하면 다음과 같다.

첫째, 비정규직의 발생 배경에는 케인스주의로부터 신자유주의로의 경제패러다임의 변화가 있었고, 한국에서는 1997년 외환위기가 직접적 계기가 되었다. 문제는 이후에 경제가 어느 정도 회복된 뒤에도 비정규직이 더 확대되었다는 점이다.

둘째, 비정규직은 저임금과 불안한 미래, 차별과 무시, 존엄성 훼손, 노동자 연대 파괴 등으로 치명적 아픔으로 다가오며, 노동자로서의 자긍심을 잃고 꿈과 희망을 상실하게 된다. 비정규직은 일자리의 문제, 제도적 문제와 사회적 양극화라는 사회적 문제를 초래한다.

셋째, 비정규직의 대안은 경제민주화로의 정책기조의 전환, 노동자중심의 노동시장과 실업자, 비정규직 중심의 사회보장정책 수립, 생활임금 도입, 관련 법개정 및 엄격한 법적용, 비정규직을 염두에 둔 관련법 개정, 치유센터 건립, 기업에 대한 규제를 통한 국민경제의 유지, 노동조합 강화 등이다.

넷째, 비정규직에 대한 선교를 위해서 깔뱅은 인간의 회복과 사회회복의 밀접한 관계, 물질적 삶과 영적 삶의 긴밀한 관계, 부자와 가난한 자사이의 영적 유대를 바탕으로 한 재화의 순환, 인간 본질로서의 안식과 그로 인한 해방적, 창조적 노동, 재화의 순환을 위한 교회의 역할과 국가의 책임, 하나님의 선물로서의 임금 등을 제시하고 있다.

다섯째, 비정규직을 위한 선교과제로서 노동자에 대한 올바른 성서적 신학적 이해와 기독교교육에 적용해야 하고, 교회가 재화를 가난한 자에게로 흘러가도록 미소금융이나 협동조합 등의 활동을 전개해야 하고, 고난당하는 노동자들을 위한 기도회, 예배, 교회가 노동자의 교육 공간, 상담 공간, 치유공간이 되어 주님 안에서 안식을 통해 자기의 정체성과 자긍심을 회복하고 치유받은 치유자가 될 수 있도록 하는 역할을 해야 한다. 그리고 교회부터 비정규직을 정규직화하고, 최저임금을 준수하고, 생활임금을 지급하며, 이웃종교인들과 시민사회단체들과 함께 국가의 불의한 법을 개정하고 제도와 의식을 개혁하고 비정규직과 실업자를 중심에 두는 사회보장제도와 경제민주화를 위해 힘을 모아야 한다.

참고문헌

김수현. "비정규직 개념과 경제위기 이후 비정규직." 새로운 사회를 여는 연구원, 2010년
  4월 26일: 1-18.

김유선. "비정규직 규모와 실태-통계청, '경제활동인구조사 부가조사'(2014.8) 결과." 한
  국노동사회연구소, 2014년 11월: 1-34.

김철식. "노동의 불안정화를 양산하는 자본의 전략: 지배대자본 주도의 상품연쇄 구조조
  정을 중심으로." 전국불안정노동철폐연대 지음, 『비정규직 없는 세상: 비정규
  직 철폐운동의 전망』. 서울: 메이데이, 2009: 57-104.

은수미. "'비정규직' 문제와 한국노동운동의 미래." 「황해문화」 2011년 봄: 358-364.

이수연. "외환위기 이후 도입된 신자유주의 정책들, 소득 양극화 부추겨." 새로운 사회를
  여는 연구원, 2014년 4월 8일: 1-6.

장귀연. 『권리를 상실한 노동자 비정규직』. 서울: 책세상, 2007.

_____. 『비정규직』. 서울: 책세상, 2010.

조건준. "노동을 지배하는 배신의 프레임들." 「진보평론」 제54호(2012년 겨울호): 90-112.

홍윤경. "노동환경의 실상과 교회를 향한 제언." 한국기독교교회협의회, 「2015 에큐메니
  칼 정책협의회 자료집: 흔들리는 교회, 다시 광야로」. 2015년 4월 9일: 54-56.

_____. "비정규직 노동자들의 고통의 근원적 치유." 대한불교조계종노동위원회, 천주
  교서울교구노동사목위원회, 한국기독교교회협의회 인권센터, 장그래살리기
  운동본부. 정부의 비정규직 확산정책이 사회에 미치는 영향 토론회」. 2015년 4
  월 7일: 32-35.

황홍렬. "신자유주의적 지구화 시대의 생명선교." 참된평화를만드는사람들 편저. 『신자
  유주의 시대, 평화와 생명선교』. 서울: 동연, 2008: 74-118.

Biéler, André. L'humanisme social de Calvin. 박성원 옮김. 『칼빈의 사회적 휴머니즘』.
  서울: 대한기독교서회, 2007.

_____. La pensée économique et social de Calvin. trans. by James Greig. Calvin's
  Economic and Social Thought. Geneva: WARC, WCC Publications, 2005.

Cobb, John B. Jr. Sustaining the Common Good: A Christian Perspective on the Global
  Economy. Ohio: The Pilgrim Press, 1994.

Daly, Herman E. & John B. Cobb Jr. *For the Common Good: Redirecting the Economy toward Community, the Environment, and a Sustainable Future.* Boston: Beacon Press, 1994.

Meeks, M. Dougls. *God the Economist: The Doctrine of God and Political Economy.* 홍근수·이승무 옮김. 『하느님의 경제학: 신론과 정치경제학』. 서울: 한울, 1998.

Mulholland, Catherine.(compiled by). *Ecumenical Reflections on Political Economy*, Geneva: WCC Publications, 1988.

Rieger, Joerg. (ed.), *Liberating the Future: God, Mammon, and Theology.* Minneapolis: Fortress Press, 1998.

Sung, Jung Mo/홍인식 옮김. 『욕구와 시장 그리고 신학』. 서울: 일월서각, 2000.

WCC. *Christian Faith and the World Economy Today: A Study Document from the WCC.* Geneva: WCC Publications, 1992.

한반도에서 남북의 화해와 평화통일을 위한 한국교회의 평화선교 과제*

황 홍 렬
(부산장신대학교, 선교학)

I. 들어가는 말

냉전 종식 이후 새롭게 맞는 21세기가 평화의 세기가 될 것을 인류는 염원했다. 그렇지만 인류가 직면했던 21세기 첫 10년은 경제적 풍요로움이 아니라 인류 역사상 전례가 없는 국내적·세계적 양극화로 인한 빈곤층의 양산, 인종 간 갈등 심화와 내전의 확대, 9·11 테러로 인한 미국의 아프가니스탄 침공과 이라크 침공, 2008

---

* 이 논문은 한국선교신학회 편, 「선교신학」 제32집(2013), 321-357에 실린 글이다. 이 글은 필자의 저서 『생명과 평화를 향한 선교학 개론』, 284-320에 실렸으며, 또한 황홍렬, 『한반도에서 평화선교의 길과 신학: 화해로서의 선교』 (서울: 예영 B&P, 2008)의 7장 "한반도에서 화해로서의 선교와 신학," 8장 "한국교회의 평화선교와 평화통일선교"를 토대로 2012년 10월 19일 기독교공동학회 시 선교학회에서 발표한 동일한 제목의 글을 수정한 글이다.

년 미국발 경제위기, 이주민과 본토인의 갈등, 2004년 동남아 쓰나미, 2008년 중국 쓰촨 성 대지진, 2010년 아이티 대지진 등 자연재해, 후쿠시마 원전 폭발 등으로 지구생명공동체의 생존 자체가 심각하게 위협받고 있다.

한반도에서는 2000년 남북 정상회담 이후 남북관계에 많은 진전이 있었다. 그렇지만 2002년 '북핵 위기' 이후 전쟁 위험이 고조되었다가 2·13 합의로 북핵 폐기와 평화체제로 나아가려 했다. 이명박 정권이 이전의 남북관계를 인정하지 않고 일방적인 대북정책을 펼치다가 남북관계는 악화를 거듭하고, 한반도는 전쟁의 위협이 상존하고 있다. 남한은 저출산 고령화 사회가 되고 이주노동자들과 결혼 이주민들이 증가하면서 다문화, 다인종 사회로 점차 변하고 있다.

세계교회협의회(WCC)는 폭력극복10년(2000~2010년)을 전개했고, 아시아기독교협의회는 "모든 사람을 위한 평화의 공동체 세우기"라는 주제로 2005년 총회를 열었다. WCC의 세계 선교와 복음전도대회(CWME)는 "치유와 화해를 위해 부름받은 공동체"라는 주제로 2005년 아테네에 모였다. 20세기도 폭력의 세기였지만 21세기 역시 폭력이 계속되고 있기 때문에 세계 교회와 아시아 교회들은 평화, 화해, 치유를 중요한 선교과제로 여기고 실천하려 하고 있다. 인간 사이의 갈등과 인간과 피조물 사이의 갈등을 화해로 이끄는 것은 교회의 평화선교의 중요한 과제이다. 그리스도 안에 있는 새 사람들, 신앙공동체가 하나님 나라를 이뤄가는 데 있어서 위의 두 측면은 밀접한 관계가 있다. 즉 가난한 자들에 대한 착취와 피조물에 대한 착취는 서로 뗄 수 없는 관계이다. 가난한 자들은 환경 파괴의 최전선에 서 있지만 바로 그런 이유 때문에 부자들의 환경오염으로 인한 피해를 가장 먼저 입게 된다. 이 글은 샬롬의 세 차원(하나님과 인간, 인간과 인간, 인간과 피조물) 가운데 인간 사이의 갈등, 그중에서도 한반도에서 남북의 갈등으로부터 화해와 평화통일로 나아가는 데 초점을 맞추고자 한다.

이 글은 과거의 글을 발전시킨 것이다. 이 글과 과거의 글과의 차이점은 우선 평화선교에 대해 좀 더 포괄적 접근을 한 점이다. 둘째, WCC의 폭력극복 10년 운동의 과정과 신학 그리고 2011년 킹스턴에서 모인 결과로 나왔던 「정의로운 평화」 문서, 2005년 아테네 WCC CWME 대회 등의 논의를 포함했다. 셋째, 글렌 스타센 같은 기독교 현실주의자들이 제시하는 "정의로운 평화 만들기"로부터 배운 구체적으로 현실에 적용이 가능한 제안들을 제시하고자 했다. 넷째, 갈등/분쟁지역에서 적용 가능한 평화운동에 대한 전략을 제시하고자 했다. 다섯째, 이 글은 화해보다는 평화에 초점을 맞추고 있다.

1장에서는 한반도에서 평화선교를 논하기 위해 이명박 정권의 대북정책과 남북관계의 총체적 위기를 검토했다. 화해와 평화에 대한 성서적 이해는 새로운 것이 추가되지 않았고 논문의 분량 때문에 기존의 글을 참조하도록 했다.[1] 2장에서는 화해와 평화에 대한 신학적 고찰을 했다. 3장에서는 기존의 남북의 화해와 평화통일을

---

1 황홍렬,『한반도에서 평화선교의 길과 신학: 화해로써의 선교』(서울: 예영 B&P, 2008), 249-251 참조

위한 11가지 제안을 보완하거나 새롭게 추가할 사안들로 비폭력 대화, 평화를 세우는 사람들, 평화교육, 희년공동체, 미디어, 공공 영역에서의 평화선교, 갈등/분쟁 지역에서의 평화선교 등을 제시 한다. 비록 비슷한 주제를 다루고 있지만 여러 가지 자료, 특히 WCC의 폭력극복 10년 과정과 결과에서 얻은 성찰들을 추가하고, 평화교회와 기독교 현실주의적 견해를 일부 수용하여 보완함으로 써 이전에 다루지 못했던 영역을 다룬 것이 진전이라고 생각한다. 다만 포괄적 접근을 하니 범위가 넓어져 분량도 많아지고, 일부 중 복되는 부분도 있고, 화해와 평화, 평화와 정의의 관계에 대한 신학 적 심화를 하지 못했으며, 좀 더 구체적인 제안을 해야 할 것 등이 앞으로의 과제라고 생각한다.

II. 이명박 정부의 대북 정책과 한반도 안보와 남북관계의 총체적 위기[2]

이명박 정부의 대북 관련 목표는 '상생 · 공영의 남북관계발전'이 고, 3대 과제는 '비핵 · 개방 · 3000' 이행준비, 상생의 경제협력 확 대, 호혜적 인도협력 추진 등이었다. 직전의 양대 정부가 대북정책 을 잘못했다는 평가를 내리면서 대안으로 '비핵 · 개방 · 3000' 구상 을 제시했다. 이 구상은 북한이 핵을 포기하고 개방에 나서면 1인

---

2 남북한 사이의 평화통일을 위한 한국교회의 노력과 과거사 청산에 관련된 사항은 황홍렬,『한 반도에서 평화선교의 길과 신학: 화해로써의 선교』(서울: 예영 B&P, 2008), 244-249와 325-330 참조.

당 국민소득 500달러의 경제수준을 3,000달러가 되도록 400억 달러 상당의 국제협력자금을 투입하도록 하고, 연평균 17%가 성장하도록 협력하겠다는 것이다. 대북관계에서 소위 '잃어버린 10년'의 내용은 북의 핵개발을 저지하지 못했고, 일방적으로 '퍼주기'만 하고 북의 변화는 이끌어내지 못했으며, 대북지원과 관련해 투명성을 보장하지 못하면서 남남갈등만 부추겼고, 국군포로 및 납북자 문제를 해결하지 못했다는 것이다.[3]

이명박 정부의 대북정책의 원칙은 실용주의, 보편주의, 상호주의로 요약할 수 있다.[4] 실용주의는 대북관계에서 이념의 잣대가 아니라 실용의 잣대로 풀어가야 한다는 것이다. 보편주의는 북한의 특수성을 인정하지 않고 남북관계를 국가 대 국가의 보편적 관계로 본다는 입장이다. 이명박 대통령이 인정하는 1992년에 발효된 남북기본합의서는 남북관계를 '특수 관계'로 보기 때문에 북한을 '특수하게' 여긴다. 그러나 남북관계는 국가 대 국가의 일반적 관계도 있지만 분단국가라는 특수성도 있기 때문에 보편주의를 지나치게 강조하는 것은 문제가 될 수 있다. 상호주의는 북한이 남한의 인도적 지원에 합당한 만큼의 변화가 없다는 문제의식에 기초하여 1:1 상호주의는 아니지만 인도적 차원부터라도 변화를 보여주는 '호혜적 상호주의'라고 이름붙일 수 있는 방향을 지향하고 있다.

이명박 정부의 대북정책의 특징은 첫째, 북핵 폐기와 한미동맹

---

3 전현준, "남북관계 문 닫고선 '경제살리기'도 어려워져", 『남북이 함께 하는 민족21』(2008년 5월), 31-32.
4 서보혁, "연계와 단절의 딜레마에 직면한 이명박 정부의 초기 대북정책: 조기처방의 필요성과 대안", 새로운 코리아 구상을 위한 연구원, 「KNSI 현안진단」 제114호(2008년 3월), 4.

강화에 근거한 안보와 대북 협력정책 추구를 통해 새로운 평화구조를 창출하려 한다. 둘째, 민족보다는 동맹을, 남북관계보다는 한미관계를 중심으로 국제공조를 통한 외교적 해결을 중시한다. 셋째, 이념보다는 실용성을 강조하며 국제관계 차원의 외교적 보편성을 강조한다.5 이러한 대북정책의 특징의 근저에는 남북정상 간에 합의한 6·15 남북공동성명과 10·3 합의에 대한 부정이 있다.

이명박 정부의 대북정책에 대한 평가는 한반도 안보와 남북관계의 총체적 위기이다.6 남북 간 군사충돌 가능성이 고조되고, 북핵 문제의 실마리를 찾기는커녕 문제 심화 및 위기 상황으로의 반전 가능성이 있으며, 남북경협이 위축되고, 북한 경제의 중국에 대한 의존이 증가하며, 통일기반 조성사업이 중단되고 통일비용이 증가할 가능성이 커졌다. 또 북한 주민의 고초가 심각해지고 있으며, 전쟁 가능성과 북한에 대한 국제구호가 활발히 전개되어도 남한의 참여가 미미하여 국가신인도가 하락하고, 유라시아 대륙과 단절의 심화 및 외교 고립의 가능성이 대두하고 있다. 특히 KDI의 연구보고서에 따르면 북한이 개방을 하지 않고 급격한 붕괴를 맞이할 때 통일비용은 약 2,525조 원으로 점진적 개방 후 통일을 이룰 때 비용 379조 원의 약 7배가 된다. 이러한 위기 원인은 대북정책 설정이 지닌 문제점으로 '비핵·개방·3000'이 지닌 정책 실현 가능성을 경시했고, '상생·공영의 대북 실용정책'은 구호로만 그쳤다는 데

5 정영태, "신정부의 대북정책 과제와 전망", 한국전략문제연구소, 「전략연구」 제42(2008년 3월), 126-127.
6 홍현익, "이명박 정부의 대북정책 평가와 개선방안", 민주정책연구원, 「IDP 정책연구」 2011-06, 1-12.

있다. 그리고 정책 우선순위에 국익을 최우선 순위로 두어야 하는데 원칙을 우선시하여 우선순위가 역전되었다. 또 정책의 합목적성이 결여 되었으며, 정책의 성과나 부작용에 대한 객관적 평가와 정책수립 작업이 미흡했다. 그리고 정치와 도덕을 혼동했다.

III. 화해와 평화에 대한 신학적 고찰

1. 화해에 대한 신학적 성찰

화해의 신학은 로버트 쉬라이터, 미로슬라프 볼프, 그레고리 존스, 도날드 쉬라이버의 화해신학을 정리한 것이 있다.[7] 여기에서는 WCC CWME 아테네 대회의 문서의 제안대로 화해의 여섯 가지 측면[8]을 살펴보기로 하자.

1) 진실

권력 남용이나 잔혹 행위가 침묵 속에서 일어났기 때문에 과거의 진실을 확정하는 것은 쉽지 않다. 과거의 상처를 치유하는 데에

---

7 황홍렬, 위의 책, 258-286 참조.

8 "Mission as Ministry of Reconciliation", in Jacques Matthey (ed.), *Come Holy Spirit, Heal and Reconcile!: Called in Christ to be Reconciling and Healing Com- munities*, Report of the WCC Conference on World Mission and Evangelism, Athens, Greece, May 9-16, 2005 (Geneva: WCC Publications, 2008), 77, 화해와 치유의 여섯 가지 측면으로 제시한 것을 따라 신학적 성찰을 해보았다.

는 이러한 침묵을 깨뜨려야 하며, 과거의 진실이 드러나야 한다. 억압적인 정권에서는 과거의 진실이 조직적으로 왜곡된다. 화해라는 단어가 잘못 사용될 때도 있다. 가해자들이 자신의 악행을 피해자들이 잊어야 한다는 의미로 화해를 요구할 때다. 가해자들이 속히 화해하자고 피해자들에게 제안할 때도 마찬가지다. 피해자들의 요구는 제대로 다뤄지지도 못하게 되기 때문이다. 피해자들이 기독교인이면 속히 화해하지 못한 데 대해 죄의식을 갖게 하려고 가해자들이 화해를 서두르기도 한다. 인종차별을 국가정책으로 지속해왔던 남아프리카공화국에서 인종차별이 철폐된 이후 추진된 '진실과 화해위원회'는 과거의 진실을 세우는 것이 얼마나 어려운지 그리고 과거의 진실이 화해와 치유에 얼마나 중요한지를 강조했다.[9]

2) 기억

기억은 과거의 진실과 긴밀하게 연결되어 있다. 그렇지만 현대사회는 다양한 방식으로 기억을 부인한다.[10] 현대인들은 종교를 통해 권태와 두려움, 스트레스 등을 극복하고 행복과 기쁨, 사랑 등을 얻기를 희망한다. 종교에 대한 개인주의적 조화의 추구 이면에는 정치로부터의 도피, 과학적 · 합리적 사고의 포기 그리고 전통에 대

---

9 위의 글, 77-78.

10 Hanspeter Heinz, "The Celebration of the Sacraments and the Teaching of the Commandments in the Age of Religious Consumerism, or History and Memory in Christian Communities since the Second Vatican Council", in Michael A. Signer (ed.), *Memory and History in Christianity and Judaism* (Notre Dame, University of Notre Dame Press, 2001), 148-149.

한 흥미 상실 등 종교적 소비주의라고 불리는 것이 있다. 이것은 신앙공동체의 결속을 느슨하게 만들고, 이국적이며 비기독교적인 개념들과 기독교 신조를 혼합하기도 한다.

근본주의자들도 기억을 부인한다. 근본주의의 특징은 분명한 답변, 절대 진리 옹호, 선교적 열정이다. 근본주의자들은 역사의 특정 국면을 절대 진리로 주장하기 때문에 그들 나름대로 '기억의 말살'(extinctio memoriae)을 추진한다. 기억의 말살은 불가피하게 교회 정체성에 위기를 초래한다. 교회 정체성의 문제는 교회공동체, 교회 신앙, 교회론적 권위의 삼중적 위기에서 보인다. 주일 예배 참석자가 심각하게 줄어들면서 교회는 인간의 삶의 제한된 영역에 대해서만 영향을 끼치게 된다. 교회의 권위가 현대인들에게 인정받지 못하고 오히려 교회가 현대사회의 시장 정신에 적응하라는 압력을 받고 있다. 이는 교회의 권위를 안으로부터 부식시키는 결과를 초래한다. 우리는 '기억의 말살'을 과거에 대한 향수 때문이 아니라 우리 개인과 공동체의 정체성을 위해서 반드시 경계해야 한다.11

메츠(Johann Baptist Metz)는 이성, 자유, 자율이라는 계몽주의의 원리와 자본주의 사회에서 부상한 중간계급 사이의 수렴이라는 기독교의 사회역사적 상황으로부터 계몽주의를 재검토하려 했다. 기독교 신앙을 신비주의와 정치의 실천으로 이해한 메츠는 중간계급의 기독교에 대해 다음과 같이 비판했다.12 계몽주의에 의해 초

---

11 위의 글, 150-154.

12 Bruce T. Morill, *Anamnesis As Dangerous Memory: Political and Liturgical Theology*

래된 가장 심각한 위기를 기독교의 사유화라고 본 그는 기억의 상실, 죽은 자를 기억하는 전통의 상실을 주요 위기로 지적했다. 기억은 비판적 의식의 내적 요소가 되기 때문이다. 그리고 이성의 위기다. 칸트의 계몽 개념은 폭군적 형태의 형이상학을 무너뜨렸다. 그런데 계몽주의 프로그램은 가난한 자들의 삶의 향상을 다루지 않는다. 새로운 엘리트의 관심사는 시장의 이익으로 기술적 이성은 모든 것을 시장과 이익에 부합하느냐 여부로 환원시킨다. 메츠는 역사의 참된 주체를 희생자로 제시했다. 기억은 인간 구원, 사회 구원, 종교적 정체성의 범주다. 위험한 기억은 인간 주체, 역사와 종교의 구원의 가능성을 담보한다. 그는 기억의 종류로 죽은 자, 고난 받는 자, 종말론적 희망, 예수 그리스도의 고난과 부활을 제시한다.[13]

3) 회개

갈등의 상황에서 화해가 이뤄지기 전에 먼저 회개가 요구된다. 증오나 소외를 초래한 개인적 또는 집단적 잔혹행위가 일어났기 때문에 죄를 지은 자들이 회개하지 않는 한 화해는 이뤄질 수 없다. 예수가 하나님 나라를 선포했을 때 회개의 요청을 동반했다(막 1:15). 참된 회개는 위협이나 두려움의 결과가 아니라 죄를 깨닫고 용서에 근거한 새롭게 화해된 관계에 대한 희망으로부터 온다(행 2:38).[14]

---

in Dialogue (Minnesota, A Pueblo Book, 2000), 20-26.

13 Flora A. Keshgegian, *Redeeming Memories: A Theology of Healing and Transfor-mation* (Nashville: Abingdon Press, 2000), 135-137.

4) 정의

정의는 화해 작업의 핵심이다. 세 가지 종류의 정의가 필요하다. 첫째, 잘못을 행한 자가 자기 행동에 대해 대가를 치르는 인과응보다. 이는 과거의 잘못을 인정하고, 미래에 그러한 잘못이 용납되지 않음을 천명하는 것이다. 인과응보는 법적으로 구성된 정부의 책무이다. 둘째, 피해자가 부당하게 빼앗긴 것을 직접 또는 상징적 방식(배상 또는 보상)으로 회복하는 회복적 정의다. 누가복음에서 예수를 만났던 삭개오 이야기는 그리스도를 만난 데서 비롯된 참된 회개가 철두철미한 배상의 형태로 나아갔음을 보여준다. 가해자나 피해자가 사망했을 때에는 공적으로 기념 행위를 통해 화해가 이뤄질 수 있다. 셋째, 사회제도가 개혁되어 과거의 불의가 미래에 일어나지 못하도록 방지함으로써 성취되는 구조적 정의다. 경제적 정의를 성취하기 위해서는 전 지구적 무역법과 무역의 메커니즘이 개혁되어야 한다. 성차별, 인종차별은 구조의 개혁을 필요로 한다.[15]

5) 용서

교회사에 나타난 용서에 대한 왜곡은 용서를 교회정치 권력의 도구로 남용한 것, 용서를 사유화하고 수직적 차원만 강조한 것 그리고 희생자들보다 가해자에 관심이 집중된 것을 들 수 있다.[16] 도

---

14 WCC CWME, "Mission as Ministry of Reconciliation", 79.
15 위의 글, 79.
16 Geiko Müller-Fahrenholz, *The Art of Forgiveness: Theological Reflections on Healing*

널드 쉬라이버는 중세 천 년 동안(500~1500년) 용서가 성례전의 포로(Sacramental captivity of forgiveness)가 되었음을 비판했다.17 그러나 현대문화 안에도 성서적 용서와 화해를 왜곡하는 것이 있다. 그레고리 존스는 서구 현대문화를 대표하는 인물로 경영인, 유능한 운동선수 그리고 치료사를 들었다. 이 가운데 치료사는 기독교의 용서를 개인주의적, 사적인 영역으로, 개인 간의 문제로 환원시켰다고 비판한다. 그리고 이런 경향이 목회상담 안에도 들어와 죄의 문제를 회피하고 인간 스스로에 의한 인간의 치료(치료적 용서)와 구원이라는 논의를 전개하고 있다고 비판한다. 이에 대한 대안으로 그는 종말론적 하나님 나라와 관련된 치유와 용서를 제시한다.18

6) 사랑

기독교의 가장 중요한 특징은 사랑이다. 하나님의 형상대로 지음 받고 세례를 통해 재창조된 인간에게 성령을 통해 하나님의 사랑이 부어졌다(롬 5:5; 갈 5:22). 이 때문에 원수를 사랑하라는 계명은 성취되기가 불가능한 계명이 아니다. 원수 사랑은 하나님의 선물이며, 인간은 그리스도와 일치를 통해 거룩한 삶으로, 그의 존재

---

and Reconciliation (Geneva: WCC Publications, 1997), 9-15.

17 Donald W. Shriver Jr., *An Ethic for Enemies: Forgiveness in Politics* (New York, Oxford: Oxford University Press, 1995), 49-52.

18 L. Gregory Jones, *Embodying Forgiveness: A Theological Analysis* (Grand Rapids, Michigan: William B. Eerdmans Publishing Company, 1995), 35-69.

와 생각에 기여하게 된다. 사랑은 화해의 참된 징표로 화해의 전 과
정을 포함한다.[19]

2.평화에 대한 신학적 성찰

부시가 제시했던 '악의 축'에 대해 미국 기독교교회협의회 사무
총장인 밥 에드거는 악의 축을 만연한 가난, 환경 파괴와 대량살상
무기라고 했다. 아리아라자는 폭력과 전쟁의 시대에 평화의 축을
정의, 화해, 비폭력으로 제시했다.[20]

1) 정의: 평화의 조건[21]

성서에서 정의는 개인적 관계와 사회적 관계를 수립하는 다음의
세 가지 차원과 관련 있다. 첫째 개인적, 사회적 관계를 규정하는
권력의 사용, 분배와 접근, 둘째 인간 존엄성의 보호와 유지, 셋째
소외된 사람들에 대한 우리의 접근방식이다. 권력이 남용되고, 인
간 존엄성이 짓밟히고, 사회적으로 경제적으로 정치적으로 불이익
을 당하는 자들에게 식량이 제공되지 않는 사회는 정의가 있을 수
없다.

모든 인간관계는 불가피하게 권력의 차원을 지닌다. 권력이 인

---

19 WCC CWME, "Mission as Ministry of Reconciliation," 81.
20 S. Wesley Ariarajah, *Axis of Peace: Christian Faith in Times of Violence and War* (Geneva: WCC Publications, 2004), 112.
21 위의 책, 114-122.

간관계를 활성화하도록 사용되어야 하기 때문에 권력이 사용되는 방식의 문제는 인간 상호작용에서 매우 중요한 이슈다. 여기서 권력과 정의가 만난다. 권력행사는 개인의 관계뿐 아니라 지역사회와 국가의 관계도 규정한다. 불의한 관계는 권력의 남용에서 비롯된다. 개인적 관계에서 정의로운 관계는 법에 의해 강요될 수 없고, 개인에 의해 개발되어야 한다. 정의로운 개인관계를 함양하는 가치들은 개인에게 스며들어야 한다. 그런데 가치 주입을 통해 관계 형성에 영향을 끼치는 종교들이 폭력적 상황에 쉽게 협력하고 증오를 부추기는 데 종교적 감정이 이용되는 이유의 하나는 종교의 자기 정의나 교리 안에 이미 배타적, 비관용적, 반(反)관계적 태도가 있기 때문이다. 종교는 이론상 정의, 평화, 사랑을 선호하지만, 대부분 종교의 교리와 구조는 정의로운 관계의 영성을 증진하거나 함양하지 않는다. 종교뿐만 아니라 미디어도 관계를 형성하는 데 큰 영향을 미친다. 폭력이 오락과 게임 산업의 중심에 있는 사회는 폭력을 극복할 것으로 기대할 수 없다. 인종차별, 성차별, 카스트 제도, 다양한 소수자 차별과 같은 사회적 불의가 사회적 단계에서 일어나는 불의이다. 그런데 사회적 단계에서 나오는 불의한 관계들을 정당화하고 영속화하고 유지시키는 사회적 단체는 종교가 으뜸이다. 종교적 비전들은 대부분 위계적이고 가부장적이며, 권력의 불의한 분배를 정당화한다. 그러므로 다양한 현장에서 폭력을 극복하기 위해서는 권력 문제와 권력 영역에서 종교의 역할과 종교의 연루에 주목하지 않으면 안 된다.

참된 종교와 참된 정의는 모든 사람의 존엄성을 확정하는 것과 관련이 있어야 한다. 인간 존엄성을 보호하고 보존하지 않는 인간 조직 형태는 부패하고 불의하며 폭력적이다. 폭력은 증상만 다뤄서는 극복할 수 없다. 오직 그 근원을 치유해야만 극복할 수 있다. 이렇게 근본 원인을 치유하는 것은 정의를 세우는 것과 관련이 있다. 성서는 이 땅에 소외된 자들, 불이익을 당하는 자들이 항상 있을 것이라고 말한다. '평등한 기회'라는 신화와 원하기만 하면 모든 사람은 성공할 수 있다는 정서 때문에 사람들은 정의의 문제에 눈을 감는다. 반면에 성서는 소외된 자들, 가난한 자들의 편에 선다. 성서의 통찰력은 전체의 행복이 구성원들의 행복과 긴밀한 관련을 갖는다고 본다는 데 있다. 테러리즘이나 자살 폭탄 공격, 국내 갈등 등 오늘날 세계 곳곳에 만연한 폭력은 주변부에서 곪아터지는 것을 허용하는 것에서 비롯된다. 주변부에서 정의를 부정하는 폭력은 중심부에 대응폭력을 낳게 한다. 이것이 정의가 사회의 주변부에서 실현되기까지는 세계에서 진정한 평화는 있을 수 없는 이유이다.

2) 화해: 평화로 가는 길

화해가 평화로 가는 길이지만 이미 앞 절에서 화해에 대한 신학적 성찰을 했기 때문에 여기서는 생략하기로 한다. 다만 한국의 전통 속에 있는 화해/평화 이해로 동학 창시자 최제우의 "한울님 곧 하느님과 자연과 인간은 유기체적으로 관계하며 상생한다는(天地人 三才) 한국의 전통적 세계관을 비판적으로 계승하고 창조적으로 종합"[22] 한 것과 증산교의 창시자 강일순이 주장한 해원상생 사상 그리고 한을 풀어내기 전에 삭임 과정을 통해 한이 지닌 "공격성과 퇴영성은 초극되고, 우호성, 진취성이 이룩"[23]된 후에 풀어내는 과정이 향후 화해의 신학적 성찰에 도움이 될 것이다.

3) 비폭력: 평화를 위한 희망

국가를 방어하기 위해서 무기를 사용하거나 학살을 방지하기 위해서 무장 개입을 한다면 우리는 동일한 폭력으로 끝을 보게 될 것이며, 그러한 이유들은 폭력의 사용을 정당화할 수 없다. 오늘 우리에게는 전적인 비폭력만 유일한 참된 선택이다. 우리가 어떤 이유에서든 폭력을 '합리적으로' 사용하고, 폭력의 사용을 합리화하기만 하면 우리는 폭력에 빠져서 헤어날 수 없게 된다. 해방투쟁에 사용된 폭력에 대한 연구는 이와 관련된 위험을 보여준다. 폭력은 한번 방법으로 정당화되고 채택되면 그 한계를 설정하기가 어렵게 된다. 곧 자기 집단 안에서조차도 대의를 배반하거나 다르게 생각하는 사람들을 숙청하기 위해서 폭력을 사용할 수밖에 없게 된다. 폭력을 사용하게 되면 폭력을 사용하는 사람이나 조직의 성격이 변화된다. 즉 폭력은 암과 같아서 내부를 소리 없이 갉아먹는다. 우리가 학살을 방지하기 위해서 폭력을 사용하기로 결정할 때 우리는 하나의 잘못을 교정하기 위해 다른 잘못을 사용할 것을 강요받게 된다. 우리가 문제 해결을 위해 폭력에 의지하는 것은 그것이 겁쟁이의

---

22 정경호,『함께 부르는 생명평화의 노래: 생명평화신학을 향하여』(서울: 한들출판사, 2009), 99.

23 천이두,『한의 구조 연구』(서울: 문학과지성사, 1993), 236-237.

쉬운 선택이기 때문이다. 폭력은 하루아침에 극복되는 것이 아니며, 평화를 수단과 목적으로 확정하기 위해서는 작은 단계들을 통해야 한다. 우리는 폭력의 문화를 평화의 문화와 비폭력의 문화로 변형해야 한다. 정의는 평화가 부상하기 위해 요구되는 조건이다. 화해는 평화를 위한 길이다. 왜냐하면 평화는 현재 그리고 계속되는 여정에서 치유를 요구하기 때문이다. 비폭력을 선택하는 것은 궁극적으로는 평화에 이르는 유일한 기회이기 때문이다.24

WCC는 제2차 세계대전 직후 열린 창립총회에서 전쟁을 하나님의 뜻에 반하는 것이라고 선언했지만 교회의 실천과 관련해서는 합의에 이르지 못했다. 1970년대에는 WCC가 인종차별철폐 프로그램등을 통해 남아공의 인권단체를 지원하는 것과 관련해서 비폭력 문제를 놓고 격론을 벌였다. 유럽에서 활발히 전개되고 있던 평화운동을 배경으로 개최된 1983년 밴쿠버 총회는 핵무기에 의한 전쟁 억제 전략을 거부하고 핵무기 사용, 저장, 생산을 인류에 대한 죄로 선언했고, 대량살상무기를 사용하는 전쟁을 복음과 그리스도의 정신과 부합되지 않기 때문에 거부한다고 선언했다. 1990년 서울에서 열렸던 정의·평화·창조보전 대회는 전쟁의 금지와 비폭력 실천에 헌신하기로 다짐했다. 1994년 요하네스버그에서 열린 중앙위원회는 인종차별철폐 프로그램을 이어 폭력극복 프로그램을 실시하기로 결의했다. 전자를 WCC가 주도했다면 후자에 대해서 WCC는 동기를 부여하는 자가 되고자 했다. 후자의 시대적 배경은 냉전 종식 이후 폭력의 양태가 전통적 전쟁과는 전혀 달라진 시대

---

24 S. Wesley Ariarajah, *Axis of Peace*, 133-137.

이다. 또 WCC는 다양한 형태의 폭력에 교회가 연루되어 있음을 깨달았다. 그래서 비폭력에 초점을 둔 것이 아니라 폭력을 극복하는 것으로 정했다. 그리고 폭력 극복 프로그램은 폭력 극복이 교회에서 10년 후에 성취될 수 있는 것이 아니라 의식의 변화, 정신의 변화가 일어날 것을 목적으로 한다.[25] 이는 WCC 회원교회 중에는 비폭력을 지향하는 교회도 많지만 폭력을 갈등 해결의 불가피한 선택으로 여기는 교회도 많다는 현실을 반영한다.

4) 정의로운 평화

WCC는 "폭력극복10년 2001~2010: 화해와 평화를 추구하는 교회" 활동과정에서 얻은 여러 통찰에 근거해서 2010년 킹스턴에서 "하나님께 영광을, 땅에는 평화를"이라는 주제로 열린 국제 에큐메니칼 평화대회에서 "정의로운 평화를 향한 에큐메니칼 부르심"이라는 문서를 채택했다.[26] 이 문서에 나타난 정의로운 평화는 윤리적 실천에서 근본적 패러다임의 전환을 보여준다. 정의로운 전쟁이나 평화주의의 대안으로서 정의로운 평화가 제시되었다.[27] 정의와 평화는 서로 뗄 수 없는 짝이다. 정의와 평화는 인간 사회에서, 우리를 지구와 역동적으로 연결하는 데서, 피조물의 보존과 행복에

---

25 Konrad Raiser, "Remarks to the Bienenberg Consultation", in Fernando Enns, Scott Holland & Ann Riggs (eds.), *Seeking Cultures of Peace: A Peace Church Conversation* (Geneva, Scottdale: WCC Publications, Herald Press, 2004), 20- 25.
26 WCC, "An Ecumenical Call to Just Peace", in WCC, *Just Peace Companion: Guide our feet into the way of peace (Luke 1:79)* (Geneva: WCC Publications, 2011), 1-13.
27 위의 글, 84-95.

있어서 올바르고 지속가능한 관계를 가리킨다. 불의와 가난, 질병, 무력 갈등, 폭력과 전쟁 등이 인간과 사회와 지구의 몸과 영혼에 상처를 낼 때 평화는 상실된다. 이런 상황은 하나님의 평화를 향한 부르심에 인간이 응답하는 데 실패한 것을 보여준다. 하나님의 평화 위에 세워진 신앙공동체만이 가정과 교회, 사회에서 그리고 전 지구적 수준의 정치적, 사회적, 경제적 구조 안에서 화해와 정의로운 평화의 대행자가 될 수 있다(para. 3, 5, 6, 7).

정의로운 평화는 우리 삶으로 증거하도록 우리를 초대한다. 평화를 추구하기 위해 우리는 인종, 카스트, 젠더, 성적 지향, 문화와 종교 등의 차이로 인한 폭력, 개인적 폭력, 구조적 폭력, 미디어에 의한 폭력을 제거하고 방지해야 한다. 정의로운 평화를 실천하는 길의 중심에는 비폭력 저항이 있다. 비폭력 전략은 시민불복종과 불응의 행위를 포함할 수 있다(para. 8, 9, 11).

정의로운 평화는 인류와 피조물을 향한 하나님의 목적으로 나아가는 여정이다. 이 여정이 어려운 것은 우리가 종종 자신을 속이며 폭력에 우리가 연루된다는 것을 깨닫기 때문이다. 그래서 이 여정은 우리의 잘못을 고백하고, 용서를 주고받으며, 화해를 이루는 것을 배우는 데서 출발한다. 원수와 화해하고 깨어진 관계를 회복하는 것은 꼭 필요한 목표이지만 오랜 시간이 걸리는, 피해자와 가해자 모두 변형되는 과정이다. 타자는 이방인이나 적대자가 아니라 정의로운 평화라는 여정을 함께 걷는 동료 인간이다(para. 12, 13, 14, 20).

갈등을 변형시키는 것이 평화 만들기의 핵심이다. 갈등을 변형시키는 과정은 폭력을 폭로하고 감춰진 갈등을 드러내는 데서 시작한다. 갈등의 변형은 적대자에게 갈등하는 이익을 공동의 선으로 방향을 돌리도록 하는 것을 목표로 한다. 극단적 상황에서 치명적 위협에 놓인 약자들을 보호하기 위해서 불가피하게 사용되는 무력에 대해서도 심각한 실패의 상징이요, 정의로운 평화의 길에 장애물로 여긴다. 인간 존엄성과 인권에 대한 인식은 정의로운 평화 이해에 핵심적이다. 자연세계에 대한 착취와 유한한 자원을 오용하는 것은 다수의 희생 위에 소수가 이익을 취하는 형태의 폭력이다. 정의로운 평화의 비전은 공동체 안에서 올바른 관계를 회복하는 것을 넘어서 인간으로 하여금 지구를 우리의 가정으로 돌볼 것을 요청한다. 우리는 이웃종교인들과 협력하여 평화의 문화를 수립하기 위해 헌신해야 한다. 우리는 평화를 만드는 데 여성의 기여와 가치를 인정한다. 우리는 종교 지도자들이 이기적 목적으로 자신의 권력을 남용하거나 문화적·종교적 유형의 폭력과 억압에 기여한 것에 대해서 개탄한다. 우리는 공격적 수사와 가르침이 종교의 가면을 쓰고 전파되거나 미디어를 통해 확장되는 데 대해 염려한다. 정의로운 평화는 화해, 용납, 사랑의 공동체를 세우는 데 헌신하도록 한다. 평화교육은 평화 활동의 전략을 가르치는 것을 넘어서 인격, 가정, 교회, 사회를 영적으로 형성하는 근원적 활동에 기여한다. 평화교육은 평화의 정신을 함양하고, 인권을 존중하게 하며, 폭력에 대한 대안을 받아들이도록 한다(para. 21, 22, 25, 26, 27, 28, 29).

세계화로 인해 전 지구적 폭력과 인권 침해가 난무하는 속에서 평화가 이뤄져야 할 곳은 지역사회, 지구, 시장, 사람들 사이이다.

교회는 평화의 문화를 세우는 자가 된다. 평화의 문화는 교회와 이웃 신앙공동체로 하여금 미디어 오락, 게임, 음악 등에 만연한 폭력과 구조적·습관적 폭력에 도전할 것을 요구한다. 인간이, 특히 여성과 어린이가 성폭력으로부터 안전하고 무력 갈등으로부터 보호받을 때, 무기가 금지되고 제거될 때, 가정폭력이 다뤄지고 멈출 때 평화의 문화가 실현된다. 교회가 평화를 세우는 자가 되려면 교회 내 폭력에 대한 침묵의 문화를 깨뜨려야 하며, 지역사회 안에서 일어나는 폭력을 극복해야 한다(para. 30, 31, 32).

인간의 삶의 형태의 결과인 기후변화는 정의로운 평화에 대한 전 지구적 위협이 된다. 지구온난화, 해수면 상승, 빈발하며 심각해지는 가뭄과 홍수는 세상에서 가장 취약한 사람들에게 해를 끼친다. 하나님의 소중한 선물인 피조물을 돌보고 생태학적 정의를 추구하는 것이 정의로운 평화의 핵심 원리들이다. 생태적인 교회들과 녹색교회들이 지역에서 더 필요하다. 지구가 좀 더 살 만한 곳이 되도록 정부와 기업을 통제할 국제조약을 제정하고 실행하기 위해 에큐메니칼 옹호가 필요하다(para. 33~35).

사회경제적 격차가 한 국가 안에서, 국가들 사이에서 점차 확대되는 것은 시장지향적 경제자유화 정책의 효율성에 대해 심각한 의문을 제기하며 경제성장을 사회의 최우선 목표로 삼는 데 대해 도전하게 한다. 이러한 불일치는 정의와 사회통합과 공공선에 심각한 도전이다. 과소비와 빈곤은 모두 폭력이다. 시장의 평화는 '생명의 경제'를 만듦으로써 양성된다. 생명의 경제의 기초는 평등한 사회경제적 관계, 노동자의 권리 존중, 자원의 정의로운 분배와 지속가

능한 사용, 모두를 위한 건강하고 알맞은 식량, 경제적 의사결정 과
정에 대중의 참여 등이다. 교회는 지속가능한 생산과 소비, 재분배
의 확대, 정당한 세금, 공정한 무역, 깨끗한 물과 공기와 다른 공공
재의 보편적 제공을 위한 대안적 경제정책을 증진시켜야 한다. 구
조와 정책에 대한 규제들은 금융을 경제적 생산뿐 아니라 인간의
필요와 생태학적 지속성과도 연결해야 한다. 모든 사람에게 충분한
식량과 숙소, 교육과 보건을 제공하고, 기후변화에 대처하기 위해
서는 군비 지출을 상당 부분 줄이도록 해야 한다. 인간 안보와 생태
안보가 국가 안보보다 더 경제적 우선순위가 되어야 한다(para.
36~38).

인류 역사는 평화 추구와 갈등의 전환, 법치 등 도덕적 가치를
추구한 것도 보여주지만 그 정반대의 가치인 외국인 혐오, 공동체
내 폭력, 증오 범죄, 전쟁 범죄, 노예제, 인종 학살 등으로 오염된
것도 보여준다. 핵으로 인한 대량살상과 기후변화로 인한 인간 생
명에 대한 위협은 정의로운 평화를 위한 전망과 엄청난 생명을 파
괴할 수 있다. 두 가지 위협 모두 창조물에 내재한 에너지를 폭력적
으로 남용한 것이다. 교회는 국가 간 상호책임과 갈등 해결을 위한
조약뿐 아니라 국제인권법의 강화를 위해 활동해야 한다. 교회는
전쟁을 방지하고 무기를 제거하기 위해서 이웃종교인들과 협력하
고 신뢰를 증진해야 한다(para. 39~41).

5) 희년과 경제정의: AGAPE

1994년 WCC는 폭력극복 프로그램을 시작했는데 정의, 평화, 창조 보전(JPIC)은 이 프로그램에 사고의 틀을 제공했다. 도시농어촌선교(URM)는 중산층 교회에 큰 도전이 된다. 교회는 점증하는 경제적 불의가 지구화와 현 세계의 금융체제에서 유래한다는 것을 인식하고, 그것이 노동의 권리와 지속가능한 생태계에 주는 영향을 고려해야 한다. 또 인종 청소나 대학살에 대해 교회들은 지역적, 국가적, 지구적 차원에서 강력하게 대응해야 한다. 무력 갈등과 폭력에 대한 교회의 대응은 정의로운 평화 만들기, 갈등의 전환과 화해를 포함해야 한다. 교회의 개입은 특정한 상황에 적절해야 하며, 옹호, 예언자적 발언과 명상을 연합한 역할이어야 한다.[28]

지구화의 비전은 그리스도인들의 인류의 일치와 하나님의 세계에 헌신하는 비전과 경쟁한다. 그리스도인들은 자신을 지구화의 비전에 종속시켜서는 안 되고, 다양성 안에서 가시적 일치, 신앙과 연대를 향한 대안적 비전을 강화시키도록 해야 한다. 그리스도인들은 전 지구적 차원에서의 일방적인 경제적·문화적 지배라는 지구화의 논리에 저항해야 한다. 그리스도인들은 초국적기업들과 다양한 경제기구들의 행동에 대안적 반응을 형성하고, 외채를 탕감하며, 토빈세를 포함한 대안적 금융체제를 만들고, 지구화로 인한 실직과 노동조건의 악화를 개선하고, 지역경제를 세우고, 소비패턴과 생

---

28 Diane Kessler (ed.), *Together on the Way* (Geneva: WCC Publications, 1999), 56, 133, 139.

활양식을 바꾸며, 교회의 부동산 보유, 재정, 금융 방식을 재고해야한다. 한 마디로 경제를 신앙의 문제로 보아야 한다.[29]

안병무는 희년의 절실성을 깨달은 것은 포로기로 자기 땅을 빼앗긴 후에야 남의 땅을 빼앗았던 과거를 반성하게 되었다고 보았다. 희년을 십계명과 긴밀한 관계에서 보아야 하며, 땅을 하나님의 것으로, 토지공개념을 신학적으로 보아야 한다. 그런데 안병무는 희년의 한계는 유대인의 기득권을 인정하고, 민족의 범위 내에서 이뤄졌고, 희년의 실현에 대해 백성들의 광범위한 동의를 얻지 못한 데 있다고 보았다. 그러나 예수가 선포한 하나님 나라는 희년을 넘어선다고 했다. 산상설교는 기득권 포기를 넘어서서 원수를 사랑하고 가해자를 위해 기도함으로써 기존 체제의 와해를 대망하는 것이다.[30]

WCC 제9차 총회는 아가페(Alternative Globalization Addressing People and Earth, 민중과 지구를 중심에 두는 대안적 세계화) 문서를 채택했다. 아가페는 연대의 경제와 지속가능한 공동체를 발전시킴으로써 가난과 불평등을 근절하고 국제무역에서 정의를 수립하며, 전 지구적 재정시장을 규제하고 무제한적인 채무를 탕감하며, 토지와 자연자원을 지속가능하게 사용하고 공공재와 공공 서비스의 사유화에 반대하며, 토지개혁과 생명농업을 지지하고 노동자들의 품위 있는 일자리와 정당한 임금을 옹호하며, 성서적·신학적 관점에

---

29 위의 책, 183-184.
30 안병무, "성서의 희년사상, 그 가능성과 한계," 채수일 편, 『희년신학과 통일희년운동』(서울: 한국신학연구소, 1995), 18-42.

서 권력과 제국의 문제를 성찰하는 데 헌신할 것을 우리에게 요구한다.[31]

IV. 한국교회 평화선교의 과제

필자는 한국교회 평화선교의 과제로 전쟁 기억 치유를 통한 민족의 화해, 한국전쟁 전후 민간인 학살 진상규명, 일제의 왜곡된 역사 극복과 올바른 한일관계 정립, 베트남 민간인 학살에 대한 진상규명과 사과, 희년운동/평화를 이루는 교회 10년 운동, 군축과 평화체제 구축, 민족 코이노니아와 하나님의 경제 수립, 평화운동과 평화의 사도 훈련, 평화교육, 아시아 교회/민간단체와 함께 하는 교회의 날, 비무장 지대를 생태공원/생태지대로 만들기 등을 제시한 바 있다.[32] 이 장에서는 이 내용을 보완하거나 추가해야 할 내용만 다루기로 한다.

모잠비크 출신의 난민 25,000명을 스와질란드에서 5년간 돌본 메리 홀소플은 난민에게 제공되었던 자원들을 난민 상황을 연출한 전쟁을 막는 데 사용할 수는 없는가 하는 질문을 던졌다. 그녀는 부자 국가들이 난민들에게 엄청난 지원을 하지만 전쟁을 막기 위한

---

31 Luis N. Rivera Pagán (ed.), *God, in your grace... Official Report of the Ninth Assem- bly of the World Council of Churches* (Geneva: WCC Publications, 2007), 218- 223; 세계교회협의회 지음/김승환 옮김, 『경제세계화와 아가페(AGAPE) 운동』(서울: 한국기독교교회협의회, 한국기독교생명농업포럼, 2007).
32 황홍렬, 『한반도에서 평화선교의 길과 신학: 화해로써의 선교』(서울: 예영 B&P, 2008), 299-309.

지원은 무척 제한적인 것을 알게 되었다. 이것은 마치 서로 전쟁을 해서 죽고 다치고 난 후 난민이 생기면 우리가 도울 수 있지만 전쟁을 막기 위해 학교를 세우고 병원을 세우는 데에 지원할 만한 자원이 없다는 메시지처럼 들린다고 했다. 우리가 원하기만 하면 가난의 심각성을 줄이고 갈등이 전쟁으로 비화하기 전에 갈등을 약화할 수 있다고 그녀는 확신했다. 평화를 위해 지역사회를 개발하고 공공 보건에 초점을 맞추는 것이 필요했다.[33]

1. 비폭력 대화

로젠버그는 우리의 대화가 도덕주의적 판단, 비교하기, 책임을 부정하기 등으로 인해 대화 참여자들이 소통하지 못함으로써 폭력적이 되고, 인간관계가 깨져 사회적 갈등을 심화하는 결과를 초래한다고 생각하고, 대안으로 비폭력 대화를 제시했다. 비폭력 대화는 우리 마음 안에 폭력이 가라앉고 인간 본성인 연민의 상태로 대화를 하는 것으로, 상대방에 대한 비판이나 상대방 언행에 대한 분석이 아니라 상대의 언행에 대한 관찰, 그에 대한 나의 느낌 그리고 내가 무엇을 원하는지 그 요구를 명확히 알고, 그것을 상대방에게 구체적으로 부탁하는 것으로 구성된다. 그는 우리의 대화에서 나오는 비판이나 분석을 사회 지배층이 다수를 지배하기 위해서 심어놓은 교육이나 사고방식에서 비롯된 것으로 여긴다. 비폭력 대화가

---

33 Mary Yoder Holsopple, Ruth E. Krall and Sharon Weaver Pittman, *Building Peace: Overcoming Violence in Communities* (Geneva: WCC Publications, 2004), 5, 7.

가능하려면 사회의 지배 엘리트가 제시하는 규정을 따르지 말고, 자신의 느낌이나 요구를 분명하게 제시해야 한다. 그는 지난 30년 동안 비폭력 대화방식을 갈등하는 개인관계뿐만 아니라 갈등하는 사회나 단체 사이에 적용해서 좋은 효과를 보았다.[34] 이러한 비폭력 대화를 가정이나 교회에서, 직장이나 사회에서 그리고 갈등 관계에 있는 당사자들 사이에서 사용한다면 갈등의 양이나 질이 줄어들 뿐 아니라 인간관계와 사회관계에서 평화를 누리게 될 수 있을 것이다.

2. 평화를 위해 일하는 사람들: 주도권의 전환과 평화운동 8단계

정의와 평화를 위해 일하는 사람들을 양육하기 위해서는 우선 주도권의 전환에서 시작해야 한다. 글렌 스타센에 따르면 정의와 평화를 인간이 성취하는 것이 아니라 하나님께서 하신다는 하나님의 주도권으로 전환해야 한다. 둘째, 정의와 평화에 관한 이상이 아니라 그것을 실천할 수 있는 행동 모형에 관심을 가져야 한다. 셋째, 복음을 전 지구적인 안전(정의와 평화)을 향해 한 걸음씩 분쟁을 해결하는 방법과 제도로 전환해야 한다. 넷째, 정의운동/평화운동이 새로운 상황(냉전 종식) 속에서 새롭게 이해되어야 한다.[35] 그의 주

---

34 마셜 B. 로젠버그/캐서린 한 옮김, 『비폭력 대화: 일상에서 쓰는 평화의 언어, 삶의 언어』(서울: 바오출판사, 2004).
35 글렌 H. 스타센/신상길·김동선 옮김, 『평화의 일꾼』(서울: 한국장로교출판사, 2003), 15, 16, 30, 40.

도권의 전환은 성서적으로는 산상수훈36과 사도 바울의 평화의 복음37에 근거를 두고 있다.

평화를 위해서 일하는 사람들을 위해 스타센은 평화운동의 8단계를 제시했다.38 첫째, 우리 삶 속에 엉켜 있는 폭력과 죄의 악순환의 과정을 인식하고 구원의 길을 열어주는 하나님의 은혜를 인식하며, 하나님의 은혜와 사랑에 의해서 악순환이 평화로 전환되기를 간청한다. 둘째, 우리가 가해자, 적, 원수라고 여기는 사람과 대화하고 화해를 해야 한다. 셋째, 원수 갚듯이 저항하지 말고 오리를 가라면 십리를 가고, 겉옷을 달라고 하면 속옷을 주는 전환의 주도권을 행해야 한다. 이는 악순환에 종속됨을 거부하고, 하나님의 은혜의 구속에 참여하는 것이다. 넷째, 돈을 예배하는 삶에서 하나님의 통치와 하나님의 공의를 추구하는 삶으로 전환이 필요하다. 공의는 공동체를 회복하는 정의로서 법정과 시장(경제)을 통해 이뤄진다. 다섯째, 원수를 사랑하고 원수의 타당한 이익을 지켜주는 것이다. 하나님의 평화의 정치는 원수를 원수로 남아 있지 않게 하는 것이다. 이로써 원수를 제거하고 친구를 얻는 이중의 승리(마틴 루터 킹)를 하게 된다. 여섯째, 원수를 위해 꾸준히 기도하는 것이다. 기도는 하나님의 뜻에 우리를 맞추는 것이다. 일곱째, 판단하지 말고 회개하고 용서해야 한다. 평화운동을 위한 주도권의 전환은 상대방을 변화시키기 위함이 아니라 우리 자신의 회개와 용서를 위해

---

36 위의 책, 35-56.
37 위의 책, 57-62.
38 위의 책, 62-95.

일할 것을 요청한다. 여덟째, 평화운동을 교회 차원에서 실천해야
한다.

3. 평화교육: 평화 문화와 평화의 영성 함양

학교는 어린이와 학생들에게 우정을 맺는 기술, 갈등 해결책, 분
노 조절, 공감, 충동 통제, 서로의 차이를 축하하는 것 등을 가르쳐
야 한다. 유치원이나 어린이집은 나누고, 서로를 존중하며, 친절하
고, 집단에 적절하게 동참하는 방법에 대해 교육할 수 있다. 어린이
들은 인종, 연령, 장애, 종교, 경제적 상태 등이 다른 사람들의 현실
을 바르게 인식하고, 더불어 사는 교육을 받을수록 문화적 다양성
속에서 살 능력을 갖추게 된다. 학교에서 다른 학생들을 괴롭히는
학생들을 위한 프로그램은 방관자의 역할과 괴롭히는 행동에 대해
비폭력적으로 대응하는 방법을 다룬다. 학교는 정책과 활동의 우선
성을 사후처리보다는 예방에 두어야 한다. 존경받는 어른의 역할
모델이 중요하다. 어른들은 어린이나 청소년들 사이에 건전한 또래
관계를 형성하도록 격려해야 한다. 부모는 어린이들이 텔레비전,
비디오, 인터넷, 컴퓨터 게임 등을 통해 폭력에 노출되는 정도를 알
아야 한다. 부모가 학교교육과 협력하는 것이 필요하다.[39]
평화교육은 지역사회에서도 실시되어야 한다. 대중을 대상으로
학교가 평화교육을 제공한다. 지역사회에서 폭력을 줄이는 방법은

---

39 Mary Yoder Holsopple, et. al., *Building Peace: Overcoming Violence in Commu- nities*,
28-37.

언론 캠페인을 통해서도 가능하다. 평화교육을 위해서 참여하는 전문가들의 팀워크가 필요하며, 평화교육을 담당하는 자들에 대한 지속적인 재교육이 필요하다. 평화교육에 참여하는 단체와 개인들은 평화를 세우는 노력에 에너지와 자원을 우선적으로 집중하고 평등하게 집행되도록 교육부와 지방 교육청의 정책 변화를 위한 입법 활동을 위해서도 노력해야 한다.[40]

평화운동에서는 원수를 위해 기도하는 것이 중요하다. 기도가 평화운동에서 결정적으로 중요한 이유는 용서가 기도의 힘에 달려 있기 때문이다. 평화운동이 지속적으로 유지되고 사회에 영향을 끼치려면 평화운동에 참여하는 자들의 영성훈련에 대해 강조해야 한다. 존 디어는 간디의 비폭력 저항을 통한 인도의 변혁을 위한 그 일생이 "하루하루 자기 비움과 기도, 연구 그리고 커다란 희생을 치러야 하는 철저한 삶의 실험을 통해 느리고 고통스럽게 이루어진 과정"이라고 정리한다. 간디는 자신의 삶을 "진리와 비폭력은 오래된 것"으로 "이 둘을 할 수 있는 한 폭넓게 실험한 것이 내 삶의 전부였다"고 하면서 "지금껏 30년 동안 성취하려고 애써온 것은 자아실현(깨달음)이요, 얼굴과 얼굴을 맞대고 하느님을 봄이요, 모크샤(구원)에 도달함"이라고 했다. 그렇지만 그는 이런 노력의 한계를 다음과 같이 고백했다. "끊임없이 몸부림쳤지만 아직도 이 세 겹(생각과 말, 행동)의 정화가 내 안에서 이뤄지지 않았음을 나는 안다. 세상의 칭찬이 달갑지 않고 오히려 가시가 되어 찌르는 이유가 여

---

40 위의 책, 37-45. 평화교육의 좋은 사례에 대해서는 콜먼 맥카시/이철우 옮김, 『19년간의 평화수업』(서울: 책으로여는세상, 2007) 참조

기에 있다."[41] 도르테 죌레는 18세기 퀘이커 교도인 존 울먼을 통해
신비주의와 저항 사이에 밀접한 관계가 있음을 주장한다. 울먼이
노예제를 반대하고, 간소한 생활을 주장하고, 전쟁을 반대한 평화
운동의 바탕에는 신비주의적 경건이 있다고 말한다. 즉 그가 하나
님과 하나됨이 그를 사회변화를 위한 활동가로 이끌었다는 것이
다.[42]

4. 보건 영역: 폭력 희생자에 대한 돌봄과 폭력 예방 프로그램

세계보건기구가 권장하는 프로그램 중 개인과 관련해서는 폭력
적이거나 폭력적이 될 위험이 높은 개인, 폭력의 희생자, 가해자 치
유 프로그램, 가정과 관련한 관계 접근방식으로는 폭력에 노출될
위험이 높은 어린이의 부모훈련 프로그램, 반사회적 행동을 할 위
험이 높은 어린이들에 대한 멘토링 프로그램, 가족치유 프로그램,
갈등 조절을 포함한 인간관계 훈련 프로그램, 지역사회와 관련해서
는 전체 지역사회를 대상으로 하는 대중교육 캠페인, 안전을 위해
밤에 조명을 더 밝게 하고 어린이를 위한 운동장 확보, 폭력적 행동
의 위험이 높은 청소년들에게 방과후 활동, 다양한 폭력에 적절하
게 대응하기 위해 보건 관련 전문가들을 위한 훈련 프로그램, 병원

---

41 존 디어 엮음/이재길 옮김, 『내 삶이 내 메시지다: 한 권으로 만나는 간디 사상의 에센스』(서
울: 샨티, 2004), 11, 63, 65, 94.
42 Dorothee Soelle, "Mysticism and Resistance", in Robert Herr and Judy Zimmerman
Herr (eds.), *Transforming Violence: Linking Local and Global Peacemaking* (Scottdale:
Herald Press, 1998), 48-52.

과 보건소에 근무하는 전문인들을 위한 훈련 프로그램, 사회적 접근과 관련해서 사회적 불평등을 줄이고 가족을 지원하는 정책 변화, 인종차별 · 성차별 · 종교차별의 문화 바꾸기, 법의 변화, 군축 프로그램, 국제조약 변화 등이 있다. 대부분 보건 관련자들은 개인의 돌봄에 초점을 맞추고, 주로 폭력이 일으킨 문제를 다룬다. 더욱 중요한 것은 폭력에 대한 예방에 그들의 활동의 초점을 맞춰야 한다는 점이다.[43]

5. 평화 메시지 전달자로서 미디어

텔레비전이 보급된 도시나 국가에서는 놀이터에서 폭력 발생 빈도가 증가하고, 15년 후에는 살인 빈도가 두 배로 증가한다. 텔레비전이 보여주는 폭력이 직접 사람을 죽이는 것은 아니지만 우리의 폭력에 대한 면역체계를 파괴하고, 폭력으로부터 오는 즐거움을 추구하도록 우리를 길들인다. 텔레비전, 영화, 비디오 게임은 폭력 사용을 강화하고, 폭력이 정상화되는 분위기를 만들어낸다는 수많은 연구보고가 있다. 그러므로 지속적으로 미디어 폭력에 노출되면 어린이나 어른들은 폭력에 덜 민감해지고, 폭력을 살기 위해 필요하며 정상적인 방법으로 받아들이게 된다. 우리는 폭력의 이미지를 비판적으로 생각하고 그 효과를 경감하는 교육을 해야 하고, 폭력의 강력한 메시지를 해체해야 한다. TV의 어린이 프로그램이 폭력

---

43 Mary Yoder Holsopple, et. al., *Building Peace: Overcoming Violence in Communities*, 47-49.

보다는 선입견이나 편견을 변화시키고, 인간의 상호의존성, 다양한 문화전통에 대한 존중, 갈등에 대한 이해와 창조적 해결, 자신과 타자에 대한 존중, 관계 형성 등에 대해 제시하도록 해야 한다. 어린이와 가족에 대해 적절치 않은 방송에 대한 보이콧 운동, 미디어를 통한 평화 캠페인 실시, 지역사회의 다양한 집단과 함께 미디어의 변화 요청, 좋은 뉴스와 나쁜 뉴스 사이에 균형 갖추기, 사회적 기업 소개 및 비폭력적 프로그램 제작 등을 요구하며, 미디어에 대한 비판적 활동을 전개할 수 있다.[44]

6. 공적 영역에서의 평화선교

지역사회 복지를 다루는 공적 영역에 대한 접근방식은 지역사회에서 평화문화를 수립하는 데 성패를 좌우한다. 가정과 학교, 이웃에서 폭력을 줄이고, 평화를 수립하기 위해서는 반드시 공적 영역을 포함해야 한다. 지역사회는 매년 다문화 잔치를 통해 다양한 인종과 문화를 직접 접함으로써 문화적·인종적 다름을 수용하고, 서로 배우는 기회를 통해 평화교육을 할 수 있다. 경찰관들에게 갈등 해결과 분노 조절에 대한 교육을 실시할 수 있다. 그리고 지역사회에서 시민, 공적 영역 서비스 제공자, 사회봉사기관 사이에 광범위한 협력관계를 구축해야 한다. 풀뿌리 네트워크를 동원하기 위해 지도자를 발굴하고 강화하는 것은 대중의 변화를 위해 필요하다. 지역의 문제에 대해 자유롭게 의사를 표명하는 이웃 간 모임은 모

---

44 위의 책, 74-81.

든 주민에게 이익을 주는 사회정책을 수립하는 데 필요하다.[45] 국가정책은 예산과 밀접한 관련을 갖는다. 미국의 전직 장군들과 고위 장교들은 예정된 사업을 변경하지 않고도 국방성 예산을 15% 정도 줄일 수 있다는 데 동의한다. 중앙정부나 지방정부의 예산을 평화를 위해 사용하도록 함으로써 교도소가 넘쳐나는 대신에 어린이와 청소년들에게 평화교육을 실시하고, 건강과 복지를 위한 예산을 제대로 지원함으로써 범죄를 예방하고 폭력에 연루되는 기회를 줄이는 정책을 시행하도록 해야 한다.[46]

7. 갈등/분쟁 지역에서의 평화선교 전략

듀에인 프리즌은 교회가 평화를 만들기 위해 세상에서 해야 할 다섯 가지 차원의 행동을 제시한다.[47] 그는 전쟁을 유발하는 근본 원인 중 하나는 전쟁이 분쟁의 해결책이 되며, 이를 정당화하고 합법화하는 신념체계 때문이며, 교회 역시 이러한 불의한 구조들을 합법화하는 데 중요한 역할을 해왔다고 비판한다. 그렇지만 교회는 전쟁을 불법이라 규정하고, 정의로운 사회구조를 창조하기 위해 갈등을 비폭력적 형태로 해결하는 방법을 지지하도록 준비하는 역할을 함으로써 사회의 평화적 에토스를 형성하는 데 기여할 수 있다. 이러한 에토스는 먼저 가정과 학교, 언론 매체에 뿌리를 내려야 한다.

---

45 위의 책, 83-87.
46 위의 책, 88-93
47 듀에인 프리즌/박종금 옮김, 『정의와 비폭력으로 여는 평화: 국제갈등과 기독교적 실천』 (서울: 대장간, 2012), 285-305.

둘째, 교회는 사회에서 정의와 비폭력을 예시할 수 있다. 1950년대 미국 조지아 주의 클라렌스 조단의 코이노니아 농장은 흑인과 백인이 공동 노동과 공동생활을 통해 흑백 인종차별의 사회에서 대안적 삶의 방식을 사회에 제시했다.

셋째, 교회는 인간의 필요를 충족시키기 위한 제도를 조직화한다. 교회는 교육과 건강 증진 기관들, 재소자 사회복귀를 위한 프로그램, 농촌과 공동체 발전 프로젝트 등 평화와 정의를 가능케 하는 사회적 조건들을 조직하는 데 기여할 수 있다.

넷째, 교회는 공공정책을 만들거나 국가가 정책을 결정하는 데 영향을 미칠 수 있다. 교회가 직면한 딜레마는 한 국가 안에서 행하는 선교가 위기에 봉착하지 않으면서 억압받는 사람들과 가난한 자의 주장을 얼마나 옹호할 수 있는가 하는 것이다. 자원봉사단체를 통해 평화운동에 참여하는 것이 중요하다.

다섯째, 그리스도인들은 자신이 일하는 기관을 통해 평화와 정의를 증진하는 것이 필요하다. 교회는 소명의식을 갖고 평화에 접근해야 한다. 소명은 평화와 정의 같은 폭넓은 문제들과 관련된 사회적 목적을 포함한다. 평화의 일꾼은 지역적 차원에서 일하거나 국제적 차원에서 일할 수 있다.

글렌 스타센은 독일의 정치학자, 활동가, 교회 지도자들의 경험과 논거를 근거로 정의로운 평화운동의 일곱 가지 원칙을 제시한다.[48]

첫째, 공동의 안전을 확언하라. 우리와 적 사이의 평화와 정의의

---

48 위의 책, 102-120.

질서는 배제의 정치가 아니라 포괄의 정치에 바탕을 두어야 한다.

둘째, 독자적인 주도권을 취하라. 적대국 사이에 힘의 균형이론은 군비증강과 전쟁 위험을 증가시킨다. 상대방의 반응을 전환시키는 것을 목적으로 삼기 위해서는 독자적인 주도권이라는 새로운 전략이 필요하다. 독자적 주도권은 현실적 상호협상을 위해 군비축소를 일방적으로 진행하는 전략이다. 원수를 사랑한다는 것은 상대방이 먼저 첫발을 내딛는 것이 아니라 내가 먼저 시작하는 것을 요구한다.

셋째, 상대편과 대화하라. 분쟁을 해결할 방법을 사용하면서 협상할 방법을 모색한다. 정부에 협상을 택하도록 하기 위해 유엔의 역할을 강화하는 것이 필요하며, 대륙 규모의 안보협력기구를 통해 대화하도록 요청해야 한다.

넷째, 인권과 정의를 구하라. 인권 문제를 가볍게 여기는 것은 평화의 부재를 의미하기 때문에 약자를 위해 인권과 정의를 구해야 한다. 인권 박탈, 인종적인 민족주의, 경제적 파국은 폭력적 갈등이나 전쟁의 요인이 될 수 있다. 인권은 시민권, 경제권, 참정권을 포함하는 포괄적 개념이다.

다섯째, 악순환을 인식하고 평화운동의 과정에 참여하라. 우리와 적을 폭력이나 증오에 얽매는 악순환에 대한 인식과 평화운동에 참여할 필요성은 밀접하게 연결되어 있다.

여섯째, 도덕적 판단의 선전을 중지하고, 자신의 잘못을 인식하고 고백하라. 인식되지 않은 죄는 도덕적 죄일 뿐 아니라 화해의 강력한 장벽이기도 하다. 그러므로 정직한 인식은 도덕적으로 당당한 선택일 뿐 아니라 평화운동을 향한 본질적 단계이다. 동독 교회는 인종주의와 반유대주의, 복음의 이름으로 전쟁을 치른 것에 대해 회개했다.

일곱째, 진리를 위해 시민단체와 함께 일하라. 교회는 국가의 정책수립 과정에 정확한 정보와 목소리를 가진 시민단체에 참여해야 한다. 정부는 자신들의 이념을 정당화하고, 관료제도를 영속화하며, 군산복합체의 이익을 추구하는 데 열중한다. 교회와 시민단체들이 정부에 압력을 가하지 않으면 정부는 평화운동의 방향에 동참할 수 없다.

글렌 스타센이 제시한 주도권의 전환은 이론으로 그치는 것이 아니라 미국과 소련 사이에 미사일 철거에 실제적으로 적용되었다.[49] 아이젠하워 대통령 시절 오스트리아에서 소련이 철수한 것도 주도권의 전환에서 비롯되었다.[50] 이렇게 주도권의 전환을 현실 정치에, 국제관계에 실제로 적용하기 위해서는 정부가 독자적으로 주도권을 사용하도록 시민들과 교회가 압력을 행사하는 것이 필요하고, 지도자의 인식의 전환이 요구된다.

V. 나가는 말

한반도에서 남북의 화해와 평화통일을 위한 한국교회의 평화선

---

49 위의 책, 122-146.
50 위의 책, 86-87.

교의 과제에 대해 살펴보면서 얻은 중요한 점을 지적하는 것으로 결론을 대신하고자 한다.

첫째, 남북의 화해와 평화통일을 위한 평화선교의 과제는 포괄적으로 접근해야 한다. 과거 전쟁의 상처 치유를 통한 화해, 남북 간 다양한 교류와 협력, 평화교육, 경제교류 및 경제공동체 형성, 군축과 평화체제 구축, 핵무기 철폐 등을 함께 고려하는 포괄적 접근을 해야 한반도에서 남북 사이에 화해와 평화통일을 이룰 수 있다. 한반도의 화해와 평화통일에 대한 포괄적 접근은 평화를 이루기 위한 다양한 요소들을 함께 고려해야 하기 때문이지만 신학적으로는 샬롬이 세 가지 차원(하나님과 인간, 인간과 인간, 인간과 피조물)을 지니기 때문이다.

둘째, 포괄적 접근은 기독교 현실주의자들의 제안처럼 구체적인 현실을 고려하여 효과적인 방식들을 제시하는 것으로 보완되어야 한다. 평화에 대한 포괄적 접근은 자칫 실현이 어려운 이상적 구호들만 제시하는 것으로 비칠 수 있다. 그렇기 때문에 포괄적 접근으로 제시한 것들을 구체적 현실에서 실현 가능한 효과적인 방법으로 제시해야 한다. 평화선교는 주의 기도에 나타난 것처럼 하나님의 뜻(샬롬)을 이 땅에 이루도록 구체적 활동을 통해 전개되어야 한다.

셋째, WCC의 폭력극복운동 10년 과정에 나타났던 다양한 평화선교의 사례들과 신학 그리고 역사적 평화교회들(메노나이트, 퀘이커, 형제교회)로부터 비폭력 평화운동과 평화신학에 대해 배울 필요가 있다.

넷째, 평화선교는 교회 안과 지역사회에서의 평화교육을 통해 평화문화를 세우고, 평화의 영성을 함양하며, 교인들을, 특히 청년과 여성을 평화의 사도로 훈련시키는 것이 필요하다.

다섯째, 교회가 화해의 공동체, 치유공동체가 될 때, 주님의 평화를 거스른 죄를 회개할 때, 교회는 평화선교에 참여할 수 있다. 그 이전에 교회는 스스로 폭력이나 불의에 연루되거나 폭력이나 불의를 지지했던 잘못을 회개하고, 회개에 합당한 열매를 맺는 삶을 살 때 세상에서 샬롬을 예시할 수 있게 된다. 따라서 교회는 평화선교를 방해하는 교회적, 신학적 요소들에 대해 철저한 자기비판을 해야 한다.

참고문헌

안병무. "성서의 희년사상, 그 가능성과 한계." 채수일 편.『희년신학과 통일희년운동』. 서울: 한국신학연구소, 1995: 18-42.

정경호.『함께 부르는 생명평화의 노래: 생명평화 신학을 향하여』. 서울: 한들출판사, 2009.

천이두.『한의 구조 연구』. 서울: 문학과지성사, 1993.

황홍렬.『한반도에서 평화선교의 길과 신학: 화해로써의 선교』. 서울: 예영 B&P, 2008.

Ariaraiah, S. Wesley. *Axis of Peace: Christian Faith in Times of Violence and War*. Geneva: WCC Publications, 2004.

Dear, John. *Mohandas Gandhi: Essential Wrings*. 이재길 옮김.『내 삶이 내 메시지다: 한 권으로 만나는 간디 사상의 에센스』. 서울: 샨티, 2004.

Enns, Fernando. Holland, Scott & Riggs, Ann. (eds.) *Seeking Cultures of Peace: A Peace Church Conversation*. Geneva, Scottdale: WCC Publications, Herald Press, 2004.

Friesen, Duane K. *Christian Peacemaking & International Conflict: a realistpacifist perspective*. 박종금 옮김.『정의와 비폭력으로 여는 평화: 국제갈등과 기독교적 실천』. 서울: 대장간, 2012.

Holsopple, Mary Yoder & Ruth E. Krall & Sharon Weaver Pittman. *Building Peace: Overcoming Violence in Communities*. Geneva: WCC Publications, 2004.

Jones, L. Gregory. *Embodying Forgiveness: A Theological Analysis*. Grand Rapids, Michigan: William B. Eerdmans Publishing Company, 1995.

Keshgegian, Flora A. *Redeeming Memories: A Theology of Healing and Transformation*. Nashville: Abingdon Press, 2000.

Kessler, Diane. (ed.) *Together on the Way*. Geneva: WCC Publications, 1999.

McCarthy, Colman. *I'd Rather Teach Peace*. 이철우 옮김.『19년간의 평화수업』. 서울: 책으로여는 세상, 2007.

Matthey, Jacques. (ed.) *Come Holy Spirit, Heal and Reconcile!: Called in Christ to be Reconciling and Healing Communities*. Report of the WCC Conference on World Mission and Evangelism, Athens, Greece, May 9~16, 2005. Geneva:

WCC Publications, 2008.

Morill, Bruce T. *Anamnesis As Dangerous Memory: Political and Liturgical Theology in Dialogue*. Minnesota: A Pueblo Book, 2000.

Müller Fahrenholz, Geiko. *The Art of Forgiveness: Theological Reflections on Healing and Reconciliation*. Geneva: WCC Publications, 1997.

Rivera Pagán, Luis N.(ed.), *God, in your grace ⋯ Official Report of the Ninth Assembly of the World Council of Churches*. Geneva: WCC Publica- tions, 2007.

Rosenberg, Marshall B. *Nonviolent Communication: A Language of Life*. 캐서린 한 옮김. 『비폭력 대화: 일상에서 쓰는 평화의 언어, 삶의 언어』. 서울: 바오출판사, 2004.

Shriver Jr., Donald W. *An Ethic for Enemies: Forgiveness in Politics*. New York, Oxford: Oxford University Press, 1995.

Signer, Michael A. (ed.) *Memory and History in Christianity and Judaism*. Notre Dame: University of Notre Dame Press, 2001.

Soelle, Dorothee. "Mysticism and Resistance." in Robert Herr and Judy Zimmerman Herr. (eds.) *Transforming Violence: Linking Local and Global Peacemaking*. Scottdale: Herald Press, 1998: 48-52.

Stassen, Glen H. *Just Peacemaking*. 신상길 · 김동선 옮김. 『평화의 일꾼』. 서울: 한국장로교출판사, 2003.

WCC. *Alternative Globalization Addressing Peoples and Earth*. 김승환 옮김. 『경제세계화와 아가페(AGAPE) 운동』. 서울: 한국기독교교회협의회, 한국기독교생명농업포럼, 2007.

_____. *Just Peace Companion: Guide our feet into the way of peace(Luke 1:79)*. Geneva: WCC Publications, 2011.

세월호 이후의 신학

: 한국교회 어떻게 세월호와 함께 죽은 예수의 부활의 증인이 될 것인가?*

박 창 현
(감리교신학대학교, 선교신학)

I. 들어가는 말

나는 2014년 4월 16일 세월호 사건이 일어난 후에 한국교회 신
학은 그 사건이 일어나기 이전과 모두가 느낄 만큼 분명하게 달라

---

* 이 논문은 한국기독교학회 제45차 정기학술대회 발표 논문이다. 참조: 한국기독교학회, "세
월호 이후의 신학: 한국교회 어떻게 세월호와 함께 죽은 예수의 부활의 증인이 될 것인가?"
『종교개혁과 후마니타스(Humanitas): 기독교 "헬조선"시대에 희망을 줄 수 있는가?』, 한국
기독교학회 제45차 정기학술대회 발표논문집 제2권, 2016년 10월(소망수양관), 341-359.
그러나 이 논문은 본인이 2015년 20여 명의 신학자들과 함께 세월호 참사 이후의 한국교회의
신학이 어떠해야 하는가를 모색하며 썼던 다음의 글을 수정 보완 한 것임을 밝힌다: "세월호
이후의 신학: 맹골수도(孟骨水道)에서 죽은 예수의 부활을 준비하라", 세월호의 아픔을 함
께하는 이 땅의 신학자들 지음, 『남겨진 자들의 신학』(서울: 동연, 2015), 145-160. 그러므로
이 논문은 앞에서 언급했던 누구나 읽을 수 있는 형식의 글을 기초로 하여 학문적인 틀 속에서
재작업한 것이기에 꼭 필요하지 않으면 각주를 달지 않기로 하겠다. 이 논문은 한국기독교학
회 편, 「한국기독교신학논총」 제103집(2017), 345-372에 실린 글이다.

져야 한다는 절박한 생각으로 참사 1년 후인 2015년 4월에 20여 명의 신학자들과 함께 "맹골수도(孟骨水道)에서 죽은 예수의 부활을 준비하라"는 제목으로 이 글을 시작했었다.[1] 그러나 그 후 다시 1년이 훌쩍 지나버린 시점(2016. 7.)에서 다시 글을 진지하게 써야 하는 가장 큰 이유는 1년 전 염려했듯이 "사람들은 세월호 참사를 기억하지 않고 잊어가고 있다"는 것이다. 이 기억은 단순히 과거의 사건을 현재 생각해낸다는 의미만이 아니라, 그 과거가 현재의 삶에서 윤리적 도덕적 행동으로 나타나지 않는"사색하지 못한 기억"을 말하려 한다. 그래서 본인은 세월호 참사를 직접 목격한 증인으로서, 또 지금의 교회 신학에 책임을 느끼는 학자로서 이 글을 통하여 세월호 참사 이후에 잊혀가는 우리의 사건의 기억에 대한 문제를 제기하고, 우리가 어떻게 달라져야 교회가 속한 사회에 종교적인 기능을 다하게 되는가의 실제적인 질문에 신학적인 답을 시도해 보고자 한다. 이러한 시도는 신학이 세월호 참사를 겪으며 한국교회가 그간 자기의 몸집 부풀리기와 자기 살아가는 데 급급하여 교회의 존재 이유인 교회 밖의 사람들과 교회를 품고 있는 사회에 대하여 구체적인 고민을 해오지 못하고 있는 현실[2]에 동조해오고 있었음에 대한 자성이기도 하다.

　세월호 참사로 인하여 드러난 한국교회 신학의 문제를 본인은

---

1 참조. "세월호 이후의 신학: 맹골수도(孟骨水道)에서 죽은 예수의 부활을 준비하라", 세월호의 아픔을 함께하는 이 땅의 신학자들 지음, 『남겨진 자들의 신학』 (서울: 동연, 2015), 145-160, 145.

2 본인은 그간 여러 차례 한국교회의 선교적 문제를 선교신학이 교회 밖의 사람들과 사회에 관심을 가져야 함에도 불구하고 지나치게 교회 안에 이미 교인된 사람들에 치중되어 왔음의 문제를 지적해왔다.

다음과 같이 생각한다.

먼저는 한국교회는 이 사회에서 세월호와 같은 안전 불감증에 기인한 사고3가 일어날 수밖에 없는 사회의 징조를 깨닫는 예언자적 성찰을 하지 못했다. 서구의 사회들이 장기간에 걸쳐 여유를 가지고 경제 정치가 성장, 발전한 것과 달리, 우리는 세계가 놀랄 만큼 단기간 내에 압축 성장을 하였기에 서구사회보다도 더 많은 문제를 내포하고 있었지만 교회는 이러한 문제를 기독교적인 입장에서 분석하고 예언자적인 소리를 낼 능력을 갖추질 못해왔다. 신학은 사람과 생명, 환경을 경시하고 잘 사는 것에만 목표를 두고 돈과 물질 그리고 과학과 기술의 발달을 최고의 가치로 숭상하는 자본주의 사회에 대하여 분명한 경고를 하거나 목표 수정을 위한 회개를 선포한 징후가 없었고, 오히려 이러한 조류에 편승하여 어떻게 해서든 잘 먹고 잘 살아보자는 경쟁을 부추겨온 것이다. 그렇기에 "하나님의 나라를 건설하며 행복한 나라를 이 땅에 만들겠노라고 개신교 선교 130년을 헌신적으로 일해왔다"라고 주장하는 개신교 신학에 근거한 한국교회는 절대로 이러한 불행한 참사에 대한 책임에서 자유로울 수가 없다.

두 번째는 우리 신학은 이러한 국가적 재난에 대한 각 교단별 또는 개신교 전체를 하나로 묶는 대처방안(매뉴얼)이 준비되어 있지 못했다. 그렇기에 교회는 분명한 신학적 입장을 가지고 연합된 힘

---

3 지난 2년간 세월호 이후에도 기억할 만한 안전사고만 열거해도 많다. 경주 마우나리조트 체육관 붕괴사고, 분당 테크노밸리 환풍구 붕괴사고, 남양주 지하철 공사장 붕괴 사고, 지하철 2호선 구의역 스크린도어 정비노동자 사망사고 등.

으로 공동의 행동을 하기보다는 교인 개개인이나 개교회, 또는 그러한 개인들이 개교회가 연대하여 긴급히 새롭게 조직한 단체 등으로 간헐적이고 단기적인 행사로서 대처를 하였다. 세월호 이후에 대부분의 교회가 보여준 이러한 행동은 소수의 예외[4]를 제외하고는 이 일에 고통을 당하고 슬퍼하는 사람들에게 위로가 되고 힘이되어 이 나라가 이러한 불행을 극복하고 국민들이 함께 만들어갈 미래의 모델을 제공한다는 종교가 갖는 사회적인 순기능[5]을 인정받을 수 없었다. 오히려 몇몇의 볼썽사나운 목사들과 교회들[6]로 인하여 유족들에게 아픔을 가중시키는 모습을 연출하였다.

마지막으로 세 번째는 한국교회는 3년이 되어가는 현시점에서도 세월호로 인하여 생겨난 직접적인 피해자들과 또한 이사회가 겪는 충격에 대하여 "영적인 치유자"로서 인정을 받지 못하고 있다. 교회는 이 사회에 종교적 영향력을 인정받는 구체적인 행동으로 자

---

4 물론 안산명성교회 같이 연세대학교 상담 코칭 센터와 함께 마을을 위한 "힐링 0416 '쉼과 힘'"을 만들어 "온유의 뜰"이라는 세월호 기억의 공간을 만들거나 (권수영, "희생자의 암묵 기억: 그리스도의 트라우마에 동참하는 교회", 『남겨진 자들의 신학』, 101-116, 102-106), 박인환 목사가 세월호 가족 위로하는 '416희망목공방', 세월호 참사의 진상규명과 세월호가 인양되고 진실이 인양될 때까지 거리에서 피켓을 드는 사람들 모임인 "리멤버0416" (www.facebook.com/remember0416page) 등 자발적인 모범적 모임들이 있다.

5 종교의 기능적 정의는 종교의 본질을 개인이나 사회를 위하여 공통적으로 수행하는 어떤 기능에서 찾는다. 종교가 개인이나 사회에 어떤 기능을 수행하는가에 종교의 가치를 두는 것이다. 참조 최정만, 『비교종교학 개론』 (고양: 이레서원, 2002), 36-38.

6 보수 기독교의 연합체인 한국기독교총연합회(한기총) 부회장인 조광작 목사(하나님의 기적 오병이어교회)가 한기총 임원회의에서 "가난한 집 아이들이 수학여행을 경주 불국사로 가면 될 일이지, 왜 제주도로 배를 타고 가다 이런 사단이 빚어졌는지 모르겠다"고 하며 "박근혜 대통령이 눈물을 흘릴 때 함께 눈물 흘리지 않는 사람은 모두 다 백정"이라는 망언 (http://www.hani.co.kr/arti/politics/politics_general/638730.html)을 하기도 했고, 명성교회 김삼환 목사는 "하나님이 세월호 침몰시켜 기회 준 것"이란 망언을 쏟아내고 (오마이뉴스, 2014.05. 28), 그 외에도 사랑의 교회 오정현의 망언 등이 대표적이다.

신을 드러내지 못하고 있다. 지금까지 어려운 국가적 위기(일제 강점기, 한국전쟁 등) 때마다 거국적인 단결된 힘으로 교회의 존재를 가감 없이 보이며 국민들의 불안한 마음과 분노 그리고 죽음에 대한 두려움의 치유자로 자처하였던 지난날의 교회 역사7와 달리 세월호 이후 교회의 영적인 역할은 거의 드러난 것이 없다 하겠다.

이러한 한국교회와 신학은 이제 어떻게 변해야 하나? 그러므로 이 글은 이번 세월호 참사 사건을 계기로 우리가 지난 3년 가까이 행한 대처를 돌아보고 미래에 가능한 대안과 구체적인 행동의 신학적 근거를 제시함으로 이 땅에 교회가 아직도 소망이 될 수 있다는 단초를 만들어 보고자 한다.

II. 본론

1. 한국교회 무엇이 문제인가?

1) 한국교회는 우는 자들과 함께 울 줄은 알았다. 그러나…

우리 교회는 세월호 참사로 죽은 이들과 유족들과 함께 울기는 했지만 그러나 시간이 지나면서 모두 자기 삶의 자리로 돌아갔다.

---

7 참조 본인의 졸고, "선교적 교회론의 모델로서 한국 교회 초기 대 각성 운동(1903-1907년)", 감리교신학대학교, 「신학과세계」 74 (2012.6), 218-253; "한국 사회의 시대적 사건 속에서 본 개신교회의 성장과 그 원인", 감리교신학대학교, 「신학과세계」 45(2002.12), 348-384; "한국 교회의 '한풀이 목회'에 대한 마가 신학적 고찰", 한국선교신학회 「선교신학」 제4집 (2000년 10월), 257-276.

교회는 슬퍼하는 사람들과 함께 슬퍼하기는 했지만 그들의 문제를 우리의 문제로 인식하여 그들과 함께 이 사회를 바꾸고 변혁하여 우리 스스로가 변화의 주체가 되어 이 일을 감당하여 그들의 눈물을 닦아주는 일에 실패하였다. 왜 그랬을까? 어떻게 그러한 끔직한 사건을 생생한 이미지로 함께 목도하고 함께 울다가 조용히 아무 일도 없었던 듯 외면할 수 있었을까? 거기에는 그들과 함께 지속적으로 울며 함께 바라보아야 할 행동의 근거가 될 "신학하기"[8]가 없었다. 어떤 설명이 가능할까? 이러한 한국교회의 한계는 어디서 오는 걸까?

참혹한 전쟁의 이미지(사진)들을 대상으로 그것이 사회에 전하는 메시지와 이로 인한 대중들의 반응에 관하여 오랜 연구를 해온 수전 손택(Susan Sontag)은 『타인의 고통』(*Regarding the Pain of Others*)이라는 책[9]에서 "현대인들이 대하는 타인의 '고통'에 대한 잘못된 자세"[10]에 관하여 열거하는데, 그녀의 관점이 우리의 문제를 이해하는 데 도움을 주리라 생각한다.

현대인들은 종군기자들이나 이 시대의 참혹한 사건의 최전선에

---

8 이정배, "세월호 참사 以後 하느님 영(靈)을 말하는 법", 『남겨진 자들의 신학』, 15-29, 4: 여기서 이정배는 한국교회의 문제를 지적하며 신학이 없음과 함께 신학하기 없음의 문제를 나누어 지적한다. 이것을 마치 통영함(신학)이 있으나 작동불능의 상태였음(신학하기)과도 같다고 본다.

9 수전 손택, *Regarding the Pain of Others*, 이재원 역, 『타인의 고통』(서울: 이후, 2009).

10 저자는 사진이라고 하는 것이 가지는 편집된 의도로 대중들에게 영향을 미치는 것에 대하여 지적하기에 그러한 복잡한 과정들을 인정하기에 그녀는 일반적으로 사진을 보고 반응하는 대중들에게만 그 잘못을 돌리지는 않는다. 이러한 의도를 그녀는 "이미지 제작자의 주관성"이라 칭한다. 그러나 그럼에도 이러한 이미지에 가장 적게 영향을 받는 사람들은 그러한 상황을 직접 경험한 람 들이라는 것이다. 수전 손택/이재원 역. 『타인의 고통』, 48-52.

서 실시간으로 보내오는 기자들의 이미지들을 집에서 편안히 바라보면서 눈물을 흘리는 일에 중독이 되어, 그들은 다만 먼 곳에서 나오는 무관한 사람들에게만 일어나는 이야기로, 더욱이 미개하고 가난한 곳에게만 일어나는 것으로 인식하게 만든다는 것이다. 그래서 실제로 그러한 고통을 겪는 사람들이 현실에 존재하며 그들은 우리들이 그들의 현실에 동참하여 그들의 눈물을 닦아주며, 그들과 같은 고통을 겪지 않는 세상을 만들어가기를 기다린다는 사실을 망각하게 만들고, 그들을 이미지로만 존재하는 것으로 인식하며 살게 한다는 것이다.[11] 사람들은 결과적으로 이러한 "이미지 과잉"의 현대 사회에서 타인의 참혹한 고통을 사진이나 영상 등을 통해 접하면서 타인의 고통을 다만 그들의 감정을 자극하는 효과 정도로 소비해버린다는 것이다. 이미지에 중독된 사람들은 타인의 고통을 마치 한편의 영화처럼 접하는 데 익숙해져서, 심지어는 타인이 겪었던 것 같은 고통을 직접 경험해보지 않고도 그 참상에 정통해지고, 진지해질 수 있다는 착각을 하는 결과를 가져온다는 것이다.[12] 사진을 통하여 세상의 비극을 접하며 눈물을 흘리며 애통해하면서 마치 자기가 그 고통에 깊이 참여한 좋은 사람이라고 착각까지 하게 되고 심지어는 그러한 행위가 그들의 고통을 덜어주고 있다고까지 믿고 스스로 위로를 받는다는 것이다.

세월호에 대한 무관심과 외면의 또 다른 이유는 "끔찍하고 참혹한 사진은 자주 보는 사람들의 반응"[13]에서 찾아볼 수 있다. 그들은

---

11 수전 손택/이재원 역, 『타인의 고통』, 13, 110, 150-151.
12 수전 손택/이재원 역, 『타인의 고통』, 96.

"① 폭력에 익숙하게 되고, ② 이미지에 대한 비정상적인 반응을 일으키게 되고, ③ 너무 많고 심할 경우 현실 인식의 손상을 입게 된다"는 것이다. 이런 사람들은 자기가 지금 직면하고 있는 고통의 이미지보다 더한 고통이 있음을 알기에 지금 보는 타인의 고통을 직시하지 않고, 때론 남의 고통을 보면서 희열을 느끼기까지 하거나, 보다 심한 고통의 이미지를 찾아 방황하게, 아니면 채널을 돌려 고통을 외면하고 만다.

그렇기에 손택은 보여지는 이미지의 의도성과 그를 위한 누군가의 "편집 가능성"[14]을 항상 염두에 두어야만 한다고 충고한다. "우리는 우리가 이미지를 통해서 본 '재현된 현실'과 '실제 현실'의 참담함 사이에 얼마나 큰 거리가 있는지를 깨달아야 한다"라는 것이다. 타인의 고통에 대한 연민의 감정만을 갖고 "불쌍하다", "안됐다"고 하는 것이 아니라 그 고통을 겪는 타인의 현실을 나타내는 편집자의 의도를 뛰어넘어 현실을 직시하고 그 고통의 원인이 무엇인지를 분석하고 그래서 현실을 변화시키기 위하여 "연민만"을 베푸는 것을 그만두고 구체적인 행동을 하여야만 한다[15]는 것이다.

어쩌면 세월호와 함께 한 우리의 슬픔과 눈물은 이런 것이었는지도 모르겠다. TV에서 눈을 떼지 못하고 가슴을 치며 통곡한 것! 그것이 갖는 의미는 "연민의 감정"뿐이었을 수 있고 반복되는 참상

---

13 수전 손택/이재원 역, 『타인의 고통』, 13.
14 이정배는 이것을 세월호와 연관하여 정무에 의하여 "소멸된 기억"과 "왜곡된 기억"이라는 말로 그것과 맞서야 할 것을 강조한다. 이정배, "세월호 참사 以後 하느님 영(靈)을 말하는 법", 15-29, 4.
15 수전 손택/이재원 역, 『타인의 고통』, 13.

290 | 제3부 _ 한국교회의 개혁 과제

의 이미지들은 우리의 뇌를 피곤하게 하여 채널을 다른 곳으로 돌리게 만들었을 것이다. 우리는 세월호의 직접적인 피해자들을 "우리"라는 단어로 묶어, 슬픔을 함께 나누고 눈물을 뿌렸지만 그러나 그것은 결국은 "우리가 죽은 이들을 되돌릴 수 없는데 무엇을 더 이상 할 수 있겠느냐?"는 "우리의 무능력함"과 "나는 이 일과는 직접 관계가 없지 않냐?"는 "우리의 무고함"의 알리바이가 아니었을까?[16] 그저 함께 눈물을 흘린 것만으로도 스스로를 좋은 사람이라는 착각을 최고의 가치로 스스로를 위로하면서 말이다. 그래서 수전 손택은 "우리"라는 단어가 "직접 고통 가운데 있는 이들"과 "그것을 바라보는 사람들"의 "우리"가 다르기에 함께 사용되어서는 안 된다는 통찰을 준다.

지금 세월호 참사에 대한 태도를 통하여 보는 한국교회의 문제는 우리의 눈물이 저들의 눈물을 닦아주는 것에 실패하였고 "함께 울어주던 우리"는 더 이상 울지 않고 있고, 고통의 한가운데 있는 "저들의 우리"는 눈물을 멈추지 못하고 있다는 것이다. 어떻게 하여야 하나? 바로 이러한 점에서 한국교회는 우리의 잘못을 스스로 비판적으로 바라보고 세상이 감동할 만한 진정성 있는 신앙적인 자세를 견지할 수 있는 신학과 신학하기가 절실히 필요하다. 그러므로 "우리(교회)가 그들(세월호의 직접적인 피해자)과 고통을 함께 나누었다"는 우리의 주장은 그것을 끝까지 함께 할 수 있는 근거를 찾아 움직일 때만 그 진정성을 인정받을 수 있다.

---

16 참조 수전 손택/이재원 역, 『타인의 고통』, 23-25.

2) 우리는 세월호 참사로 우는 자들과 함께 웃는 날을 소망하지 못했다. 오히려…

교회는 세월호의 아픔을 멀리서 바라보면서 잠시 눈물을 흘렸을 뿐이지 수전 손택의 논리에 따르자면 그것은 결코 대단한 것이 아니었다. 수전 손택은 이러한 타인의 고통에 대한 무감각의 문제를 "좌절"이라고 지적한다. 그는 캄보디아의 폴포트 정권하에서 너무 많은 사람들의 참상이 오히려 사람들을 무감각하게 만들고 반복되는 이미지로 충격이 엷어지고, 고개를 돌리게 만들고[17], 그것을 피하는 방법으로 "내가 무엇을 할 수 있겠는가?"라는 포기 상태에서 자기의 무능력을 인정하게 되고, 이러한 이미지를 자신과 무관한 것으로, 즉 "연민"[18]의 감정으로 "불쌍하다"정도로 다루게 만든다는 것이다. 이를 손택은 타인의 고통에 대한 "공감"과 "마음 깊숙이 담아둠의 실패"[19]라는 말로 표현한다. 결국 공감의 실패는 미래에 대한 소망을 더 이상 가질 수 없는 상황에서 자기 무능력에 대한 보호 장치로 작동한다. 고통의 강도가 높고 장기간 지속될 때 일수록, 사람들은 그 고통의 결과에 대한 확신이 없을 때 쉽게 좌절하고 마는 현상이 일어난 것이다.

그런 이해에서 볼 때, 교회는 오히려 "우리가 당신들과 함께 울어 줬으니 이제 그만하고 우리를 위해 일상으로 돌아가자"는 부담을 유가족들에게 안겨주는 일을 서슴없이 한 일[20]에 대한 이유를 상상해

---

17 수전 손택/이재원 역,『타인의 고통』, 126.
18 수전 손택/이재원 역,『타인의 고통』, 13.
19 수전 손택/이재원 역,『타인의 고통』, 25.

볼 수 있을 것 같다. "공감의 부재"는 타인이 사랑하는 사람들(특히 자식을 잃은 부모들)을 죽음으로 잃은 고통을 우리의 고통으로 받아들이지 못하여서만이 아니라 오히려 그들의 함께 웃을 수 있는 그 날을 소망할 수 있는 신학이 부재했기 때문이다. 우리는 슬퍼하는 자들과 함께 슬퍼하기는 했어도 그 슬퍼함의 최종 목적지가 어디여야 하는가에 대한 심각한 고민이 없는 신학적 지도가 없는 길에 들어섰던 것이다. 한국교회는 그러한 신학적이 지도가 없었다.

"네 이웃을 네 몸과 같이 사랑하라"고 "공감"을 외치면서 로마의 압제하에 절대 빈곤에 상황에서 신음하던 사람들의 땅, 갈릴리를 누비고 다니며 그들을 감동시켰던 청년, 예수의 말을 우리가 올바로 이해했다면 얼마나 좋았을까? 이 말을 우리가 "지금 고통당하는 유가족들의 아픔을 나의 아픔처럼 받아들여 살라"는 "공감의 요구"로 이해했더라면 얼마나 좋았을까? 공감은 그들과 같은 상황 속에서 함께 고통당하며 함께 같은 해결을 향해 살아가는 것을 말한다. 내 자식이 수학여행을 가다가 죽었고, 내 형이 제주도에 새로운 삶의 터전을 마련하기 위해 가족과 함께 이사를 가다가 배와 함께 물에 빠져 죽었다면? 그렇다면 나의 사는 모습은 과연 어떤 모습이 되었을까? 왜 그런 일이 일어났는지? 어떻게 그 배만 악천후 속에서 출항을 했고, 왜 해경은 선원들만 구조하고 주변서 조업하다 달려온 다른 배들의 구조나 군경의 활동들을 방해하고 구조를 애절하게 기다리던 승객들은 아무도 구조를 하지 않고 죽어가도록 방치한 것인지? 왜 처음부터 정부의 관계자들은 거짓 방송을 내보내게 하

---

20 이정배, "세월호 참사 以後 하느님 영(靈)을 말하는 법", 15-29.

고 민간 잠수부들의 구조를 방해까지 해가며 인명구조선이 아닌 인양 전문 업체인 "언딘"을 투입하였는가를 밝히지 않는지? 왜 정부는 제기된 의문에 진실을 은폐하려고만 하고 모든 정보를 다 공개할 수 없는지? 아직도 다 밝혀지지 않아 세월호 특별조사위원회의 활동을 연기하려는 것을 막고, 또 아직도 유가족의 품에 돌아오지 못한 9명의 시신을 위한 세월호 인양을 꺼려하는지? 왜 그간 세월호 침몰원인과 관련해서 세월호에 제주해군기지 건설용 자재 철근 400여 톤이 실린 사실21을 함구하고 있었는지? 왜, 왜, 왜? 이러한 숱한 질문들에 어떠한 대답도 듣지 못하고 또 죽은 시신도 찾지 못하였다면? 과연 그렇다면, 내가 그런 유가족이라면 어떻게 살아갈까? 과연 그런 상황이라면 "이제 고만 슬퍼하자", "일상으로 돌아가자", "우선 살고 보자"라고 말 할 수 있을까?22 우리는 이들과의 공감의 동행이 이렇게 긴 과정인지를 생각을 못하고 출발을 한 것이다.

만일 교회가 예수의 말에 의지하여 죽은 자와 슬퍼하는 나의 이웃을 내 몸처럼 사랑한다면 우리는 지금처럼 결과가 없음에도 불구하고 절대로 당분간만 슬퍼하다 좌절하고 그러다가는 아무 일 없었

---

21 참조. 인터넷 보도 "세월호에 정말 철근 400톤이 실렸었나?", https://www.nocutnews.co.kr/news/4610891.
22 참조. 정안숙 "[왜냐면] 심리학으로 본 '불순세력'은 보통사람이었다." 단원고 희생자, 생존자, 일반인 희생자 그리고 그 가족들을 대상으로 질적 조사를 실시하여 얻는 결론을 글쓴이는 이렇게 말한다. 그들을 조사하고 자료가 말해주는 대로 따라갔더니, 이들은 "너무나 보통사람"이었다. 이들의 경험을 나타내는 핵심변인은 "부모/가족으로서의 역할"이었다. 학교에 아이를 보내는 부모로서, 당연히 학교를 신뢰했고 학교 주최의 수학여행을 보내느라 최선을 다했다. 참사가 났을 당시에도 나라를 신뢰하는 보통 부모답게, 기다리고 애써왔다. 부모로서, 내 아이가 죽은 이유를 질문하는 것은 너무나 당연했다. 그런데 이 질문이 2년 넘도록 답을 못 얻고 있다. 그러니 당연히 부모로서, 가족으로서 여전히 이 소박한 질문에 답을 구하느라 거리에서 산다. 「한겨레신문」 2016. 7. 26.

던 듯이 가만히 있지 않았을 것이다. 왜냐면 "네 이웃을 네 몸처럼 사랑하라"는 것은 "하나님 사랑"과 함께 예수 복음의 핵심이기 때문이다. 그래서 수전 손택은 "공감"과 "마음 깊숙이 담아 둠의 실패"를 극복하는 방법으로서 ① 사건에 대한 해석의 중요함을 강조한다. 사건을 소개하는 주체가 사건을 이미지를 통해 왜곡시키고 있기에 그에 대한 비판적인 해석의 필요성을 제기한다.[23] ② 경험자의 공감이 필요하다는 것이다. 조작된 이미지를 사진으로 예를 들면, 사건이 일어난 시간과, 사진 찍는 그 시간쯤에는 설명이 별로 필요 없지만, 시간이 지나 설명이 필요한 시기가 온다는 것이다. 이때 "피사체를 '쏘는' 카메라와 인간이 쏘는 총을 동일시"하는 효과가 있기에[24] 왜곡을 막기 위해서는 경험자의 해석이 필요하다는 것이다. 이는 마치 예수의 피 묻은 옷만을 보여주기보다는 왜 그가 죽어야 했고, 왜 다시 살아야 했는가를 설명해야 하는 것과 같다는 것이다. 그런 의미에서 고통에 대한 문제는 당사자의 참여가 필수적이라는 말이다. ③ 고통에 대한 기억과 상기함 그리고 그것을 통하여 결국은 "재현되어야 할 가치가 있는 고통", 즉 신이 분노하는 고통과 인간에게 감동을 주어 교훈과 영감을 일으키는 "연출된 재현"을 이루어야 한다는 것이다.[25] 수전 손택은 "십자가에 못박히는 예수를 재현해 놓은 표현물들은 신자들에게 전혀 진부한 것이 아니다"[26]라는 말로 세월호 사건이 3년이 되어가는 현실에서 세월호 참사가 진부한 재

---

23 수전 손택/이재원 역, 『타인의 고통』, 103.
24 수전 손택/이재원 역, 『타인의 고통』, 103.
25 수전 손택/이재원 역, 『타인의 고통』, 127.
26 수전 손택/이재원 역, 『타인의 고통』, 124.

현이 아닌 기억을 떠올릴 때마다 "이렇게 세월호 참사가 발생했다"는 경각심과 "이렇게 세월호 참사가 한국 사회의 새로운 이정표를 세웠다"는 미래를 열어가는 한국 사회에 교훈을 선사하는 "재현된 현실", 즉 "연출된 재현"이 되기 위한 신학적 과제를 요청한다.

세월호 참사에 대한 기억과 치유는 우리에게는 무엇보다도 신학적으로 풀어야 할 과제이기에 세월호 참사를 바라보는 교회의 복음에 대한 오해를 극복하고 올바른 신학을 정립하는 데서 해결책을 집중해야 한다. 한국교회는 그들과 함께 울어주었지만 갑자기 아무 일이 없었던 듯 "이제 우리와 함께 일상으로 돌아가자!"고, "그만 슬퍼해라. 천국 가지 않았는가!"라는 말로 오히려 슬퍼하는 이들에게 더 큰 상처를 주고도 자기들은 아무렇지도 않은 듯 살 수 있는 잘못된 신학에서 돌이켜야 한다. 세월호에 억울하게 죽은 사람들과 그 슬픔으로 몸부림치는 사람들을 그대로 두고 일상으로 복귀할 수 있는 한국교회는 마치 예수는 십자가에 죽어서 무덤에 누워 있는데 아직 부활하지도 않았는데 부활의 축제를 하는 것과도 같은 참담한 모습이기에 변하여야 한다.

3) 우리의 슬픔과 눈물은 신앙적이었다기보다는 인간이 갖는 기본적인 감정의 발로였을 뿐이었고, 다만 우리가 일 년에 한 번씩 습관적으로 해오던 준비된 고난주간의 슬픔에 가중된 표현이었을 뿐이었다

한이 많은 민족의 오늘 한국교회는 다만 함께 슬퍼하는 실천에는 익숙해 있었다. 그러나 그것은 기독교적이라기보다는 믿지 않는

사람들도 "인간이라면" 당연히 하는 정도의 수준일 뿐이었고 고난
주간으로 이미 울고 있던 눈물을 좀 더 흘린 것이 아니었던가?

2014년 4월 16일 세월호 사건이 일어났을 때, 한국교회는 연례
적으로 지키던 사순절의 정점에 이르는 고난주간이었다. 맹자는 인
간이 가진 네 가지 본성 중에 측은지심(惻隱之心)[27]을 이렇게 설명
하였다: 사람들은 갑자기 어린아이가 우물에 들어가려 하는 것을
언뜻 보면 다 깜짝 놀라며 불쌍히 여기는 마음이 생기는데, 이는 그
어린아이의 부모와 교제하기 위한 것도 아니고 동네 사람들에게 어
린아이를 구해주었다는 칭찬을 받기 위함도 아니며, 어린아이를 구
해주지 않았다고 비난하는 소리가 싫어서도 아니다. 이것은 사람이
라면 누구나 다른 사람의 어려움을 보게 되면 측은함이 발동하기
때문이다.

그랬다. 세월호가 진도 앞바다의 맹골수도에서 수많은 생명을
싣고 바닷속으로 빠져 들어갈 때 이것을 지켜보던 전 국민이 함께
울었다. 그리고 함께 분노하며 응징을 다짐했다. 측은지심이다. 그
때 기독교인들은 어쩌면 더 흥분했을 수 있고 더 많은 눈물을 흘렸
다고 주장할 수도 있다. 왜 그랬을까? 측은지심이 다른 종교나 믿지
않는 사람보다 많아서였을까? 그러나 측은지심은 많고—적고의
문제가 아니라 있고—없고의 문제이다. 사람이라면 가져야 할 기
본 본성이고 인(仁)을 가진 인간이라면 누구나 그리해야 함을 맹자

---

27 이것은 『맹자』의 「공손추」(公孫丑) 편에 나오는 "사단설"(四端說) 중 "무측은지심 비인
야"(無惻隱之心 非人也. 불쌍히 여기는 마음이 없으면 사람이 아니고)이다. 즉 사람이 마
땅히 갖추어야 할 네 가지 덕목을 이야기한 것으로 유교사상의 요체라 할 수 있다.

도 말하지 않았던가! 모든 사람이 세월호 참사를 지켜보며 함께 울었기에 이것은 기독교인들만의 특별한 일이라기보다는 사람이기에 자식을 잃고 몸부림치는 부모들과 그 유족들을 보며 측은지심이 발동한 것이다.

그러나 기독교인들에게는 깊이 생각해보아야 할 또 다른 이유가 있었지 않았나 되돌아본다. "울고 싶은데 뺨 맞은 격"이라고나 할까? 4월 16일은 기독교인들에게는 예수님께서 2000년 전에 로마 제국의 지도자들의 불의한 심판에 의하여 십자가에 달려서 처참하게 돌아가신 날을 애통해하는 고난주간이었다. 교회마다 특별새벽기도를 하고 금식을 선포하고 그리스도의 고난과 슬픔에 동참하기 위하여 최대한 노력을 하는 기간이었다. 그래서 많은 교회들은 "예수의 수난"(패션 오브 크라이스트-The Passion of the Christ)[28]과 같은 자극적인 영화를 보며 채찍에 맞아 살점이 뚝뚝 떨어져 나가며 피로 범벅이 된 예수의 고통을 보며 눈물을 흘리며 통곡을 한다. 그런데 우리의 눈물은 1년에 정해진 날짜와 순서에 따라 부활절 전 40일간의 사순절을 지내며 마지막 3일간의 고난을 끝으로 부활의 축제에 돌입하기 전의 눈물이 아니었던가? 그렇기에 교회는 고난주간 중에 당한 세월호의 참사에 함께 눈물을 흘렸지만, 그들의 슬픔과는 상관없이 교회의 연례행사에 맞추어 부활의 축제를 선포할 수 있었던 것 아니었을까? 교회는 세월호와 함께 고통당하는 유족들의 슬퍼하는 일상에 분명 함께하였지만, 그것은 잠시였고, 그들

---

28 멜 깁슨 감독이 예수의 십자가 처형전의 마지막 12시간을 소재로 다룬 2004년 제작된 영화인데 그 영화가 보여주는 참혹성에 관하여는 논란이 뜨겁다.

은 아무 일 없었다는 듯이 그들의 일상으로 돌아가버린 것이다. 잠시 절제되었던 감리교 연회와 장로 이/취임식과 목사 안수식이 화려하게 진행되고 봄을 맞은 운동회와 각종 행사들이 봇물 터지듯 성대하게 치러지며 일상을 되찾아갔다. 그런가 하면 이러한 교회의 모습에 놀란 유족들에게 교회는 손가락질까지 하며 "이제 제발 고만 슬퍼하고 일상으로 좀 돌아가자"라는 비난까지도 서슴지 않았다. 앞서 지적하였듯 우리의 미숙한 신학, 특히 잘못된 부활에 대한 신학을 가지고 살아온 결과라고 생각한다. 예수는 세월호의 죽은 영혼들과 함께 차디찬 바다 속에서 죽음을 맞이하였다고 고백하며 눈물을 뿌렸는데 어찌 그들 가운데 단 한 명도 살아오질 못한 현실에서 부활의 축제가 가능했을까? 한국교회가 만일 예수가 맹골수도에서 고통당하며 죽음을 맞이한 영혼들과 함께 고통을 당한다고 믿었다면 그리고 그렇게 고백했다면 지금 우리는 예수 없는 부활절을 축제하고 있는 것이다. 한국교회는 2000년 전 유대 땅에서 살점이 뚝뚝 떨어져가는 채찍을 맞고 십자가에 못 박혀 뙤약볕에 몇 시간씩 놓였다가 창으로 허리까지 찔려 죽은 예수를 연상하는 영화를 보고 울고불고 난리를 치다 3일 후에 "예수 부활하셨다"며 춤을 추는 촌극을 중단하고, 예수처럼 그렇게 죄 없는 어린 영혼들이 처참하게 죽어간 세월호의 고통을 볼 수 있어야 한다. 그리고 그러한 처참한 죽음을 지켜보며 감성에 젖은 눈물만을 흘릴 것이 아니라 예수의 부활이 없이는 그의 죽음이 의미가 없듯, 부활의 의미를 올바로 깨달아 억울하게 죽은 자들과 그의 유족들 그리고 그들을 지켜보던 사람들이 함께 위로 받을 수 있는 부활을 기대하고 준비하여

야 한다. 일상의 슬픔은 누가 같이 울어주면 감해질 수 있지만 죽은
자에 대한 슬픔은 부활이 없이는 절대로 위로받을 수 없다는 것이
예수의 죽음과 부활이 이 시대에 우리에게 주는 가르침이다.

2. 한국교회 어떻게 해야 하나?

한국교회는 2,000년 전의 나사렛에서 억울하고 처참하게 죽은
유대 청년 예수의 죽음은 지금도 애도를 하는 데 별 장애를 못 느끼
는데, 왜 그러나 이제 이 땅에서 우리 이웃 속에 일어난 이제 고작
2년밖에 지나지 않는 세월호에서 죽은 이들은 애도하지 않는가?

어떻게 하면 우는 자들과 함께 울며 그들의 눈에서 눈물을 닦아
줄 수 날을 함께 소망하는 건전한 신앙인이 될 수 있을까? 이에 대
한 수전 손택의 고통에 대한 다음과 같은 대응법은 매우 실제적이
다. 그녀는 예수의 고난과 같은 지나간 과거가 "재현된 현실"과 "연
출된 재현"으로 과거에서만이 아니라 현실에서도 그리고 미래에도
사회에 "집단적 기억"과 "집단적 교훈"을 주는 건강한 정서를 마련
하기 위하여 다음과 같은 요건들을 갖추어야 한다고 조언 한다. ①
"상기하기"는 의도된 악의적인 반대와 맞서 싸우기 위하여 기억과
반성이 필수적이다.[29] ② "구경꾼을 만들어라"는 과거를 고발하여
잘못된 안전을 지적하고 고통을 직시하고 느끼게 하여 타인의 고통
을 자기와 밀접한 것으로 이해하여 그들과 관계하는 공감을 만들어
라.[30] ③ "연민을 행동으로 유도하라"는 "우리는, 그들은 할 수 없다"

---

29 수전 손택/이재원 역, 『타인의 고통』, 133-135.

는 수동성과 분노의 감정, 좌절의 감정을 긍정으로 바꾸어 행동하도록 개인들과 연결시켜 주는 것이다.[31] ④ "고통의 재현과 자기애적 기만을 벗어나라"는 자기 고통만 크게 보아 남의 고통을 외면 무시하지 말고 한 고통 안에서 전체의 고통을 읽어 다른 고통과 연대할 줄 알아야 한다[32]는 의미이다. ⑤ "고통의 원인에 조치하라"는 이미지를 통한 좌절이 아닌 해결의 행동으로 옮겨가야 한다[33]는 것이다.

이제 수전 손택이 앞에서 이야기한 말로 돌아가 보자. 그녀는 "십자가에 못 박히는 예수를 재현해 놓은 표현물들은 신자들에게 전혀 진부한 것이 아니다"[34]라는 말로 세월호 사건이 3년이 되어가는 현실에서 세월호 참사가 진부한 재현이 아닌 기억을 떠올릴 때마다 "이렇게 세월호 참사가 발생했다"는 경각심과 미래를 열어가는 한국 사회에 교훈을 선사하는 "재현된 현실", 즉 "연출된 재현"이 되기 위한 신학적 과제를 요청한다. 과연 이러한 "연출된 재현"으로서의 세월호 사건은 어떻게 가능할까? 이제 그것을 기독교 복음의 핵심인 예수의 십자가와 부활 사건[35]을 통하여 살펴보기로 하자.

---

30 수전 손택/이재원 역, 『타인의 고통』, 143.
31 수전 손택/이재원 역, 『타인의 고통』, 153-154.
32 수전 손택/이재원 역, 『타인의 고통』, 165.
33 수전 손택/이재원 역, 『타인의 고통』, 170-171
34 수전 손택/이재원 역, 『타인의 고통』, 124.
35 참조. 박창현, "부활자의 선교 대위임 명령: 마 28:16-20을 중심하여", 「신학과세계」 62 (2008), 370-397, 372.

3. 한국교회는 맹골수도의 죽음의 바다에서 예수의 부활을 경험해야 한다

만일 한국교회가 진정성을 가지고 세월호의 피해자들의 죽음을 애도했었다면, 세월호의 죽은 자들과 그 유족들을 놔두고 우리들끼리의 부활의 축제를 할 수 있었을까? 우리는 이 질문을 다음과 같이 바꾸어서 해보기로 하자: 과연 예수의 제자들이 그들이 사랑받고 또 사랑하던 예수가 그렇게 처참하게 죽었는데, 시간이 지났다고 일상으로 복귀할 수 있었을까? 예수의 죽음만이 기독교의 본질이 아니듯, 예수의 부활 없이는 기독교는 존재할 수가 없었을 것이다. 이렇게 볼 때, 만일 한국교회가 함께 슬퍼한 세월호의 피해자와 유족들과의 동행이 진실이었음을 들어내려면 우리가 바다의 심연에 죽은 이들과 함께 죽었다고 고백하였던 죽음의 깊은 늪에 빠진 예수를 부활시켜 저들의 죽음에 응답할 수 있어야 한다. 그래서 예수의 부활이 그들에게 소망임을 증명할 수 있어야 한다. 부활 없는 예수의 죽음은 제자들에게 위로가 될 수 없고 종교로서 의미도 없다. 제자들이 부활한 예수를 만나고 위로를 받고 증인으로 살아갔듯이 한국교회는 이제 세상에 세월호의 죽음의 늪에 빠진 예수를 부활시키는 기적을 불러와야 한다. 예수는 그들과 함께 죽었기에 그들과 함께 죽은 예수가 그들과 함께 부활하여야 그들에게 위로가 될 수가 있다. 이 부활이 이 모든 참사를 지켜본 모든 이들에게 분명한 증거가 될 때만이 기독교는 이 사회에 소망을 주는 종교로 미래의 사명을 감당할 수 있다. 예수는 세월호 참사로 이 땅의 기독교인들이 고난주간의 마지막 시간을 습관처럼 흘러 보낼 때 그리고 한국 교회가 2,000년 전에 죽은 예수의 부활의 축제를 그저 연례적인 행사로만 기다리던 때에, 한국교회의 신앙이 습관이 되고 화석화되어 갈 때, 그는 고난 받는 이들과 함께 맹골수도의 한복판에서 억울하고 원통하게 죽어가던 세월호의 영혼들과 함께 죽어서, 이제 2년이 지난 이 순간에 세월호의 피해자들과 함께 부활의 기쁜 소식이 되길 기다리고 있다. 그러나 이 부활은 우리 없이는 불가능한 부활이다. 예수가 죽고 하나님이 그를 부활시켰듯이, 세월호의 죽은 이들은 우리 없이는 부활할 수 없다. 우리는 어떻게 그러한 부활을 준비할 수 있을까?

4. 세월호와 함께 죽은 예수의 부활을 위하여 예수의 부활을 준비하였던 예수의 여자 제자들에게서 배우라

예수의 부활은 예수를 따르던 여자 제자들에 의하여 준비되고 완성되었다.[36] 왜 여자였을까? 이러한 예수의 부활을 준비하였던 여인들, 그들은 누구인가? 그 여인들이 없었다면 기독교는 예수의 부활에 대한 직접 증거를 영원히 잃어버릴 뻔했다. 아니 어쩌면 부활이 아직도 안 일어나고 있을지도 모른다. 예수의 부활은 분명 갈릴리로부터 예수를 따라다니다가 그의 공개 처형의 현장을 지키고 무덤을 지키다가 부활한 예수를 현장에서 직접 만나고 그것을 당시

---

36 박창현, "예수가 최초의 이방 선교의 문을 열도록 도와준 수로보니게 여인(막 7:24-30)",「신학과세계」 71 (2011), 206-233.

의 슬퍼하던 모든자들에게 전하고 세상에 알린 여인들이 의하여 전하여졌다. 우리는 어떻게 이것이 가능했었을까? 에 대한 답을 통하여 세월호 참사로 슬퍼하는 세상 사람들과 함께 아파하고 함께 미래를 열어가는 "열린 신학", 즉 우리만이 아니라 세상이 함께 위로받을 수 있고 치유될 수 있는 신학을 찾아야 한다. 이는 이정배[37]의 말에 의하면 "하나님이 세상에 참여하고 그 안에서 활동하시어 당신을 세상에 드러내시는 '하나님이 세상에서 활동하는 신학'을 해야 한다"는 "세월호 이후 신학"에 대한 기대이기도 하다. 우리는 예수의 부활의 사건을 통하여 교회와 세상 모두에게 희망을 준비 할 수 있어야 한다.

(1) 부활의 기적은 고통 받는 이들과 함께 슬퍼하는 "공감하는 사람"에게서 준비된다

권수영은 세월호의 피해자들과 같은 사람들이 가지고 있는 고통을 피해자가 어떤 사고를 통하여 얻게 된 후에 무의식적으로 신체와 감각에 남게 된 기억으로 "암묵적 기억"(implicit memory)이라 칭하고 이러한 기억은 사람이 인지하고 사실과 개념으로 서술할 수 "외현 기억"(explicit memory)과 구별한다. 권수영은 이러한 "암묵적 기억"은 쉽게 치유될 수 없는 기억으로 누군가가 그 사람의 고통의 심연까지 내려가 그의 고통을 공감할 때, 치유가 일어난다고 한

---

37 이정배는 "세월호 이후의 신학"에 대한 아이디를 주도한 학자로 교회와 신학이 나아갈 길로서 세상과 동떨어진 교회 중심의 신학(바벨탑 신학)에서 벗어나서 세상과 소통하는 신학(오순절신학)으로 "열린 신학"을 강조한다. 참조 이정배, "머리말"과 "세월호 참사 以後 하느님 영(靈)을 말하는 법", 『남겨진 자들의 신학』, 4-9; 15-29.

다.[38] 그런 관점에서 예수의 부활은 그에게서 특별한 사랑을 받은 여인들이 예수의 죽음을 자기들의 아픔으로 받아들이고 그 고통을 직면하는 일에서 시작되었다고 볼 수 있다. 예수의 이야기에 등장하는 이 여인들은 누구인가?[39] 이들은 예수의 사랑을 뼛속 깊이 체험한 사람들이었다. 당시 유대교 사회에서, 요세프스에 의하면, 여성은 남자에 비하여 열등한 존재이기에 "남자는 자기 아내와의 대화도 삼가라" 할 정도였다고 하니 여자들이 그 사회에서 받았던 차별과 그 참혹함이 어떠했었는가 짐작할 수 있다. 그러나 예수에 의하여 새롭게 생겨난 유대 사회의 "예수운동"에서는 아무런 스스럼 없이 여자들이 등장하고, 함께 토론하고 때론 남자들과 예수와 격한 논쟁까지 하며, 그들은 예수에 의하여 "믿음이 있는 자", "복음이 전해지는 모든 곳에서 여자의 이름이 기억되어야 할 정도"로 인정을 받고 칭찬을 받는다. 당시에는 전혀 불가능한 일을 예수와 그 공동체가 해냈던 것이다. 이러한 인정과 사랑을 받은 여인들이 결국은 예수의 고난과 처형 그리고 부활의 산증인이었음을 예수의 역사는 신약성서를 통하여 분명히 밝혀준다.

이 여인들은 자신들의 선생이신 예수가 당하는 고난에 침묵하거나 외면하지 않았고 그의 고통을 가장 가까이서 지켜보며 참여하는 증인이 되고 그것을 자기들의 온몸으로 받아들이고 항상 기억해내고, 예수가 평생을 두고 이야기한 "내가 고난을 받고 죽은 후에 삼

---

38 권수영, "희생자의 암묵기억: 그리스도의 트라우마에 동참하는 교회", 『남겨진 자들의 신학』, 101-116,109.
39 참조 한스 큉/이종한·오선자 역, 『그리스도 여성사』(왜관: 분도출판사, 2001), 18-21; Luise Schottroff, *Befreiungserfahrungen* (Chr. Kaiser, 1990), 107-120.

일 만에 다시 살아나리라"는 말을 신뢰하고 기대한 것이다. 눈앞에 부정이 판을 치고 불의가 득세하며 의로운 자를 공개 처형하는 현실에서 자기들이 지금까지 믿어왔던 신뢰가 뒤흔들리고 그들의 소망이 여지없이 무너지는 순간에도 그 여인들은 하나님의 개입과 의의 최후 승리를 믿었던 것이다. 그들은 로마 황제의 권위에 도전한 죄인으로 처형되는 예수를 옹호한다는 것이 자신들에게는 그 당시에 곧 또 다른 극형을 의미하는 줄 알고 있었다. 그럼에도 남자 제자들은 다 도망간 상황에서도 두려움에 굴복하지 않고 예수의 처참한 죽음을 똑바로 응시한 것[40]이다. 그러므로 세월호 이후의 신학이 변해야 하고 변할 수 있는가 하는 척도는 세월호와 같은 참사를 불러오는 불의가 판을 치는 세상 권력의 한복판에서 우리가 과연 불의한 죽음의 권력과 맞서서 죽어간 이들의 편에 설 수 있는가? 어쩌면 예수의 여인들이 예수에게 공감하였듯 자식과 가족을 잃은 세월호 유적들이 자연스럽게 공감하는 그 공감을 그들과 함께할 수 있을까 하는 것에 달려있다 하겠다. 예수가 잡혀가서 조롱당하며 심판 받던 현장에도, 그가 처참하게 공개 처형되던 골고다의 언덕에도 그리고 죽어서 버려진 무덤에도 그 여인들은 항상 같이 있었다. 예수의 죽음으로 그녀들의 일상생활은 없어진 것이다. 결국 그 여인들의 목숨을 건 진정한 행동은 로마제국의 불의한 힘에 의해 처

---

40 요 19: 25 "예수의 십자가 곁에는 그 모친과 이모와 글로바의 아내 마리아와 막달라 마리아가 섰는지라"; 막 15:40-41 "멀리서 바라보는 여자들도 있는데 그 중에 막달라 마리아와 또 작은 야고보와 요셉의 어머니 마리아와 또 살로메가 있었으니 이들은 예수께서 갈릴리에 계실 때에 좇아 섬기던 자요 또 이 외에도 예수와 함께 예루살렘에 올라온 여자가 많이 있었더라."

형된 사건에 하나님의 개입을 불러들여 부활의 응답을 세상에 전하는 부활의 증인이 된 것이다.

세월호에 대해 "기억하고 가만있지 않겠다"는 것은 "지켜보겠다"는 것이고 "정의를 회복한다"는 것이다. 이 정의는 참사 이후에도 유가족들을 절망으로 내몰고 자식 잃은 부모의 분노를 역이용하여 폭도로 몰고 가고, 거짓과 은폐의 온상이 된 불의한 정부와 맞서서 싸우는 것을 말한다.41 이제 우리는 세월호에 갇혀서 죽어간 억울한 영혼들을 지켜보며 그들을 위해 대신 호소하는 교회와 신학의 변화 없이는 한국교회는 부활의 기쁨을 선포할 수 있는 예수의 제자로서의 자격을 상실하게 될 것이다. 그런 의미에서 자식을 잃고 달려간 유족들만이 아니라 수많은 사람들이 팽목항으로, 안산으로, 광화문으로, 청운동으로 달려갈 때 그리고 전국 방방곡곡에서 그들의 죽음을 애도하며 불의에 맞선 청원을 할 때 기독교인들이 그들과 함께 했다는 사실은 이 땅의 기독교가 아직은 소망을 가져야 할 이유이기도 하다.

(2) 예수의 여자 제자들에게서 배우는 부활의 기적은 모든 사람을 위해 준비된 것이라는 사실이다

맹골수도에서 죽은 예수의 부활을 준비하는 한국교회는 이 부활 사건을 통해 전 국민이 의로우신 하나님 앞에 하나가 되는 기적을 이끌어내기 위한 겸손한 섬김의 역할을 하여야 한다. 우리는 세월호 참사를 계기로 국민을 나누어 자신의 정치적 이익을 가지려는

---

41 세월호의 아픔을 함께하는 이 땅의 신학자들 지음, 『남겨진 자들의 신학』, 15-29, 10.

시도들에 대하여 경계하여야 한다. 이것은 마치 예수의 부활을 누가 먼저 보느냐라는 경쟁으로 이해하고 무덤까지 단박에 달음박질 경쟁을 벌이고 다만 무덤에 머리를 넣고 빈 무덤만 확인하고 돌아왔던 제자 베드로와 또한 사랑 받는 제자의 모습[42]이라고 생각한다. 세월호 모임이 거듭되면서 안산에서 팽목항까지 도보 순례를 준비하던 날 어느 참석자가 동조하는 사람들이 점점 적어지는 것에 안타까워하며 참여하지 않는 자와 참여한 자를 나누어 아쉬움을 표하는 것을 보면서 나는 그런 불안한 마음을 가졌었다. 그의 안타까운 마음에서 표현된 말이 세월호의 아픔에 참여한 자와 그렇지 못한 자로 이 땅을 나누려는 못된 의도를 가진 사람들에 의하여 악용당할까 염려된다. 벌써 3년의 세월이 지나 자기들의 일상의 삶으로 돌아갈 수밖에 없었던 사람들과 때론 무관심한 사람들에 대한 윤리적인 지적보다는 독려가 필요한 이유이기도 하다.

그런 면에서 잊혀가는 예수의 죽음과 고통에 참여하여 예수의 부활을 불러들인 여인들의 진가는 그들이 준비한 부활이 몇몇 소수의 자랑거리로 전락하지 않고 모두의 사건으로 만들었다는 데 있다. 그렇다. 예수의 공개적인 골고다 언덕의 처형처럼 세월호 참사는 모든 국민이 지켜보는 가운데 일어났다. 아니 전 세계가 주목하는 가운데 벌어졌다. 그러므로 부활이 예수와 몇몇 여인의 기쁨이

---

42 요 20:3-10 "베드로와 그 다른 제자가 나가서 무덤으로 갈째 둘이 같이 달음질하더니 그 다른 제자가 베드로보다 더 빨리 달아나서 먼저 무덤에 이르러 구푸려 세마포 놓인 것을 보았으나 들어가지는 아니하였더니 시몬 베드로도 따라 와서 무덤에 들어가 보니 세마포가 놓였고 또 머리를 쌌던 수건은 세마포와 함께 놓이지 않고 딴 곳에 개켜 있더라, 그 때에야 무덤에 먼저 왔던 그 다른 제자도 들어가 보고 믿더라 (저희는 성경에 그가 죽은 자 가운데서 다시 살아나야 하리라 하신 말씀을 아직 알지 못하더라). 이에 두 제자가 자기 집으로 돌아 가니라."

아니듯 세월호를 통한 이 사회를 치유하는 변화는 유족들이나 몇몇 동조자들의 공으로 끝나서는 안 된다. 물론 여인들의 공은 과소평가할 수 없는 것이다. 그녀들은 예수가 죽은 현장에 있었고, 그 더운 날씨에 공개 처형된 시신을 3일이 지난 후에 확인하고자 무덤을 찾았다.[43] 목숨을 걸고 또 인간의 한계를 넘어서는 극한 상황까지도 감내하려는 "암묵적 기억"[44]에 공감하려는 자세가 있었기에 그리고, 예수의 죽음을 그들의 죽음으로 받아들였기에 가능한 일이다. 이는 어쩌면 죽은 자식의 시신을 끝까지 찾아서, 참혹한 몰골로 변했으니 보지 말라는 주변의 권고를 물리치고 자식의 시신을 기어이 보기 원하는 부모의 마음이 아니었을까? 그러나 그들이 직면했던 현장의 충격에 흔들리지 않고 예수의 처형으로 실의에 빠져 골방에 숨어있던 제자들을 초청하여 부활 사건을 자기들만의 사건이 아닌 슬퍼하던 모든 이들의 사건으로 만들었다. 여인들의 공은 예수의 죽음으로 당황해 하던 제자들을 초청하여 부활 사건을 초대교회 공동의 경험으로 만들었다는 것이다.[45] 그리고 그러한 초청에 심지어는 자기들의 권위와 명예, 자기 공을 과시하기 위하여 경쟁하듯 뛰어와서 별 도움이 되지 못했던 베드로와 사랑하는 제자의 행동에도 낙심하지 않고 끝까지 부활한 예수를 찾아 부활을 확인한다.[46] 이 여인들은 겸손하고 자신의 의보다는 하나님의 의를 드러내는 일에

---

43 요 20:1 "안식 후 첫날 이른 아침 아직 어두울 때에 막달라 마리아가 무덤에 와서."

44 권수영, "희생자의 암묵기억", 101-116,109.

45 요 20:18 "막달라 마리아가 가서 제자들에게 내가 주를 보았다 하고 또 주께서 자기에게 이렇게 말씀하셨다 이르니라."

46 요 20:10-11 "이에 두 제자가 자기 집으로 돌아가니라. 마리아는 무덤 밖에 서서 울고 있더니 울면서 구부려 무덤 속을 들여다보니."

잘 훈련된 제자들이었다. 이 여인들은 예수의 시신이 없어진 곳에서 만난 부활한 예수를 몰라보고 그가 어쩌면 하찮은 동산지기인줄 알았을 때도 그를 자기 선생 대하듯 공손하게 대한다.[47]

세월호의 부활은 절대로 유족들이나 애도하는 특별한 그룹들만을 위한 것이 되어서는 안 된다. 함께 지켜보았던 모든 사람들에게 그들의 부활이 되어야 한다. 예수의 부활은 처참하게 죽은 예수가 다시 살아나 제자들을 직접 만나고 심지어는 도마라는 제자가 못자국 난 손에 자기 손가락을 넣어본 것처럼 분명한 사실이어야 한다.[48] 예수의 부활이 로마 제국주의의 불의에 대한 하나님 나라의 심판이었듯 세월호의 부활은 잘못된 이정표를 향해 가고 있는 물질과 가진 자 중심의 자본주의에 대한 철저한 반성과 함께 물질축복과 교회와 교인만을 위한 번영신학을 하나님의 복음으로 바꾸어버린 우리 신학에 대한 집단적인 반성이어야 한다. 죽음의 문화 속에서 수많은 어린 생명의 죽음으로 충격을 받은 사람들에게 하나님의 새로운 질서로 안내하는 부활이어야 한다. 다시는 이 사회에 세월호와 같은 불행이 일어나지 않도록 철저한 진상규명, 책임자 처벌과 재발방지를 통한 죽은 자들의 한을 달래주고 유족들의 아픔을 치유하고 보상해야 하는 부활이 필요한 것이다.

---

47 요20:15 "예수께서 가라사대 여자여 어찌하여 울며 누구를 찾느냐 하시니 마리아는 그가 동산지기인 줄로 알고 가로되 주여 당신이 옮겨 갔거든 어디 두었는지 내게 이르소서 그리하면 내가 가져 가리이다."
48 요20: 27-28 "도마에게 이르시되 네 손가락을 이리 내밀어 내 손을 보고 네 손을 내밀어 내 옆구리에 넣어보라. 그리하고 믿음 없는 자가 되지 말고 믿는 자가 되라. 도마가 대답하여 가로되 나의 주시며 나의 하나님이시나이다."

(3) 우리가 준비하는 세월호와 함께 죽은 예수의 부활은 그러므로 종교적이며 "하나님의 신비"여야 한다

이것은 인간이 더 이상 소망할 수 없는 곳에서의 하나님의 전적이고 갑작스러운 개입으로 이루어지는 것이다[49]. 기독교 신앙의 독특성은 부활이라는 사실은 사도신경의 "본디오 빌라도에게 고난을 받으사 십자가에 못 박혀 죽으시고, 장사한 지 사흘 만에 죽은 자 가운데서 다시 살아 나시사…"라는 고백처럼 예수가 "죽었다"가 3일 만에 "다시 살아났다"는 것에 초점이 맞추어져 있다. 예수의 부활은 종교적 신비이다. 이는 세월호에 죽은 생명들이 다시 몸으로 부활한다는 의미가 아니고 그들의 부활을 사회의 변혁을 통하여 느끼는 "부활의 흔적" 사건으로서의 종교적인 의미이다. 부활을 통한 하나님의 신비는 그러므로 예수의 여 제자들은 예수의 부활을 바랄 수 없었을 때 바랐고, 그 경험은 천사와의 만남(흰 옷 입은 두 천사가 예수의 시체 뉘었던 곳에 하나는 머리 편에, 하나는 발 편에 앉았더라)과 부활한 예수를 만져서는 안 된다(예수께서 이르시되 나를 붙들지 말라 내가 아직 아버지께로 올라가지 아니하였노라)는 신비와 함께 부활의 결과가 그 참혹한 처형에도 불구하고 평강("너희에게 평강이 있을지어다")으로 모두에게 경험되었다는 사실에 근거한다. 부활은 예수의 죽음으로 평강을 잃어버린 사람들, 일상을 잃어버리고 다시 일상으로 돌아갈 수 없는 사람들에게 미치는 하나님의 신비여야 한

---

49 이정배는 이것을 루터의 종교개혁 이후 자본주의와 맞서는 500년 주기의 한국개신교회의 종교개혁과 같은 것으로 교회 외부로부터 오는 "하나님의 다른 눈"(=은총)으로 이해했다. 이정배, "세월호 참사 以後 하느님 영(靈)을 말하는 법", 15-29, 21-22.

다. 예수의 부활은 예수의 죽음에도 불구하고 그들은 평강을 맛보고 그들의 선생을 죽인 로마 제국주의자들과 유대 종교 지도자들과 원수 맺는 것이 아닌 사랑을 통한 화해를 이룬 것이다. 예수의 죽음이 제자들과 다른 이들과의 전쟁선포가 되어 철천지 원수가 되지 않은 이유는 그들이 애도하는 예수가 죽지 않고 부활하였기에 가능했던 것이다. 이 가능성은 처형을 주도했던 로마제국의 백부장이 예수를 하나님의 아들을 인정하는 데서 그 단초가 보여졌다. "자기가 죽인 예수가 하나님의 아들이었다"(막 15:39)는 그의 고백은 자신의 행동에 대한 회개와 용서를 구함이 담겨져 있고, 그의 이러한 요청은 하나님이 예수를 부활시킴으로 가능해졌다. 이제 우리는 우리가 할 수 있는 모든 일 (고통을 지켜보고, 기억하고, 분노를 노출하고)을 하고 난 후에 하나님의 신비를 기대하는 것이다. 세월호 사건은 누구도 예측하지 못하던 사건이고 또 이 사회가 그 많은 생명의 죽음을 통한 상처를 극복하고 어떻게 세월호 이후의 화목한 사회를 이루어갈 것인가 하는 것은 하나님의 신비가 아니면 상상할 수가 없다. 그러나 예수의 죽음이 갈라진 유대사회만이 아니라 전 세계를 하나로 묶는 계기가 되었듯이 세월호 이후의 우리의 사회도 하나님의 신비에 대한 소망을 가져야 할 것이다. 그러나 그 소망은 결코 예수의 여제자들이 했던 것처럼 오늘 한국교회가 고난의 현장에서 고난 받는 이들과 함께 울고 또 때로는 죽음도 기꺼이 받아들여야만 가능할 것이다.

III. 나가는 말

그런 의미에서 남아프리카공화국이 넬슨 만델라 대통령의 집권 후에 오랜 세월 백인 정권에 의하여 1948년에 법률로 공식화된 인종분리, 즉, 백인 정권의 유색인종에 대한 차별정책인 아파르트헤이트(Apartheid)를 폐지하기 위하여 만들었던 진실화해위원회 (The Truth and Reconciliation Commission=TRC)의 노력은 우리에게 귀한 가르침을 주고 있다. TRC는 과거사를 정리하며 진실(흑인 잔혹사)을 왜곡하는 기억과 싸우며 국가가 저지른 "세뇌"를 제거하고 "진실을 드러내고 화해하자"는 국민적 목표를 어렵지만 성공적으로 매듭을 지었다. 즉 다음 단계의 목표들, ① 과거의 사실을 밝혀라 ② 정치적 사건을 고백하라(고백하는 자에게 사면을 요청!) ③ 희생자와 유족 위로와 보상하라(말할 기회를 주라) ④ 보고서를 작성하라(되풀이 방지)를 통하여 과거를 다루고 미래를 여는 작업을 수행하였다. 진실을 밝혀서 가해자는 사면을 하되 헌법을 통해 법정에 세우고, 피해자는 인간의 존엄성에 근거하여 보상을 하므로 국민적 갈등과 앙갚음을 극복하고 화해를 통해 미래를 열어갔다. 그리고 이러한 성과에 남아프리카교회연합(SACC)이 적극 참여하여 해방과 사랑의 관점에서 성서를 해석하고, 저항운동의 물적 인적 자원을 제공하고, 아프리카 전통을 주체적으로 해석한 결과이기도 하다.[50] 이러한 예는 세월호 참사의 진실이 밝혀져서 책임자를

---

50 김대용, "남아공 '화해와 진실위원회' 이후의 화해에 대한 신학적 심리학적 성찰", 「선교신학」 13(2006), 269-298.

처벌하고 피해자를 보상하는 차원을 넘어 어떻게 과거를 청산하고 전 국민이 안전하게 미래를 향한 발걸음을 내디딜 수 있는가? 에 대한 문제이기에 화해는 필수적이라 하겠다.

참고문헌

Schottroff, Luise. *Befreiungserfahrungen*. Chr. Kaiser, 1990.

권수영. "희생자의 암묵기억: 그리스도의 트라우마에 동참하는 교회." 세월호의 아픔을
     함께하는 이 땅의 신학자들 지음. 『남겨진 자들의 신학』. 서울: 동연, 2015:
     101-116.

김대용. "남아공 '화해와 진실위원회' 이후의 화해에 대한 신학적 심리학적 성찰." 「선교
     신학」 13(2006): 269-298.

박창현. "세월호 이후의 신학: 맹골수도(孟骨水道)에서 죽은 예수의 부활을 준비하라."
     세월호의 아픔을 함께하는 이 땅의 신학자들 지음. 『남겨진 자들의 신학』. 서울:
     동연, 2015.

_____. "한국 교회의 '한풀이 목회'에 대한 마가 신학적 고찰." 「선교신학」 제4집 (2000
     년 10월): 257-276.

_____. "부활자의 선교 대위임 명령: 마 28:16-20을 중심하여." 「신학과 세계」 62
     (2008): 370-397.

_____. "예수가 최초의 이방 선교의 문을 열도록 도와준 수로보니게 여인 (막 7:24-30)."
     「신학과세계」 71(2011): 206-233.

_____. "선교적 교회론의 모델로서 한국 교회 초기 대 각성 운동(1903-1907년)." 「신학
     과세계」 74(2012): 218-253.

_____. "한국 사회의 시대적 사건 속에서 본 개신교회의 성장과 그 원인." 「신학과세계」
     45(2002): 348-384.

손택, 수전/이재원 역. 『타인의 고통』. 서울: 이후, 2009. (Sontag, Susan. *Regarding the
     Pain of Others*. Macmillan, 2013.)

이정배. "세월호 참사 以後 하느님 영(靈)을 말하는 법." 세월호의 아픔을 함께하는 이 땅
     의 신학자들 지음. 『남겨진 자들의 신학』. 서울: 동연, 2015.

최정만. 『비교종교학 개론』. 고양: 이레서원, 2002.

큉, 한스/이종한, 오선자 역. 『그리스도 여성사』. 왜관: 분도출판사, 2001.

인터넷

http://www.hani.co.kr/arti/politics/politics_general/638730.html.

www.facebook.com/remember0416page.

"세월호에 정말 철근 400톤이 실렸었나?" https://www.nocutnews.co.kr/news/461089

      1. 오마이뉴스, 2014.05.28.

정안숙. "[왜냐면] 심리학으로 본 '불순세력'은 보통사람이었다." 「한겨레신문」 2016. 7.

      26.

익산 4·4만세운동의 특징과 선교적 의미*

김 은 수
(전주대학교, 선교학)

I. 시작하는 말

1919년 4월 4일 익산군 솜리(이리) 장터에서 있었던 '대한독립
만세' 운동은 당시 거국적으로 일어났던 3·1운동의 연속선상에 있
었으며, 전북지역은 물론 전국에서도 매우 격렬했던 만세운동 중
하나였다. 하지만 일제강점기의 탄압을 거치면서 익산 3·1운동에
대한 역사적 사료(史料)가 정리되지 못하다가 만세운동이 일어난
지 70여년이 지난 시점부터 남전교회를 중심으로 역사적 연구와
가치보전을 위한 노력이 계속되고 있다. 이제 4·4만세운동은 남전
교회의 차원을 넘어 한국기독교장로회와 익산노회 그리고 익산 4·4

---

* 이 논문은 한국선교신학회 편, 「선교신학」 제47집(2017), 119-145에 실린 글이다.

만세운동 기념사업위원회, 익산시와 그 관계자들이 함께 거행하는
정례행사가 되었고, 이와 관련된 논문들이 발표되면서 새로운 사실
들이 밝혀지고 있다.[1] 이에 이 논문은 역사학자들에 의해 그간 고증
되고 새롭게 밝혀진 사실들을 바탕으로 선교적 입장에서 역사적 특
징을 먼저 정리하고, 이와 관련한 4·4만세운동이 주는 선교적 의
미를 성찰하였다.

II. 4·4만세운동의 특징

1. 필연적 운동

4·4만세운동은 먼저 역사적으로 필연적 운동이라고 할 수 있
다. 그 가운데 하나는 익산지역에서의 만세운동이 4·4운동 이전에
몇 차례 시도된 바가 있었고 이것이 사전에 발각되어 어려움을 겪
었음에도 불구하고 이에 굴하지 아니하고 치밀하게 준비하여 대규
모 운동을 일으켰다는 점이다. 다른 하나는 남전교회가 설립 이후
민족의 고통과 아픔을 자신들의 선교적 과제로 받아들이고, 독립과
해방을 위해 헌신한 인물들을 많이 배출함으로써 해방과 독립을 교
회의 과제로 이미 자리매김하고 있었기 때문이다.

전자의 경우, 익산지역 만세운동은 이미 2월 26일에 시작되었

---

1 이 논문은 익산 마동교회에서 2015년 3월 29일 개최된 "익산 4·4만세운동 96주년 기념예배"
에서 발표된 것이며, 2017년 게재를 위해 수정, 보완한 것이다. 「익산 4·4만세운동 기념사업
위원회 간행 자료집」, 10-25 참조

다. 서울세브란스 의학전문학교 1학년에 재학 중이었던 김병수는 자신의 군산 영명학교 은사이자 군산 신명학당 교사인 박연세를 찾아가 3·1독립만세운동의 군산거사를 논의하였다.[2] 박연세는 이를 수락하고 동료교사들과 거사모의를 하였으나 거사전날인 3월 5일 검거되고 말았다. 박연세는 남전교회에서 부친 박자형(朴子亨)과 함께 1906년 세례를 받고 기독교에 입교한 인물로서 당시 조선예수교장로회 전북노회장이자 남전교회 담임목사였던 최대진과 공감대가 형성되어 있었다. 최 목사는 전국적으로 번지고 있었던 만세운동을 잘 알고 있었던 차에 군산운동을 접했고, 김병수는 익산운동의 주동자였던 문용기(일명 문정관, 1878~1919)에게 독립선언서와 태극기를 전해주었기 때문에 군산만세운동은 익산운동의 모태가 되었다.[3] 더구나 천도교가 중심이 되어 천도교 교주 최제우의 순도일인 3월 10일 벌이기로 한 만세운동을 기독교가 협력하기로 했기 때문이다. 그러나 일제관헌의 감시로 천도교 박영진, 정내원, 고종권 등 핵심간부들이 검거되었음에도 10일 밤 9시 군내 여러 산상에서 일제히 봉화가 올라가고 이에 호응하는 만세소리가 울려 퍼졌다. 그 후 익산지역의 여산(3월 10, 30일), 금마(3월 18, 28일), 왕궁

---

2 신명학당(信明學堂)은 1909년 김제군 백구면 유강리의 김해김씨 문중들이 돈을 모아서 기울어져 가는 나라를 세우고자 민족의식교육을 시키기 위해 3칸짜리 초가집을 매입하여 설립하였다. 김수진, 『양동제일교회 100년사』(서울: 쿰란출판사, 2005), 209.

3 최근 주명준은 익산4·4만세의 과정에 대한 새로운 주장을 제기하였다. 남전교회 김치옥집사가 군산3·5만세의 주동이었던 임종우로부터 익산지방 만세운동을 권유받고, 이를 남전교회 박성엽 집사(그의 형 박성윤은 당시 남전교회 장로였음)와 문용기를 설득하여 일으킨 거사라고 하였다. 주명준, 『익산4·4 만세운동과 남전교회』(익산: 익산4·4만세운동기념사업위원회, 2013), 207-215.

(3월 18일), 춘포(3월 28일), 함열, 강경 등에서 여러 가지 형태의 만세운동이 일어났다. 이러한 일련의 만세운동과 함께 일제의 감시가 한층 심해졌음에도 불구하고 남전교회의 만세운동은 매우 치밀하고 계획적으로 준비되고 있었다.[4]

4·4만세운동은 남전교회 출신으로 1919년 당시 함경도 갑산에서 선교사들의 현지 통역인으로 포교활동을 하고 있었던 문용기(文鏞祺)가 3·1만세 운동이 거국적으로 일어나자 급히 귀향하면서 준비가 시작되었다. 그는 거사계획을 남전교회 최대진 목사와 논의하고 만세운동이 사람들이 많이 모이는 장날에 전개된다는 점을 착안하여 거사일을 '솜리'의 장날인 4월 4일(음력 3월 4일)로 정하였다.[5] 문용기는 3월 초 김병수에게 전해 받은 독립선언서와 태극기를 수천 장 더 만드는 등 남전교회의 믿을 만한 정명안(당시 사찰)과 박다연 집사 집에 모여 사흘간 밤늦도록 준비하였다. 또한 당시 남전교회가 세운 도남학교의 반장이자 교인으로서 신임할 만한 박영문을 통해 매우 은밀하게 다른 대원들과 연락했다. 특히 거사일인 4월 4일 전주에서 개최된 노회가 그 전날 끝났음에도 불구하고 담임목사인 최대진이 돌아오지 않았다. 이러한 위기 속에서도 거사를 차

---

4 전북지역독립운동추념탑건립추진위원회, 『전북지역독립운동사』 1994년 미간행자료집; 정인, "익산 3·1운동의 역사적 의미 – 남전교회 중심으로", 2001년 캘리포니아신학대학원 목회학박사논문, 81-84.

5 이리는 그 당시 사방 십리가 갈대로 뒤덮인 늪지였기 때문에 가을에 만개하는 갈대꽃이 마치 솜과 같다고 해서 '솜리'라고 하였다. 지금은 익산군과 이리시가 통합되었기 때문에 '익산 4·4운동'이라고 하지만, 당시 이름으로 하자면 '이리 4·4운동'이라고 해야 할 것이다. 주명준, 173; 익산독립운동기념사업회, 『익산 3·1운동(4·4만세운동) 제83주년 기념자료집』 2002년 미간행자료집, 1쪽 참조.

질 없이 진행하였다는 사실은 이 운동이 치밀하게 준비된 필연적 운동임을 잘 보여준다.6

다른 하나는 남전교회가 나라와 민족을 사랑하는 교회로서 지역의 중심이 되었기 때문에 거국적 독립운동인 3·1만세의 주역이 될 수 있었다. 특히 남전교회 출신 가운데 3·1만세운동을 주도한 큰 인물들이 많이 배출되었다. 익산운동의 주역인 문용기와 군산운동을 주도한 박연세, 전주만세운동을 지도한 김인전, 박영문, 장경춘, 문용기, 김치옥, 박성엽 등이 그들이다. 김인전은 충남 한산에서 태어나, 16세가 되던 1892년에 남전교회 인근 익산군 오산면 신지리로 이사하였다. 그후 남전교회에서 1903년 27세에 입교한 후 1910년 평양 장로회신학교에 입학하여 1914년 전라노회에서 목사안수를 받고 전주 서문밖교회를 담임하면서 1919년 기전과 신흥학교가 주도한 전주만세운동을 은밀히 지도하였다. 익산운동에서 문용기와 함께 순교한 박영문(朴永文)은 남전교회 초대교인이었던 박응춘의 아들로서 신실한 기독교집안에서 14세가 되던 1917년 세례를 받았고, 올바른 신앙과 국가관을 가진 모범생으로서 매년 학교에서 반장을 맡을 정도로 책임감이 투철한 자였으며, 장경춘은 남전교회를 신실하게 섬기던 32세 청년으로서 만세현장에서 총탄에 맞아 순교하였다.7 또한 문용기와 함께 운동을 주도한 것으로 밝혀

---

6 1919년 8월 전북 노회장으로 선출된 이자익은 총회보고서에서 최대진이 돌아오지 않은 이유에 대해 "남전교회에서 시무하던 최대진 목사는 헌병으로부터 추방명령"을 받았다고 하였다. 김수진, 『금산교회 이야기』 (금산교회 문화재보존위원회, 1998), 64.

7 위의 책, 30-34. 이 논문은 독립만세운동 중에 사망한 기독교인들의 죽음을 신앙고백적 차원으로 보고 "순교"라고 하였다.

진 김치옥과 박성엽은 남전교회 집사들로서 이들은 나라를 큰 환란과 위기에서 건지는 일이 곧 자신들이 해야 할 선교적 사명임을 분명히 인식하였다.[8] 남전교회 교인들이 거국적으로 3·1독립만세운동이 일어나자 4·4운동을 주도한 것은 자신들이 가지고 있었던 신앙적 정체성과 같았기 때문이며, 따라서 그 결과 필연적으로 일어난 운동이었다고 할 수 있다.

2. 평신도 운동

4·4익산운동을 함께 계획했던 최대진 목사가 정작 거사 당일에는 나타나지 않음으로써 리더십의 큰 공백으로 위기가 발생했다. 이러한 위기 상황에서도 거사를 차질 없이 지휘하였던 문용기는 평신도였다. 운동당시 도남학교 임시교사였던 문용기는 24세에 군산 영명학교의 한문교사를 하였고, 30세 되던 1908년 목포의 쟌왓킨스중학교(후에 영흥중학교)에 입학하여 1911년 졸업한다. 그는 선교사의 소개로 금광을 경영하는 미국인의 통역사로 일하면서 상해 임시정부의 독립자금을 조달하는 역할을 하였다. 4월 4일 아침, 하얀 한복을 차려 입은 교인들이 교회 마당에 가득히 모였을 때, 문용기는 담임목사가 없는 어수선한 분위기를 차분히 수습하고 박영문

---

8 김치옥은 평소 일제 만행에 의분을 가지고 있었다가 전국적인 3·1만세운동을 접하고 같은 교회의 박성엽 집사를 설득하여 함께 거사에 참여하였다. 김치옥은 익산 4·4만세운동 현장에서 독립선언서를 낭독하였고, 박성엽은 '대한독립만세'라는 플랜카드를 흔들며 만세를 주도하였다. 이 두 사람은 남전교회 평신도로서 오랫동안 4·4만세 운동의 역사에서 잊힌 인물이었다. 주명준, 『익산 4·4 만세운동과 남전교회』, 207-215.

이 동원한 도남학교 150여 명의 학생들과 교인들이 합세하여 솜리 장터로 향하게 했다.[9]

아침부터 장터 곳곳에 배치된 청년학생들이 장터를 돌아다니며 그날 정오 사거리에서 있을 만세운동에 참가할 것을 권하자 시위군 중은 약 1천 명으로 불어났다. 12시 30분 문용기가 대한독립선언 서를 힘차게 읽고 난 후 그의 선창에 따라 만세 삼창을 복창하는 군중들의 함성이 온 장터를 뒤덮기 시작했다. 남전교회의 교인들이 주축이 된 시위대는 일제수탈의 상징인 대교농장으로 향했다.[10] 시 위대가 가까워지자 위세에 눌린 일본군들은 군중을 향하여 총을 쏘 았으나 첫 번째 총성은 공포탄이었고, 이내 만세의 함성에 묻혀버 렸다. 시위대가 만세 소리를 더 높이자 일본군들은 당황하여 시위 대를 향해 실탄을 쏘았다. 비명을 지르고 피를 흘리며 쓰러지는 사 람들로 대열이 흩어지자 일본군은 무장한 채 장 안으로 뛰어들었고 닥치는 대로 총검을 휘둘렀다. 그들은 선두에 선 문용기의 오른팔 을 일본도(日本刀)로 내리쳤고, 그가 다시 이를 악물고 왼팔로 태극 기를 집어 들고 만세를 부르자 왼팔마저 내리쳐서 땅바닥에 쓰러뜨 렸다. 하지만 문용기는 사력을 다해 다시 일어섰다. 문용기를 에워 싸고 있던 일본군들은 그의 가슴과 복부를 찌르고 총 개머리판으로 머리를 강타하여 다시 쓰러뜨렸다. 열사는 마지막 숨을 거두며 "여

---

9 정인, "익산 3 · 1운동의 역사적 의미 – 남전교회 중심으로", 96.

10 익산 구시장 언덕에 위치했던 대교(大橋)농장은 일본 깃부현에서 대교(大橋)은행을 경영 하던 오오하시(大橋興市)가 1907년 건설하였다. 그의 대리인 에다요시는 익산지역 땅을 헐값에 사들여 대농장으로 만들고 자경단(自警團)을 만들어 자체경비를 하였고 총독부와 교섭하여 일본군 수비대와 헌병대를 익산에 주둔하도록 하였다. 주명준 · 정옥균 편저, 『전 북의 3 · 1운동(자료집)』(전주: 전북인권선교협의회, 2001), 112-113.

러분, 여러분, 나는 이 붉은 피로 우리 대한의 신정부를 음조(陰助)하여, 여러분들이 대한의 신국민이 되게 하겠소"라고 외치며 순교하였다.[11]

16살의 박영문 역시 선두에 서서 대한독립만세를 외치다가 일본헌병들에게 복부를 총검으로 잔인하게 찔렸다. 그가 검붉은 피와 함께 쏟아지는 장(腸)을 움켜쥔 채 다시 일어서서 '대한독립만세'를 세 번 외치고 다시 쓰러져 순교하였다. 그와 함께 남전교회에서 신앙생활을 하던 신덕리의 장경춘도 현장에서 순교하였고, 문열사의 뒤를 따르며 목이 터져라 만세를 외치던 오산리의 박도현도 시장 사거리에서 일본군이 쏜 총탄에 맞아 그 자리에서 순교하였다.[12] 이들 외에 함께 만세운동에 참여했던 이리 사람 서공유, 이충규가 순교함으로써 6명이 숨졌고, 20명 정도가 중경상을 입었으며 김치옥을 비롯한 39명이 체포되었다. 나라의 독립을 선교사명으로 신앙고백하며 4·4운동에서 숨을 거둔 그리스도인 모두 그리고 부상을 당하거나 체포되거나 재판을 받은 그리스도인 모두가 평신도였다.[13] 물론 4·4운동에 참여한 비(非)그리스도인들도 많이 있었으나, 4·4운동은 기독교 참여자들 가운데 교역자가 없이 평신도로 구성된 만세운동이었다. 이것은 다른 지역에서 교역자들의 피해가

---

11 당시 일본군 헌병대의 시위상황 보고서에도 한 사람을 적시(摘示)하여 "수모자의 1인으로서 검총의 돌격을 받은 자는 절명에 이르기까지 만세를 창하다"라고 기록하여 보고할 정도로 투혼을 다하여 저항했음을 보여주었다. 위의 책, 143. 정인, "익산3·1운동의 역사적 의미-남전교회 중심으로", 104-105. 문용기의 당시 유품은 천안 독립기념관에 전시되어 있다.
12 익산독립운동기념사업회, 18.
13 김치옥 등이 4·4운동을 주도했다는 것은 그의 재판기록에서 상세히 알 수 있다. 그의 재판기록에 대해서는 주명준, 291-302.

컸던 것과는 분명히 구분되는 특징이라고 할 수 있다.[14]

이것은 전북지역 선교가 평신도에 의해 크게 확산된 역사와 맥을 같이 한다. 한국장로교회의 최초 공식선교전략인 삼자원칙(三自原則)에 근거한 네비우스정책은 교역자가 절대 부족한 상황에서 평신도들에 의한 선교가 활발히 이루어졌다.[15] 특히 전주에서도 평신도의 탁월한 선교적 삶을 찾아볼 수 있다. 남자로서는 이보한과 여자로서는 방애인을 들 수 있는데, 이들은 주로 가난한 자들을 대상으로 하였다.

이보한은 효자의 가문(전라도 목천포 당산, 지금의 익산시 목천동)에서 1862년 고종 9년 음력 정월 23일 태어나 성한이라는 이름으로 호적에 올려졌다. 그의 모친이 그를 낳은 후 죽어 외롭게 자랐는데 홍역으로 왼쪽 눈을 실명하여 평생 검정 안경을 쓰고 다녔다. 그가 기독교인이 된 것은 성인이 된 후였다. 최의덕(Lewis B. Tate) 선교사가 이보한의 부친(진사)을 전도하다가 이 진사에게 맞았는데, 당시 치외법권인 서양선교사를 때려 큰 곤경에 빠졌을 때 최 선교사가 "예수만 믿으면 된다"고 제안했고, 가족회의를 열어 이보한이 믿기로 결정했다. 이때 그의 나이 32세(1894년)였다.[16]

---

14 위의 책, 18. 주명준·정옥균, 『전북의 3·1운동(자료집)』, 142-147. 선교사 부위렴(W. F. Bull)은 창검에 찔려 순교한 문열사가 "네가 나를 죽인다마는, 이 일로 인해 하나님께서는 네 나라를 벌하여 줄 것이다"라고 말한 것으로 전하고 있으며, 이날 순교한 6명 모두가 기독교인이었다고 선교보고서에서 밝히고 있다. W. F. Bull, "Some Incidents in the Independent Movement in Korea", 1919.

15 "교회에 속한 모든 회와 회원들은 전도에 힘써야 한다"는 네비우스 선교원칙과 "설교하기보다 전도자를 양성하여야 한다"는 선교정책에 따라 평신도를 중심으로 전도가 많이 이루어졌다.

16 임병해 엮음, 『이거두리 이야기』(서울: 에디아, 1996), 참조

이보한은 서문밖교회에 출석하면서 시편 126편 5~6절을 바탕으로 지어진 "새벽부터 우리 사랑함으로써 저녁까지 씨를 뿌려봅시다" 찬송의 후렴 "거두리로다, 거두리로다"를 부르며 매일 남문밖 장터와 거리에서 복음을 전하였다. 이로 인해 사람들이 그를 '거두리'라고 부르게 되었는데, 그의 '파격적인' 전도행각은 유명하였다. 그는 노래 품삯으로 거지들을 먹였고 부잣집만 골라 거지들을 끌고 다니며 거둬먹였으며, 집안 소작인들을 탕감해주었고, 나무꾼들을 부잣집에 데리고 다니면서 나무를 대신 팔아주거나, 부잣집 아들과 거지 옷을 바꿔 입히기도 하였다. 거드름 피우는 서울 양반들에게 '줄 뺨'을 돌렸고, 교인 변호사를 찾아가 "천국에 달아 두라"며 돈을 빌려다 거지들을 먹였다. 전주 3·1운동 때에는 많은 거지들을 이끌고 만세운동에 참여하였으며, 거지와 기생들이 모은 독립운동의 자금을 상해에 보내는 등 독립운동에도 크게 기여함으로써 평신도 선교의 큰 본보기가 되었다.[17] '양반이기를 포기한 양반 전도인' 이보한이 1931년 8월 16일(음력) 완산동에서 별세하자 전라도 거지들이 모여 '걸인장'(乞人葬)을 치렀는데 그 조문객이 상업은행을 창설한 전주 부자 박영철의 부친상 때보다 더 많았고 생전과 죽음 이후 민중의 절대적인 지지를 받은 헌신된 평신도였다.[18]

방애인은 1909년 9월 황해도 황주읍에서 방중일 씨의 장녀로 출생하여 황주 양성학교를 거쳐 평양의 숭의여학교에 입학하였으

---

17 위의 책, 83f. 105f.
18 이덕주, "한국기독교 문화유적을 찾아서-남도 풍류와 믿음이야기(3)", 「기독교사상」 1998/8월, 257-259.

나 학교가 어렵게 되자 개성 호수돈여고로 전학하여 1926년 3월 수석으로 졸업하였다. 그해 4월, 전주기전여학교의 교사로 발령받아 3년을 근무한 뒤, 고향 황주의 모교에서 2년을 근무하였다. 1931년 9월, 다시 전주기전여학교에 부임하면서 회심한 뒤, 세상을 떠난 24세까지 2년 동안의 행적은 그야말로 성자의 모습이었다. 그녀는 단 한 벌의 옷으로 살았고, 딸의 모습을 보다 못한 어머니는 할머니가 입던 저고리와 바지의 솜으로 옷을 만들어 보냈는데 그것마저 어려운 이웃에게 주었다. 그녀의 아버지는 황주에서 세례를 받았으나 가산을 탕진하고 타락한 생활을 하였다. 이에 그녀는 아버지를 위해 늘 기도하였고 일기에 "예수님께서는 나를 위해 40일 동안 금식기도를 하였는데 나는 주를 위하여 무엇을 하며 또 아버지를 위해 무엇을 하느뇨. 나는 이제부터 아버지가 회개할 때까지 매일 아침을 먹지 않고 기도하리라"고 썼다.[19] 그녀는 죽을 때까지 아침 금식으로 시작하고 기도를 거른 적이 없었으며, 길거리 정신병자 할머니, 문둥병자, 어려운 학생들을 돌보았고, 전주서문밖교회의 도움으로 성탄예배의 헌금 등으로 호남지역 최초의 전주고아원을 설립하였다. 또한 매주 토요일 노방전도를 하였고 노인들을 찾아다니며 복음을 전하였다. 1933년 9월 1일 개학식이 끝나고 그녀는 병원에 입원했고 9월 16일 생을 마감하였다. 그녀의 장례식때 상여를 메고 공동묘지로 향하는 소복 입은 수십 명의 여자들과 수백 명의 학생들의 눈물과 울음소리는 전주 시내를 뒤덮었다. 비록 짧은 생을 살았으나 걸인과 가난한 자들을 위해 살았던 그녀의

---

19 배은희, 『조선성자 방애인 소전』 (서울: 성서연구사, 1948).

삶은 평신도 선교사로서 크고 감동적인 본이 되었다.

3. 저항운동

4·4익산만세운동은 남전교회 교인들과 익산군민들의 저항운동으로서 매우 격렬한 사건으로 기록되고 있다. 문용기의 최후를 목격한 시위대는 맨몸으로 일본군과 격투를 벌이며 그들의 무기를 빼앗아 무장한 일본인들과 대적하여 상당한 피해를 입혔다. 이것은 전국의 3·1운동 가운데 일본군의 총칼을 빼앗아 일본군을 타살한 평남 강서교회가 원장(院場)의 장날 펼친 운동과 비교되기도 한다.[20] 이처럼 격렬한 저항의 원인은 익산이 동학농민혁명의 영향권에 놓여 있었던 곡창지대로서 조선말기 탐관오리들과 일제의 수탈이 극심했던 곳이고, 국권회복에 대한 갈망이 컸었기 때문이다. 일제의 수탈은 이미 1910년 강제합병 이전에 시작되어 헐값으로 사들인 땅으로 개설된 일본인 농장만 하더라도 익산과 옥구를 아우르는 '옥익꾸뜰'에만 16개 이상 들어섰다.[21] 토지수탈의 대표적인 기관인 동양척식주식회사(東洋拓植株式會社)를 줄여서 동척(東拓)이라고 불렀는데, 남전리에는 실제 '동척'이라는 부락이 있었고 '왜촌'

---

20 강서교회 교인들은 일본군에 의해 많은 희생자가 속출하자 그들에게 달려들어 총을 빼앗아 일본군을 세 명 사살하고 모락장의 헌병분견대까지 진출하여 불을 질렀다. 그러자 일본군은 증원부대를 급파하여 집사와 장로 두 사람을 그 자리에서 죽이고 몸을 피한 4명에게 사형, 나머지 10여명에게는 15년 형을 선고하였다. 익산운동의 격렬한 저항에 대해서는 주명준·정옥균, 『전북의 3·1운동(자료집)』, 146-147 참조.

21 익산독립운동기념사업회, 3. 정인, 51-52. '옥익꾸뜰'이란 이 지역 사람들이 부르던 옥구와 익산의 넓고 비옥한 평야를 이르는 말이었다.

이라고 부르는 마을도 있었는데, 그 이유는 일본인 동척회사의 땅이 많았기 때문이다. 1915년 당시 익산의 인구분포를 볼 때 일본인이 2,053명으로 59.2%를 차지한 반면, 한국인 거주자 1,375명으로 불과 전체인구의 39.6%에 그치고 있었던 것만 보아도 일제의 압제와 수탈이 얼마나 심했던 지역이었나를 잘 보여준다.[22]

이런 점에서 4·4만세운동은 무엇보다 민족저항운동이라고 할 수 있다. 일제의 정치적 억압과 경제적 착취와 사회적 차별과 침략은 그 도를 더해갔었기 때문에 민족의 아픔과 고통을 자신의 것으로 받아들인 남전교회 교인들은 불의에 저항함으로써 자신들의 신앙을 실천한 것이라고 할 수 있다. 이런 맥락에서 남전교회는 1910년 이전부터 설립하고 운영하고 있었던 민립학교인 도남학교를 세우고 역사의식이 강했던 교사들을 통해 학생들을 가르쳐왔으며, 박영문을 비롯한 학생들이 4·4만세운동의 주역이 될 수 있었던 것이다. 이 학교는 그 후에도 1921년 신성학교로 학교명을 바꾸어 1930년 말까지 존속했다.[23]

또한 4·4만세운동은 기독교 저항운동이라고 특징지을 수 있다. 이때 한국에 개신교가 들어온 지 30여 년이 지난 시점이었고, 전북지역에는 25여년이 지나면서 기독교인들은 각 지역에서 세계와 소통하는 선구적인 지도자로 자리 잡아가고 있었다. 교회는 전국적인 조직력을 갖추고 있었으며, 일제의 침탈에 대해 그 부당함을 알리

22 이덕주, "익산 4·4만세의 전개과정과 역사적 의미", 『익산 3·1만세운동』 (익산: 익산 4·4만세운동 기념사업회, 2000), 1-2.
23 정인, "익산 3·1운동의 역사적 의미 – 남전교회 중심으로", 122-123; 익산독립운동기념사업회, 5.

며 민주와 민족의식을 통한 정신적 지주역할을 해오고 있었다. 이 것은 무엇보다 기독교가 거국적인 3·1만세운동의 중심적인 역할을 하였고, 그 결과 피해가 가장 컸던 것에서도 잘 알 수 있다. 3·1운동 당시 파괴된 예배당은 80여 동이며, 구금된 교인이 3,428명에 이른다. 이는 3·1운동을 주도적으로 이끌었던 천도교인 2,283명을 훨씬 상회하는 숫자이며 유교 346명, 불교 220명에 비하면 엄청난 숫자이다.[24]

3·1만세운동이 일어난 지 십여 년이 지난 1928년『조선예수교 장로회사기』하(下)권에는 당시의 피해를 기록하면서 여전히 민족 독립운동을 교회의 사명으로 재인식하고 있었다. 그 가운데 익산과 인근 지역에 대한 부분을 살펴보면, "1919년(기미) 삼일운동이 시작된 후 교회 중 직원과 교인과 학생의 참여가 다한데 익산군 남전 교회에는 문정관, 박영문, 장경춘 등 삼인이 피해되고 목사 최대진은 출외사직하고(중략) 옥구 구암리교회에서는 장로 박연세와 교사 이두열, 김수영, 김인묵과 학생 십여 인과 군산부 개복동교회에서는 교인 김성은 김지선, 서희, 홍종의, 전종식 등이 피해되었고, 전주 서움외교회에서는 목사 김인전은 상해에 주하였다가 해지에서 별세하니라."[25]

특히 경기도 제암리교회는 3·1운동 당시 큰 피해를 입었는데,

24 이만열, 『한국기독교사 특강』(서울: 성경읽기사 1985), 163. 기독교 기소자 1,562명 가운데 교파별 수는 장로회 1,154명, 감리회 290명, 조합교회 2, 천주교 18명 등이다.
25 조선예수교장로회 총회 제17회 회의록. 1919년 제8회 총회는 평양신학교에서 열렸는데, 서울서대문감옥에 수감된 김선두, 양전백, 함태영, 길선주 등에게 위문편지를 보내기로 결의하였고, 환난 중에 있는 동포들을 위해 한 주간 동안 기도주간으로 정하였다.

일본 헌병들이 일방적으로 두렁바위 마을의 기독교인 23명을 집단
학살한 것만 보아도 기독교인들이 3·1만세운동을 주도했다는 일
제의 판단이 틀리지 않았음을 잘 보여준다.

끝으로 익산 4·4만세운동은 농민 저항운동이라고 할 수 있다.
4·4만세운동은 구한말 이후 한국에 진출한 일본인들이 농지개간
을 빌미로 농지를 수탈하고 농민들을 소작농으로 전락시킨 데 대한
농민들의 분노와 저항이었다. 4·4만세 시위대가 익산지역의 대표
적인 일본인 농장인 대교농장을 목표로 진격했다는 사실에서도 여
실히 드러난다. 일본인들이 익산 주변의 광대한 농토를 어떻게 빼
앗았는지 살펴보면, 4·4운동당시 익산지방 땅값은 답(畓)이 평당
35~80전(錢), 전(田)은 20~25전(錢)이었던 데 비해, 일본 내에서
의 그들 땅값은 전(田)이 1단보(段步, 300평)에 500~1,000원(圓)
을 훨씬 웃돌고 있어서 8~17배에 이르고 있었음을 감안할 때 얼마
나 터무니없는 헐값에 땅을 사들였는지 잘 알 수 있다. 게다가 소작
인으로 전락한 한국인들에게 고율의 소작료(수확량의 50%)를 매겨
착취함으로써 소작인들도 노예나 다름없는 처참한 생활을 하고 있
었다.[26]

이것은 한국이 1928년 예루살렘 국제선교협의회(International
Missionary Council)를 다녀와서 장로회와 감리회의 각 총회에 농촌
부를 상설부서로 설치한 역사와 그 맥을 같이 한다. 이러한 결실은
예루살렘 대회에 대표로 참석하고 돌아온 신흥우, 김활란, 정인과
양주삼 등은 산업사회에서 교회의 책임적 선교를 촉구한 결과였다.

---

26 주명준·정옥균, 『전북의 3·1운동(자료집)』, 124-125.

1929년 4월에는 조선예수교연합공의회가 '경제적 파산'을 당하고 있는 당시 조선을 건지기 위해 농촌사업을 깊이 다루고, 이를 구체화하기 위한 농촌부를 공의회에 1930년 창설했다.[27] 당시 세계적인 경제파탄으로 인해 제3세계의 농촌이 특히 피해를 많이 입고 있는 현실을 직시하고 국제선교협의회가 사회적 책임의 선교를 강조하였고, 한국교회는 이를 현실에 반영한 결과라고 할 수 있다.

III. 4·4만세운동의 선교적 의미

1. 삼자원리(Three-Self Principles) 선교의 결실

자립(self-supporting), 자전(self-propagating), 자치(self-governing)의 삼자원리(三自原理, three-self principles)는 존 L. 네비우스(John L. Nevius)에 의해 한국에 소개되었기 때문에 '네비우스 선교정책'이라고도 한다.[28] 그는 안식년을 맞아 미국으로 귀국하

---

27 민경배, 『한국기독교회사』 (신개정3쇄. 서울: 대한기독교서회, 1995), 383f. 이때를 전후해서 농촌진흥을 위한 여러 운동들이 일어나기 시작하였다. 1929년에는 YMCA에서 '농촌청년'을 정기 간행하였고, 1930년에는 윤치호와 홍병선이 「농업세계」를 간행하면서 농촌진흥을 민족적인 과제로 삼았다.

28 네비우스는 화란계 후손으로 1829년 3월 4일 미국 뉴저지에서 출생하여 16세 때 유니온 대학에 입학, 그 후 졸업하였다. 1850년 프린스톤 신학교에서 신학을 공부하였고, 1853년 북장로교 해외선교부에 선교사로 지원하여 곧 중국에 파송되었고, 양자강과 산동성을 중심으로 활동을 하다가 1893년 10월 19일 40년간의 선교사 생애를 마감하였다. John L. Nevius, *China and the Chinese* (Philadelphia: Presbyterian Board of Publication, 1901); C. A. Clark, *The Nevius Plan for Mission Work, Illustrated in Korea,* 박용규·김춘섭 공역, 『한국교회와 네비우스 선교정책』 (서울: 대한기독교서회, 1994) 참조.

여 영국의 헨리 벤(Henry Venn)과 미국의 루프스 앤더슨(Rufus Anderson)에 의해 제시된 삼자원리에 기초한 토착교회 설립정책을 접하게 되어 이를 귀국 후 중국에 적용하였다.[29] 당시 중국은 극심한 경제적 피폐로 교회가 주는 보조금을 받기 위해 나오는 '쌀 신자'(rice Christian)들이 많아 진실한 신앙인으로 양육하기가 어려웠다.[30] 이에 네비우스는 삼자원리를 자신의 산동지역 사역에 적용함으로써 많은 결실을 보게 되었고, 이 경험을 *Chinese Recorder* 라는 저널에 기고하고, 그 글들을 모아 *Planting and Development of Mission-ary Churches*라는 책으로 출간하였다. 이 무렵, 한국에 미국 장로교 파송 선교사로 도착한 언더우드는 네비우스 선교정책을 접하고 매료되어 그를 초청하였고, 1890년 서울로 와서 장로교 선교사들과 열흘 간 머물면서 자신의 정책을 제시하고 토론하였다. 여기서 제안된 내용들을 언더우드는 한국적 상황에 재적응시켜 1891년에 한국 장로교 선교부의 선교정책으로 삼았다. 언더우드는 네비우스 선교 정책의 가장 중요한 과제로 한 사람을 그리스도

---

29 헨리 벤은 1841년부터 1872년까지 영국의 CMS(Church Missionary Society)의 총무로 일하였고, 앤더슨은 1832년부터 1866년까지 ABCFM(American Board of Commissioners for Foreign Mission)의 총무로 일하였으나, 자립하는 토착적 현지교회 설립을 목표로 하였기 때문에 서신을 통하여 자신들의 사상을 서로 발전시킴으로써 삼자원리가 나오게 되었다. 여기서 자립은 선교사들의 선교자금에 의존하지 않고 재정적으로 독립되어서 운영되는 원리이고, 자전은 현지인 교회 스스로가 선교사의 도움이 없이도 복음을 전파하고 증식하는 원리이며, 자치란 선교사들의 지도력을 벗어나서 현지인 지도력에 의해서 교회가 운영되는 원리다. Max Warren, *To Apply the Gospel: Selections from writings of Henry Venn* (Grand Rapids, 1971); Rufus Anderson, *Outline of Missionary Policy,* 1856.

30 '쌀 신자'란 네비우스가 표현한 말로써 경제적 수입이 있을 때는 신자 노릇을 하고, 그렇지 않으면 교회를 떠나는 기회주의적 신자들을 지칭한 말이었다. John L. Nevius, *Planting and Development of Missionary Churches*, 15.

에게 인도하면 그를 떠나지 말고 끝까지 가르쳐서 그가 개인 전도 하는 일꾼이 되게 한다는 것과 교회의 전도 사업을 감당할 만한 인물이 나오면 그들을 선임하여 교회의 일꾼으로 세워서 육성하는 것으로 삼았다.31

익산 남전교회의 경우, 처음부터 그 지역에 교회가 세워진 것이 아니었다. 선교사 유대모(A. D. Drew)는 남장로교 선교부가 군산을 포기하고 나주로 옮기려고 했을 때 그는 군산을 끝까지 포기하지 않았고, 그 결과 1898년 궁말로 군산선교부를 이전하고 본격적인 선교를 시작하였다. 그는 전위렴(W. M. Junkin)과 함께 만경강을 가로질러 남참(오늘날의 오산면 남전리)을 비롯한 인근 부락을 선교하였다.32 복음을 받아들인 당시 남전 사람들은 보통 주일보다 하루 일찍 토요일에 선교부로 와서 주일을 보낸 후 월요일에 되돌아가곤 하였다. 그 결과 1899년 3월 15일 전위렴 선교사로부터 김정현과 이성일 댁(宅)이 군산 전위렴의 사랑채에서 익산지역민 최초로 세례를 받고 교인이 되었고, 그 후 남전 사람 12명이 세례를 받았으며 불과 1년 사이에 남전지역 교인수가 20여 명으로 불어나

---

31 H. G. Underwood, *The Call of Korea* (New York: Fleming H. Revell, 1908), 109-110. 삼자원리에 대한 보다 자세한 내용은 김은수, 『해외선교 정책과 현황』 (서울: 생명나무, 2011).

32 유대모는 미국 큐렌시에서 출생하여 펜실베니아 대학 약학과를 졸업한 후 버지니아대학 의학부를 졸업하고 의사가 되었다. 그는 한국선교사를 갈망하던 중 부인 러스를 만나 1893년 결혼하고 신혼까지 반납한 채 한국으로 왔다. 그는 서울에서 한국어와 한국문화와 역사를 익혔고, 호남선교의 7인 선발대 가운데 하나인 이눌서(W. D. Reynolds)를 만나 1894년 3월 30일 군산항에 도착하여 군산선교부와 인연을 맺었다. 그는 청일전쟁 때 호열자 전염병으로 많은 한국인이 위험에 처하자 서대문 진료소를 마련하고 헌신적으로 치료하여 고종황제로부터 은으로 된 잉크 스탠드를 상으로 받았다. 정인, "익산 3·1운동의 역사적 의미 – 남전교회 중심으로", 42-43.

게 되었다. 이러한 놀라운 성과는 남전교인 스스로가 지역에서 전도와 기도회 형태의 모임을 가지며 원시교회 형태의 활동을 하였기 때문이다. 이러한 가운데서도 주일이 되면 군산 선교부까지 예배를 드리러 다녔고, 1900년 봄부터는 남전의 이윤국의 집에서 정식 예배를 드리면서 독립교회가 되었다. 1901년에는 초가 다섯 칸 예배당을 마련하였고, 1915년에는 12칸짜리 양철 지붕의 예배당을 갖게 되었다.[33]

　　남전에서 처음 두 사람이 세례를 받고 그리스도인이 되자, 선교부는 이들을 개인적 신앙 유지에만 머무르게 하지 않고 끝까지 가르쳐서 이들이 마을로 돌아가게 했고, 이웃에게 개인 전도를 하는 일꾼이 되게 만든 것은 대표적인 언더우드의 네비우스 선교전략의 실천이라고 할 수 있다. 또한 남전교회에서 배출한 초대교회 인물들을 보면 익산 3·1운동에서 순교한 문영기와 박영문을 비롯한 평신도 지도자들과 박연세 목사와 김인전 목사 등 걸출한 교역자들을 배출함으로써 전도 사업을 감당할 만한 인물을 선정하고 육성한 것은 언더우드의 네비우스 선교정책의 결과라고 할 수 있다. 이들은 자립, 자전, 자치의 정신으로 이웃과 민족의 복음화에 헌신하였을 뿐 아니라 나라의 독립을 위해 자신을 바침으로써 네비우스 선교정책이 귀한 결실을 거두는 데 가장 크게 기여하였다고 할 수 있다. 또한 이들의 탁월한 리더십은 가장 치열한 3·1운동 가운데 하나인 4·4만세 운동을 주도하였을 뿐 아니라 망명 임시정부의 요직까지

---

33 「남전교회 당회록」1899년 3월 15일~제1권 제1, 2회 당회 기록원본(archive). 남전교회 당회록은 호남지역에서 보존되고 있는 가장 오래된 당회록이다.

감당함으로써 한국의 초대교회가 교회뿐 아니라 지역사회와 나라를 이끌어갔음을 잘 보여준다.

2. 상황화(Contextualization)와 장터선교

복음이 다른 문화권으로 전파될 때 그 지역의 문화 혹은 종교와의 충돌이나 갈등이 불가피하게 일어난다. 이때 제기되는 문제가 '상황화'(Contextualization)이다. 상황화는 선교가 이루어지는 과정에서 반드시 일어나며, 이를 에큐메니칼 신학에서는 '토착화'(Indigenization), 가톨릭에서는 '문화화'(Inculturation)라고 부르지만 그 의미는 같다. 기독교의 정체성(Identity)이 훼손되지 않으면서 복음이 뿌리내리게 된다는 점에서 긍정적으로 평가된다.[34]

문화와 단절된 개인은 존재하지 않듯이 기독교 역시 문화와 단절되지 않으며, 기독교의 정체성은 문화적인 정체성과 밀접하게 연결되어 있다. 따라서 기독교인은 그리스도 안에서 동시에 자신의 문화와도 단절됨 없이 그 정체성이 확보되어야 한다.[35] 이런 점에서 5일마다 서는 장터는 한국 사회의 대표적인 문화이고, 농민과 서민들의 삶의 자리(Sitz im Leben)로서 1919년 당시 복음이 선포되고 실천되는 매우 중요한 접촉점이었다.

---

34 상황화나 토착화와는 반대로 기독교의 정체성(Identity)이 심하게 훼손되는 경우를 혼합주의(syncretism)라고 하며 부정적으로 평가된다. 김은수, 『현대선교의 흐름과 주제』 (서울: 대한기독교서회, 2015), 354-355.

35 1973년 방콕 세계선교와 전도위원회(CWME)는 "인종적이고 문화적 정체성은 기독교적인 정체성 안에서 수용해야만 할 신적인 선물이고 인간적 획득물이다"라고 하였다. P. Potter (Hrg.), *Das Heil der Welt heute* (Stuttgart & Berlin, 1973), 181-182.

실제 하위렴(W. B. Harrison) 선교사는 전주에 있는 몇 명의 그리스도인을 설득하여 5일마다 열리는 장날에 많은 사람들에게 설교할 수 있도록 장터마다 두 개의 헛간을 짓도록 했다. 이 헛간에서 전위렴 선교사는 '생명의 진리 말씀'에 대해서 증거하였고, 유대모 선교사는 서양의 의술로 병자를 고쳐주었다. 그리고 한 쪽에서는 사람들에게 전도지인 쪽복음을 들려주기도 하였고, 집으로 가져가서 읽을 수 있도록 쪽복음서를 팔기도 하였다.36

4·4운동이 일어난 1919년 당시 익산근교에는 이리시장(지금의 구시장)과 농고시장(지금의 북부시장)이 4일과 9일에 장이 열리고 있었고, 여산, 웅포에는 1일과 6일, 함열, 금마시장은 2일과 7일에 장이 열렸다.37 이처럼 이 지역에 장이 많이 열리게 된 것은 일본인들이 1909년 전라선의 지선으로 익산과 군산을 잇는 철도를 개설한 후 집중개발을 하였기 때문이다. 이들은 황무지와 같은 익산군 일대의 땅을 헐값으로 사들여 주민들을 강제노역에 동원하여 개발하여 큰 농장을 세워 나갔다. 당시 전북 전체의 일본인 농장이 40여 개 있었는데 그 가운데 절반이 익산지역에 집중되어 있었다. 그만큼 익산은 일본인들의 수탈이 극심한 지역이었음을 보여준다.

일본인들의 횡포로 수많은 농민들이 소작인으로 전락하였고 생활은 갈수록 피폐해져 갔기 때문에 농민들의 분노는 점차 커져 갔다. 이들이 서로 만날 수 있는 곳이 바로 장터였다. 장터에서 서로의 정보와 대화를 나누기도 하였으나, 울분을 토로하며 자신들의 주장

---

36 「남전교회 당회록」 1899년 3월 15일~1932, 당회 기록원본(archive).
37 정인, "익산 3·1운동의 역사적 의미 – 남전교회 중심으로", 50-51.

을 표출할 수 있는 공간이기도 하였다. 따라서 '장터'는 복음이 전파되고 뿌리내리기에 가장 좋은 토착화의 현장임과 동시에 전국적으로 3·1운동이 가장 많이 일어났던 장소이기도 하였다. 이런 맥락에서 익산4·4운동 역시 이리(솜리) '장터'에서 일어났다고 할 수 있다.

3. 에큐메니칼(Ecumenical) 선교의 실천

'에큐메니칼'(ecumenical)이란 말은 헬라어의 '오이쿠메네'(oikoumene)에서 왔고 한글로는 오늘날 '교회일치'의 의미를 가지고 있다. 이 말은 역사적으로 크게 세 가지의 의미로 발전되었다. 먼저 그레코-로만 세계에서와 신약성경에서 발견되는 뜻인데 '사람이 거주하는 온 세상' 혹은 '로마제국 전체'와 관련하여 사용되었다. 다음으로는 초기 몇 세기 동안 교회와 관련하여 교회전체 회의 혹은 '보편적인 교회론적 유효성'(universal ecclesiastical validity)에서 사용되었다. 마지막은 현대적 개념으로 세계적인 선교적 확산이나 다수의 교회 또는 교파가 일치와 관련한 자각과 희망을 표현할 때 사용되고 있다.[38]

현대 교회의 에큐메니칼 운동은 선교운동에서 비롯되었다. 특히 19세기 기독교의 급속한 확산으로 에큐메니칼적 협력의 필요성

---

38 '오이쿠메네'라는 용어는 신약성경에 15번 사용된다. W. A. Visser't Hooft, *A History of the Ecumenical Movement(1517-1848)*, Vol. I, ed. by Ruth Rouse and Stephen Charles Neill (SPCK,1986), 735-740.

이 크게 대두되었다. 그 이유 가운데 하나는 서구 열강의 식민지 팽창과 기독교 선교가 함께 진행되면서 서구선교사들이 자국의 정치적 이해에 따른 심각한 분열과 갈등 때문이며, 다른 하나는 개신교 선교가 활발해지면서 많은 선교단체들과 교파들 간에 중복과 경쟁으로 인한 선교적 자원낭비가 심화되었기 때문이다.[39] 이를 해결하기 위해 1910년 스코틀랜드의 수도 에딘버러에서 에큐메니칼 "세계선교대회"(The World Missionary Conference)가 개최되었다. 이 대회의 가장 큰 의미는 "현대 에큐메니칼 운동의 탄생지"가 된 것이다.[40] 그 후 1921년 조직된 국제선교협의회(IMC)는 계속적인 에큐메니칼 세계선교대회를 개최하면서 하나님의 선교(missio Dei)에 근거한 에큐메니칼 선교신학을 형성하였다.

에큐메니칼 선교의 가장 두드러진 특징은 대화의 선교이다. '대화'의 선교에 대한 성경적 근거는 골로새서 1장 15-20절로서 '우주적 그리스도'이다. 그리스도의 속죄 개념을 창조처럼 포괄적이고 포용적인 개념으로 이해하는 것으로써 하나님이 교회는 물론 세계 역사의 모든 면에서도 활동하시기 때문에 교회와 세계 사이에 근본적인 차이가 없다는 것이다. 이러한 입장은 1961년 뉴델리 WCC 최종보고서에 "나사렛 예수 그리스도는 우주적(universal) 주이시

---

39 김은수, 『현대선교의 흐름과 주제』, 32-33.

40 William Richey Hogg, *Ecumenical Foundation* (New York: Harper & Brothers, 1952), 98-142; Latourette in Rouse/Neil, *Geschichte der ökumenischen Bewegung*, I, (Göttingen, 1957), 497. 기독교의 3대 에큐메니칼운동이라고 일컬어지는 '국제선교협의회', '생활과 사업' 그리고 '신앙과 직제'운동이 에딘버러대회를 기점으로 태동되었기 때문이다. Eun-Soo Kim, *Missio Dei und Kirche in Korea* (Hamburg: Verlag an der Lottbek, 1995), 19-22.

며 구세주이다"라고 표현되면서 타종교와 대화의 선교가 발전되었다.[41] 대화의 선교에서 자주 제기되는 문제는 다른 신앙인을 단지 개종의 대상으로 여기는 태도와 대화 자체를 선교로 생각하는 것이다. 전자는 인격적인 '나와 너'(Ich und Du)의 진정한 대화가 못되기 때문에, 후자는 기독교의 유일성이 훼손되기 때문에 논란이 되어왔다.[42] 이런 점에서 대화의 선교에 아직도 소극적인 복음주의와는 가장 큰 차이가 있다.

익산지역은 내세의 부처가 이 땅에 와서 불법(佛法)으로 나라를 다스리게 된다는 미륵(彌勒)불교의 중심지였다. 후백제의 견훤이 자신을 현세불로 여기고 나라를 세웠으나 오래가지 못하였고, 조선의 '억불숭유'정책으로 불교의 포교가 어려워지자 더욱 민중적이고 사회개혁적인 성향을 가지게 되었다.[43] 이러한 맥락에서 소태산 박중빈이 전남 영광에서 '불법시생활 생활시불법'(佛法是生活 生活是佛法)이라는 생활불교를 기치로 불법연구회를 만들고 익산으로 총부를 옮긴 후 비약적인 발전을 거듭한 원불교는 오늘날 기독교, 천주교, 불교와 더불어 한국의 4대 종단이 되었다. 전북에서 일어난 동학은 후에 천도교로 개칭하여 3·1독립만세운동을 주도하였고,

41 당시 토마스(M. M. Thomas)와 사마르타(S. J. Samartha) 등이 강력히 주장하여 채택되었다. WCC ed., *The Section Reports of the WCC -from the First to the Seventh-*, 이형기 역, 『세계교회협의회 역대총회종합보고서』 (서울: 한국장로교 출판사, 1993), 183-184.

42 Stanley. J. Samartha, "Die Grenzen geraten in Unruhe, Im Dialog mit den Religionen und Ideologien", *Evangelische Kommentare* 10(1972), 593-594; T. Müller Krüger (Hrg.), *In Sechs Kontinenten. Dokumente der Weltmissionskonferenz Mexico 1963* (Stuttgart: Evang. Missionsverlag GMBH, 1964), 87.

43 주명준·정옥균 편저, 『전북의 3·1운동(자료집)』, 113.

전북에서 강일순이 모악산 대원사에서 득도(得道)하여 후천개벽을 선언하고 증산교(혹은 증산道 등 다양한 분파)를 창건하는 등 전북은 한국토속종교의 중심지이며, 각종 종교의 각축장이 되었다.[44] 따라서 전북에서의 기독교 선교는 타종교와의 대화를 고려해야만 한다.

어릴 때부터 종교에 남다른 관심이 많았던 김인전은 불경과 단서(丹書)를 연구하였고, 27세에 기독교에 입신한 아버지의 권고로 기독교에 입문하였다. 1910년 평양신학교에 입학하였고, 1914년 신학교를 졸업하고 전라노회에서 목사안수를 받음과 동시에 전주 서문밖교회에서 시무하였는데, 그는 틈이 날 때마다 부흥회를 인도하는 한편, 전주향교를 수시로 방문하여 유림들과 더불어 한학과 기독교에 대하여 종교간 대화를 하였다.[45] 그는 이름난 양반가문인 김규배 장로의 자제로서 목사가 되어 한학자들에게 기독교 진리를 변증하는 한편, 그들의 주장을 들으며 기독교 진리와의 유사성을 통한 복음의 접촉점을 찾고자 시도하였다.[46] 이런 점에서 그는 이웃에 있는 다른 신앙인들과의 대화에 적극 나서서 선교하였던 대화선교의 선구자라고 할 수 있을 것이다.

기미년(1919년) 3월 1일 시작된 3·1독립만세운동은 의(義)를 위한 천도교와 기독교의 좋은 협력 사례이자 다른 신앙인들과의 대화의 선교라고 할 수 있다. 익산지역의 만세운동은 천도교가 먼저 나섰다. 1919년 3월 2일 천도교 중앙총부의 인종익이 독립선언서

---

44 김은수, 『비교종교학 개론』 (서울: 대한기독교서회, 2015). 원불교는 356-371, 증산교는 372-390, 천도교는 391-410을 참조

45 주명준·정옥균 편저, 『전북의 3·1운동(자료집)』, 236.

46 주명준, 『익산 4·4 만세운동과 남전교회』, 228.

2,000매 중에서 200매를 익산의 이중달에게 전달하였고 천도교 조직망을 통해 독립선언서가 익산군내에 배포되었다. 천도교가 중심이 된 운동은 천도교의 창시자 수운 최제우가 고종 1년 대구 감옥에서 순도한 3월 10일(음력 2월 9일)을 기념하여 일으키기로 하였다. 왜냐하면 당시 천도교인들이 많았고 종교적 행사로 만세운동 준비를 숨길 수 있다고 여겼기 때문이다. 하지만 천도교인 고총권이 3월 3일 여산면 노상에서 선언서를 배포하면서 행인들에게 만세운동에 대한 설명과 동참을 호소하다가 현장에서 체포되었다. 더구나 박영진과 정대원도 여산에서 체포되어 일본군경대의 경계가 삼엄하여 감시와 탄압이 심했다. 따라서 대규모로 전개되는 만세운동은 어렵게 되었으나 3월 10일 천도교 순도기념식이 끝난 후 군내여러 곳에서 예정대로 횃불시위를 전개하였다.

그 후 여산면과 춘포면 등에서 전개된 만세운동은 천도교와 기독교가 서로 협력하여 함께 전개하였다. 여산에는 이정, 박사국, 이병석, 김치옥이 주도하여 3월 10일 조선자주독립이라고 쓴 기를 들고 여산면 헌병분견소 남쪽 6Km 지점까지 진출하여 200여 명과 함께 만세운동을 전개하였고, 3월 30일에도 만세운동을 다시 전개했다. 금마면에서는 금마장날인 3월 18일과 28일에 만세운동이 있었다. 왕궁면에서는 장날인 18일을 기해 김광덕, 송종석 등이 오후 1시경 친지들과 만세운동을 벌였고, 춘포면에서는 28일 송종석이라는 청년이 주동이 되어 수백 명의 사람들이 모인 가운데 만세운동을 벌였다. 함열면에서는 산상 횃불시위를 하였는데, 3월 16일부터 산에 불을 놓고 수백 명이 만세를 불렀고, 4월 4일은 강경에서

산에 횃불을 올리고 수백 명이 산이나 마을 안에서 만세운동을 벌였다. 4월 8일은 용안면 화배리에서 박영문, 김기동, 차팔용, 최팔만이 중심이 되어 만세운동을 하였다.[47] 이러한 만세운동은 종파를 초월하여 다함께 일으킨 독립을 위한 협력이었고, 4·4만세운동이 적극적으로 전개될 수 있도록 마련해준 좋은 토양이 되었다.

하나님의 선교는 교회사뿐 아니라 전체역사를 선교의 영역으로 삼기 때문에 불의에 저항하며 빼앗긴 나라를 되찾아 바른 역사를 세우는 일에 다른 신앙인들과 대화하며 협력해야 한다. 하나님의 선교의 목적은 교회의 확장이 아니라 하나님의 지배가 확장되는 하나님의 나라이기 때문에 타종교에 대해 배타적이기 보다는 창조주 하나님의 성령에 의지하며 대화를 두려워하지 말아야 할 것이다.[48]

---

47 정인, "익산 3·1운동의 역사적 의미 – 남전교회 중심으로", 81-84.
48 하나님의 선교에 대한 올바른 이해는 김은수, 『현대선교의 흐름과 주제』, 141-146.

참고문헌

김수진. 『양동제일교회 100년사』. 서울: 쿰란출판사 2005.

김수진. 『금산교회 이야기』. 금산교회 문화재보존위원회, 1998.

김은수. 『비교종교학 개론』. 서울: 대한기독교서회, 2015년(10쇄).

김은수. 『해외선교정책과 현황』. 서울: 생명나무, 2011.

김은수. 『현대선교의 흐름과 주제』. 서울: 대한기독교서회, 2015(개정증보3쇄).

남전교회. 「남전교회 당회록」. 1899년 3월 15일~제1권.

민경배. 『한국기독교회사』. 서울: 대한기독교서회, 1995(신개정3쇄).

배은희. 『조선성자 방애인 소전』. 서울: 성서연구사, 1948(13판).

이덕주. "익산4·4만세의 전개과정과 역사적 의미." 『익산3·1만세운동』. 익산: 익산4
       ·4만세의거기념사업회, 2000.

이덕주. "한국기독교 문화유적을 찾아서-남도 풍류와 믿음이야기(3)." 「기독교사상」
       1998/8월: 257-259.

이만열. 『한국기독교사 특강』. 서울: 성경읽기사, 1985.

익산독립운동기념사업회. 『익산3·1운동(4·4만세운동) 제83주년 기념자료집』. 2002.

임병해 엮음. 『이거두리 이야기』. 서울: 에디아, 1996.

전북지역독립운동추념탑건립추진위원회. 「전북지역독립운동사」. 1994년 미간행자료집.

정인. "익산3·1운동의 역사적 의미 – 남전교회 중심으로." 2001년 캘리포니아신학대
     원 목회학박사 논문.

주명준·정옥균 편저. 『전북의 3·1운동(자료집)』. 전북인권선교협의회, 2001.

주명준. 『익산4·4 만세운동과 남전교회』. 익산4·4만세운동기념사업위원회, 2013.

Clark, C. A. *The Nevius Plan for Mission Work, Illustrated in Korea.* 박용규·김춘섭 공
       역. 『한국교회와 네비우스 선교정책』. 서울: 대한기독교서회, 1994.

Hogg, illiam Richey. *Ecumenical Foundation.* New York, 1952.

Kim, Eun-Soo. *Missio Dei und Kirche in Korea.* Hamburg, 1995.

Krüger, T. Müller (Hrg.). *In Sechs Kontinenten. Dokumente der Weltmissions-
       konferenz Mexico 1963.* Stuttgart, 1964.

Latourette in Rouse/Neil, *Geschichte der ökumenischen Bewegung, 2 Bd. Göttingen,*

1957.

Nevius, John L. *China and the Chinese.* Philadelphia: Presbyterian Board of Publication, 1901.

Potter, P.(Hrg.). *Das Heil der Welt heute.* Stuttgart & Berlin, 1973.

Samartha, Stanley. J. "Die Grenzen geraten in Unruhe, Im Dialog mit den Religionen und Ideologien." *Evangelische Kommentare* 10, 1972.

Underwood, H. G. *The Call of Korea.* New York: Fleming H. Revell, 1908.

Visser't Hooft, W. A. *A History of the Ecumenical Movement(1517-1848).* Vol. I, ed. by Ruth Rouse and Stephen Charles Neill. SPCK, 1986.

Warren, Max. *To Apply the Gospel: Selections from writings of Henry Venn.* Grand Rapids, 1971.

WCC의 생명선교와
한국교회의 생명선교 과제*

황홍렬
(부산장신대학교, 선교학)

I. 들어가는 말

21세기 인류가 직면한 많은 문제들은 20세기의 시각으로 보면 해결하기 어려운 것이 대부분이다. 서유럽인들은 베를린 장벽이 무너지고 냉전이 종식된 사건을 21세기의 시작이라고 볼 수 있다. 미국인들에게 9·11 테러는 새로운 세기의 시작으로 느껴졌다. 미국이 이에 대한 대응으로 아프간을 침공하고 '테러와의 전쟁'을 선포함으로써 전 세계는 테러와 전쟁이 더 만연하게 되었다. 대지진도 빈도수가 늘고 피해가 커졌다. 아시아인들은 2004년 약 30만 명의

* 이 논문은 장로회신학대학교 편, 「선교와 신학」 제34집(2014), 45-79에 실린 글이다.

목숨을 잃게 했던 쓰나미를 21세기의 시작으로 볼 수 있다. 2008년 미국 월가에서 시작된 세계적 경제위기는 전 세계에 경제위기를 초래했다. 2011년 후쿠시마 핵발전소 폭발로 인류는 다시 핵발전소가 지구의 생명을 위협하는 것에 주목하게 되었다. 냉전 종식, 테러, 전쟁, 쓰나미와 지진, 핵발전소 폭발 참사 등은 서로 직접적으로 연계되지 않는 것처럼 보인다. 그렇지만 21세기에 지구생명공동체가 살아남으려면 냉전 종식, 경제위기, 테러와 전쟁, 생태계 위기, 기후붕괴, 핵발전소 폭발참사 등을 통합적으로 이해하고 접근하지 않으면 안 된다. 즉 경제위기와 생태계 위기는 사회적/국가적/전 지구적 위기와 연계된 것으로 문제의 뿌리를 찾지 않으면 해결하기 어렵다.

이 글은 이러한 뿌리를 다루는 접근방식의 하나로 생명선교를 이해하고, 2013년 세계교회협의회(World Council of Churches, 이하 WCC) 부산총회의 생명선교를 다루고자 한다(II). 그런데 WCC는 "생명선교"라는 단어를 사용하지 않는다. 그래서 이 글에서는 먼저 창조세계, 창조보전과 기후 변화 등에 대한 WCC의 입장 변화와 활동을 소개한 후 WCC 부산 총회가 생명선교와 관련하여 다룬 주요문서들(2012년 중앙위원회가 승인한 문서들), 총회 전체대회, 에큐메니칼 대화에서 다룬 내용 중 기후 변화, 경제정의, 정의로운 평화 등을 중심으로 다루고자 한다. 이러한 주제들은 부산총회의 주제인 "생명의 하나님, 우리를 정의와 평화로 이끄소서"에 집약되어있다. 그리고 WCC가 제안하는 생명선교의 의의와 문제점, 과제와 대안을 제시하고자 한다. 이 글은 창조세계, 창조보전, 기후 변화 등을 소개하는 데 지면을 많이 할애하고자 한다. WCC의 생명선교와 관련하여 한국교회의 생명선교의 과제를 제시하는 III장은 본인이 속한 예장통합에 제한했다. 이유는 예장통합이 WCC '폭력극복 10년운동'(Decade to Overcome Violence)에 대응하여 "생명살리기운동10년"(2002~2012)을 전개했고, 현재는 "치유와 화해의 생명공동체운동10년"(2012~2022)을 전개하고 있기 때문이다. 또 본인이 '생명살리기운동10년'을 신학적으로 뒷받침하는 총회산하 연구단체협의회의(연단협) 총무를 10년간 맡았고, 현재는 "치유와 화해의 생명공동체운동10년"(2012~2022)을 지원하는 연단협 부회장을 맡고 있기 때문이다. 따라서 III장은 이 두 가지 운동에 대한 평가와 과제 제시로 구성된다.

　WCC의 생명선교를 종합적인 방식으로 접근했다는 점과 창조세계, 창조보전, 기후 변화 등을 중점적으로 소개한 점이 이 논문의 의의라 할 수 있다. 그렇지만 지면의 한계로 신학적 논의를 충분히 전개하기 어려웠기 때문에 앞으로 이 주제를 별도로 다루는 것이 필요하다. 그리고 WCC의 생명선교에 대해 이 글에서 대안과 과제로 제시한 것을 토대로 그러한 연구를 진행하는 것이 필요하다. 이 글에서 제시된 WCC의 생명선교의 시각에서 한국교회의 그동안의 창조보전, 기후 변화와 관련한 활동을 정리하고 신학적 논의를 진전시키는 것이 요구된다. 지면의 한계로 WCC의 경제정의와 정의로운 평화에 대한 논의의 일부는 기존 글을 참조하는 것으로 대체했다.

II. WCC의 생명선교

1. 창조세계와 창조보전

1) 창조세계는 구원 역사의 배경

제3차 WCC 뉴델리 총회(1961)는 "기독교인은 과학적 발견을 자연에 대한 인간의 지배에서 새로운 단계로 환영해야 한다"라고 했다.[1] 당시 WCC 입장은 "인간중심적이고 기술주의적 낙관주의"로서 "피조물 인간을 지나치게 강조하는 것에 대한 비판적 평가를 지금까지 해오지 않았으며" "인간 이외의 피조물이 가지는 적극적이고도 독립적인 가치를 지금까지 탐구해 본 적이 없고, 있다고 해도 미미한 정도이다."[2] 이러한 입장이 보다 분명하게 표현된 것이 1966년에 열린 제네바 교회와 사회 대회였다. 하비 콕스는 이 대회를 위해 작성했던 예비문서에서 성서의 이야기가 자기 백성과 함께 하시는 하나님에 관한 이야기로 그 중심이 역사의 움직임인데 피조물, 창조세계는 그 배경에 불과하다고 했다.[3] 이처럼 WCC는 성서 이해와 현실이해에서 구원하시는 하나님의 역사를 중시했지만 창조세계는 그 구원 역사가 펼쳐지는 배경으로만 보는 인간중심적 사

---

1 W. A. Visser't Hooft (ed.), *The New Delhi Report* (London: SCM Press, 1962), 96; Wesley Granberg-Michaelson, "Creation in Ecumenical Theology", in David G. Hallman (ed.), *Ecotheology: Voices from South and North* (Maryknoll: Orbis Books, 1995), 97에서 중인.
2 Nicholas Lossky (et. al.)/에큐메니칼훈련원 역, 『에큐메니칼 운동과 신학사전』 I-2 (서울: 한국기독교교회협의회, 2002), 1341.
3 위의 책, 1339.

고를 지녔다.

2) 새로운 시작

WCC의 이런 입장에 변화가 생긴 것은 1974년 부카레스트에서 열린 교회와 사회 대회였다. WCC 교회와 사회 대회 성명서는 "지속가능성"이라는 용어를 도입했다. 이 용어는 이제까지 천연 재생 자원에만 적용했는데 이 성명서는 이 용어를 인간 행동과 사회에 적용했다.4 "지속가능성"은 "세계의 미래가 환경적으로, 경제적으로 장기적으로 유지될 수 있는 발전의 비전을 요구한다는 생각"이지만 지구자원의 한계에 대한 염려와 발전과 경제정의를 위한 가난한 국가들의 요구 사이에 긴장관계가 있다.5 제5차 나이로비 총회(1975)는 "정의롭고, 참여적이며, 지속가능한 사회"(Just, Participatory and Sustainable Society, JPSS)라는 프로그램을 채택했다. 이 프로그램에서 지속가능성은 정의와 참여와 대등한 중요성을 지닌다. 지속가능성은 사회를 규정하는 규범으로 현재의 사회적 구조와 체제와 실천을 변형시키고자 하며, 기존 사회경제적, 정치적 현실을 비판하기 때문에 윤리적 측면을 지닌다. 총회에서 찰스 버치(Charles Birch)는 "세계의 생명이 유지되고 갱신되고자 한다면… 새로운 종류의 경제와 정치에 지배되는 새로운 종류의 과학과 기술을 갖춰야 한다"고 했다. 그는 "가난한 자들이 단순하게 살기 위해서는 부자들

---

4 Larry L. Rasmussen, *Earth Community Earth Ethics* (Maryknoll: Orbis Books, 1998), 138.

5 Wesley Granberg-Michaelson, "Creation in Ecumenical Theology," 97.

이 보다 더 단순히 살아야 한다"고 했다.6 후에 WCC 기후 변화 프로그램 간사를 맡았던 데이비드 홀먼은 찰스 버치의 선진국의 생활 방식에 대한 강조가 나이로비 총회 이후에 진행되었던 기후 변화 프로그램의 접근방식의 기초를 놓았다고 평가했다. 그가 일관되게 이것을 강조하지 않았더라면 "지속가능성"이라는 용어는 WCC의 미래의 비전이 될 수 없었을 것이라고 평가했다.7

WCC가 1970년대 주요 주제가 "지속가능성"이라는 이면에는 1960년대와 1970년에 풍미했던 "발전" 개념에 대한 문제제기가 있다.8 WCC가 주장하는 "지속가능성"은 환경을 고려한 지구적 경제성장이 아니라 경제적으로 독자 생존 가능하고, 사회적으로 평등하며, 환경적으로 재생 가능한 그런 지역, 대륙적 공동체를 의미했다. 그런데 WCC의 "정의롭고, 참여적이며, 지속가능한 사회" 연구는 "정의와 참여"와 "지속가능성" 사이의 긴장을 해소하지 못했다. 반면에 "지속가능성" 개념은 에큐메니칼 운동에 창조세계를 그 자체로 존중하는 시각을 갖게 했고, 전 지구적 공동의 미래를 위한 정의의 비전의 한 부분이라는 창조세계가 지닌 한계도 인정하게 되었다. 그렇지만 이 연구과정은 1979년에 갑작스레 끝났다. 비록 WCC 논의 과정에서 "지속가능성" 개념은 사라졌지만 일반 사회에

---

6 David M. Paton(ed.), *Breaking Barriers Nairobi 1975* (London: SPCK, 1976), in Larry L. Rasmussen, *Earth Community,* 139에서 중인.
7 David G. Hallman, "The WCC Climate Change Programme: History, lessons and challenges", in WCC −Justice, Peace and Creation Team, *Climate Change* (Geneva: WCC Publications, 2005), 7. 이 책자는 WCC 홈피에서 Climate Change Brochure 2005로 볼 수 있다.
8 Larry L. Rasmussen, *Earth Community*, 140-141.

서 1980년대에 "지속가능한 발전"으로 사용되었다.9

3) 창조보전

창조세계는 역사라는 큰 드라마가 펼쳐지는 배경이 아니라 드라마 자체에서 주요 역할을 맡고 있다는 것이 분명해졌다. WCC 뱅쿠버 6차 총회(1983)는 회원교회들로 하여금 "정의, 평화, 창조보전(Justice, Peace and the Integrity of Creation, 이하 JPIC)에 서로 헌신하는 협의회적 과정"에 참여할 것을 촉구했다. "창조보전"은 에큐메니칼 운동에 새롭게 대두된 용어이지만 명확하게 정의되지 않았다.10 WCC 중앙위원회는 1985년에 JPIC 프로그램을 시작했다. 초기에 JPIC에서 "창조보전"은 "정의와 평화"라는 기존의 관심사에 덧붙여진 부록 같았다. WCC 일부 회원들은 "창조보전"을 뉴에이지 같은 창조영성으로 보았다. 남반부 기독교인들에게 "창조보전"은 사회경제적 정의에 대한 관심의 초점을 약화시키기 위한 서구 환경주의자들의 로비로 비쳐졌다. 그러나 후속 회의들을 통해 이러한 의구심이 해소되었다.11

1987년 일부 과학자와 신학자가 암스테르담에서 모여 JPIC에 대해 연구하고 "창조세계를 재통합함"이라는 보고서를 제출했다. 보고서는 창조세계의 파괴가 인간에 의한 것임을 밝히고, 창조세계

---

9 Wesley Granberg-Michaelson, "Creation in Ecumenical Theology", 97.

10 위의 글, 98.

11 Metropolitan Geevarghese Mor Coorilos, "Toward a Missiology That Begins with Creation", in *International Review of Mission*, Vol. 100, No. 2 (November, 2011), 311.

를 회복시키기 위한 기독교 전통의 타당성을 언급했다.[12] 프랑스의 안시에서 모인 회의는 해방의 주제를 인간만이 아니라 모든 생명에게로 적용했다.[13]

JPIC에 대한 가장 중요한 발전은 1989년 노르웨이 그랜볼렌 회의에서 이뤄졌다. JPIC에 대한 강조는 참여자들로 하여금 전 지구적 환경에 대한 위협들과 창조신학을 재구성하게 하는 도전들에 주목하게 했다. JPIC의 핵심은 "창조보전"과 "정의와 평화" 이슈 사이의 상호연관성에 대한 강조에 있다고 했지만 실제로는 양자 사이의 긴장관계가 해소되지 않았다.[14] 그럼에도 불구하고 그랜볼렌 회의의 의의는 "창조보전"이 전통신학과 상황신학이 간과했던 창조 교리에 중요성을 부여한 점이다. 해방신학자들도 최근에 창조 주제와 환경 이슈를 간과했던 어리석음을 깨달았다.[15]

1990년 서울 JPIC 세계대회는 사회적 관심사와 환경적 관심사 사이의 상호관계에 대해 심층적 신학적 숙고를 유발했다는 점에서 분수령이 되었다. 이 대회에서 맺은 10가지 계약은 정의, 평화, 창조세계, 인종차별 등을 담고 있다. 창조보전의 초점은 지구온난화와 기후 변화의 위협이었다. JPIC 세계대회는 전 지구적 생태계 위기의 도전을 에큐메니칼 의제에 포함시키도록 했다. 그러나 정의, 평화, 창조보전 사이의 상호연계는 아직 WCC 프로그램과 우선권

---

12 Nicholas Lossky (et. al.), 『에큐메니칼 신학사전』 I-2, 1341-1342.

13 "Liberating Life: A Report to the World Council of Churches", in Chalres Birch, William Eakin, Jay B. McDaniel (eds.), *Liberating Life: Contemporary Approaches to Ecological Theology* (Maryknoll: Orbis Books, 1991), 273-290.

14 Wesley Granberg-Michaelson, "Creation in Ecumenical Theology", 98-99.

15 Metropolitan Geevarghese Mor Coorilos, "Toward a Missiology", 311-312.

에 반영되기보다는 구호에 그쳤다.[16] 제7차 WCC 캔버라 총회 (1991)의 "생명의 수여자: 당신의 창조세계를 지탱하소서"라는 제 목으로 모인 분과는 새로운 창조신학을 발전시키는 것이 주된 초점 이었다. 인간중심주의가 크게 비난을 받았고, 지속가능성을 다시 강조하게 되었다. 제8차 WCC 하라레 총회(1998)는 "생명의 신학" 연구프로젝트를 시작함으로써 이러한 계기를 이어갔다. "생명의 신학" 연구 프로젝트는 서울 JPIC 대회의 열 가지 확언을 신학적 기초로 삼아 다양한 국가에서의 사례연구에 초점을 두었다. 제9차 WCC 포르토 알레그레 총회(2006)에서 창조세계 이슈는 신학적 토론에서 상당히 구체화되었다.[17]

2. 기후 변화

1) 서구 교회들의 대응

WCC 회원 교회 일부가 지구온난화에 관심을 갖기 시작한 것은 1980년대 말이었다. 1988년 워싱턴에서 열린 기후 변화 회의는 제 레미 리프킨이 설립한 온실위기재단이 후원했다. 리프킨은 WCC 를 이 회의의 공동 후원자로 초청했고, 교회와 사회분과 총무인 웨 슬리 그랜버그-마이클슨은 이를 수락했다. 이 회의에는 캐나다연 합교회를 대표해서 데이비드 홀만이 참여했다. 이 회의는 에큐메니

---

16 Wesley Granberg-Michaelson, "Creation in Ecumenical Theology", 100.
17 Metropolitan Geevarghese Mor Coorilos, "Toward a Missiology", 312.

칼 진영이 대거 참여한 첫 회의였다. 1989년 캐나다교회와 유럽교회들이 만나서 기후 변화 활동에 협력하기로 했다. 서구교회들은 자신들이 북반부의 일원으로서 인간이 일으키는 기후 변화에 대해 국제적 책임을 느끼면서 교회에서 교육을 하고, 자국 정부와 기업에 대해서는 옹호활동을 펼치는 책임을 다하고자 했다. 기후 변화 관련 활동은 서구교회들이 주도했으며, 이들의 요청으로 WCC는 1990년 서울 JPIC 세계대회에서 기후 변화 문제를 우선적으로 다루도록 했다. 1992년 리우에서 열린 유엔환경개발회의에 WCC는 100개 이상 국가로부터 150개 교회 대표들이 참여하도록 하여 회의에 참여했고, 2주간 동안 기도, 예배, 연구 등 다양한 활동을 펼쳤다. 1990년대에 WCC는 환경 관련 이슈의 초점을 기후 변화에 맞췄다.[18]

2) WCC 기후 변화 프로그램

1992년 리우회의에서 WCC는 각 지역별 대표들로 구성된 기후 변화 실무그룹을 조직했다. WCC는 1992년부터 기후 변화 프로그램을 발전시키면서 신학적, 윤리적 분석과 옹호 성명서 발표와 교육자료 제작 등 세 가지에 초점을 뒀다. WCC의 「지구온난화와 기후 변화: 교회들에게 촉구함」이라는 성명서는 1994년 중앙위원회에 의해 채택되었다. 기후 변화에 영향을 주는 요소 중 하나는 교통이다. WCC는 지속가능한 이동성을 위해서 1998년에 「이동성- 지

---

18 David G. Hallman, "The WCC Climate Change Programme", 8-10.

속가능한 이동성의 전망」이라는 제안서를 회원교회에 회람한 후 그 결과를 모아 2000년에 「운전하지 않고 이동하기」라는 보고서를 발표했다. 2001년 제네바에서 교회 대표들과 기독교 구호단체, 기관들이 모여 기후 변화와 관련하여 피해를 입는 남반부 국가들이 그런 기후 변화에 잘 적응하도록 지원하는 것을 새로운 활동의 초점이 되게 했다. 이러한 활동을 바탕으로 WCC는 「기후 변화로 가장 큰 피해를 입는 자들과 연대하는 행동촉구」라는 성명서를 2002년에 발표했다. 이 성명서는 2002년 요하네스버그에서 열린 유엔 지속발전정상회의와 뉴델리에서 열린 유엔기후 변화협약 당사국 제8차 총회에 사용되었다. 태평양 제도에 속한 교회 대표들과 다른 지역 교회대표들이 2004년 키리바시 공화국에 모여 성명서와 교회를 향한 권고문을 발표했다. WCC 기후 변화회의가 2004년 네덜란드 우드쇼텐에 열려 교토의정서에 따라 의무감축기간이 끝나는 2012년 이후 기후정책의 윤리적 틀을 논의하기 위한 제안서 「교토를 넘어서서 평등, 정의, 연대로」를 발표했다.[19]

3) WCC 기후 변화 옹호활동과 주요 성명서

WCC 실행위원회는 2007년 교토의정서 체결 10주년을 맞아 「그리스도는 볼 수 없는 하나님의 형상이요, 모든 피조물 중 첫째이시다」[20]라는 성명서를 채택했다. WCC는 1992년부터 기후 변화를

---

19 위의 글, 10-11.

20 WCC, "Christ is the Image of the Invisible God, the Firstborn of all Creation", in Mélisande Lorke & Dietrich Werner (eds.), *Ecumenical Visions for the 21st Century: A*

의제로 채택해 활동해왔다. 기후 변화에 영향을 주는 인간행동은 창조세계를 돌보시는 하나님께 죄를 짓는 것이다. 성서는 창조세계의 온전성을 가르친다. 생명은 성령에 의해 창조되고 유지되고 온전해진다. 죄는 인간 사이에, 창조질서와 관계가 깨진 것이다. 창조세계가 기후 변화에 의해 위협을 받을 때 우리는 생명, 정의, 사랑에 대한 헌신의 표시로 외치고 행동해야 한다. 에큐메니칼 총대주교는 9월 1일을 창조절로 지킬 것을 제안했다. 교토의정서는 2005년에야 174개 국가가 서명함으로써 법적으로 발효되었지만 지난 10년 간 지속가능한 정도를 넘어서는 온실가스를 인류가 방출했기 때문에 보다 철저한 온실가스 감축이 절실하다. 많은 국가들은 온실가스 방출을 줄이려는 교토의정서를 제대로 실천하기보다는 자국 경제에 주는 부담을 줄이려는 시장접근 방식으로 대처하려는 것이 문제다. 이는 정부와 기업의 변화를 유도해야 할 종교단체들, WCC 회원교회들의 역할이 크다는 것을 보여준다. 실행위원회는 회원 교회들에게 기후 변화와 그것이 가난한 나라에 미치는 영향을 강조하고, 기후 변화와 관련된 행동을 하도록 격려하고, 에큐메니칼 총대주교의 창조절 제안을 지지하며, 온실가스 사용을 줄이는 것을 확언하고, 자국 정부에게 교토의정서 실천을 촉구할 것을 요구하며, 에큐메니칼 물 네트워크를 환영하고, 유엔기후 변화협약 제13차 당사국 총회에 참석할 대표들에게 기후 변화를 막을 적절한 협의를 촉진할 것을 요구했다.

Reader for the Theological Education (Geneva: WCC Publications, 2013), CD-ROM, 79-81.

2007년 발리에서 열린 유엔기후 변화협약 제13차 당사국 총회 각료회담에 참석해서 발표한 WCC의 성명서「지금까지 멀리 왔고 더 이상은 안 된다: 빨리 지금 행동하라!」[21]는 무한경제성장과 탐욕적 소비로부터 윤리, 정의, 평등, 연대, 인간발전, 환경보존 등으로 패러다임 전환을 촉구했다. 이 성명서는 교토의정서 10주년 성명서 후반부를 인용하고 있다. 교토의정서의 결정사항을 이행하지 않고 지체하는 것은 자살행위와 같은 것이라고 경고하면서 교토의정서 이후의 활동을 법적으로 규정하는 대안을 만들 것을 촉구했다. 내일이면 늦는다. 오늘, 지금 바로 행동해야 한다.

「하나님의 창조세계의 청지기가 되라」[22]는 WCC 중앙위원회가 2008년에 승인한 기후관련 유일한 성명서로 교토의정서 10주년을 기념한 성명서인「그리스도는 볼 수 없는 하나님의 형상이요, 모든 피조물 중 첫째이시다」를 토대로 하고 있다. 성서적 근거와 관련해서 '정복하라'(창 1:28)를 청지기직으로 보되 창조보전을 위한 책임적 돌봄이라고 해석했다. 원주민들은 전체 창조세계가 신성한 본질을 지닌 것으로 보는데 이러한 세계관은 기후 변화와 관련한 영감을 준다. 미국은 온실가스를 방출하는 주요 국가이지만 교토의정서를 비준하지 않은 나라다. 인간의 삶의 방식, 발전 유형, 경제성장 추구 등에 근원적 변화가 없으면 인류는 기후 변화라는 도전에 바르게 대응할 수 없다. 기후 변화는 환경이슈이면서 동시에 정의의 문제이

21 WCC, "This Far and No Further: Act Fast and Act Now!", in Lorke & Werner (eds.), *Ecumenical Visions*, CD-ROM, 81-82.

22 WCC, "Be Stewards of God's Creation", in Lorke & Werner (eds.), *Ecumenical Visions*, CD-ROM, 77-79.

다. 서방국가들은 온실가스 방출에 대한 역사적 책임이 있다. 반면에 남반부 국가들은 경제성장을 해야 하지만 동시에 그 결과가 온실가스 증대라는 딜레마에 봉착해 있다. 생태학적 빚은 재정적 빚과 연계해서 다뤄야 한다. WCC는 회원 교회들에게 지구온난화와 기후 변화와 관련하여 도덕적 자세를 강화할 것과 자연, 경제정책, 소비, 생산과 기술유형과의 관계가 근본적으로 변화할 것을 요청하고, 인간공동체와 지구와 생태학적으로 존중하는 관계를 형성하며 친생태학적 삶의 방식을 증진시키는 기술을 나누고 개인, 기업, 교회, 국가의 생태학적 발자국을 모니터링할 것과 창조절을 지킬 것, 신학교에서 기후 변화의 원인의 신학적, 윤리적 측면을 가르칠 것과 이웃종교와 기후 변화 문제를 공동 대처 방안을 탐구하도록 요청했다.

2010년 유엔기후 변화협약 제16차 당사국 총회에 참석한 WCC와 세계루터교연맹이 공동으로 발표한 선언문 「왜 교회는 칸쿤에서 열리는 유엔기후 변화협약에 참여하는가?」[23]는 코펜하겐에서 2009년에 열렸던 유엔기후 변화협약 제15차 당사국 총회가 실패했는데 왜 교회들이 이 회의에 계속 참여해야 하느냐는 질문에 답변하고 있다. 답변의 핵심은 교회가 실패한 것 같은 이 회의에 계속 참여해야 이유는 교회만이 기여할 수 있는 활동인, 기후 변화에 대한 윤리적 차원인 정의의 문제와 영적 차원을 지속적으로 제기해야 하기 때문이다. 생태정의에 대한 요구와 생태학적 빚에 대한 인식

---

23 WCC & Lutheran World Federation, "Why are the Churches at the UN Conference on Climate Change in Cancun?", in Lorke & Werner (eds.), *Ecumenical Visions*, CD-ROM, 76-77.

은 창조세계를 돌보기 위한 교회의 증거의 한 부분이다. 북반부 국가들이 남반부 국가들에게, 미래 세대에게, 지구에게 진 생태학적 빚을 갚을 것을 교회가 촉구하는 것은 교회의 예언자적 활동이다. 그러므로 교회와 종교단체들이 이 총회에 계속 참여하는 것은 그들의 의무사항이다. 그들의 기여는 세계로 하여금 보다 정의롭고 평등한 세계를 이루기 위해 행동할 것을 촉구할 것과 종교가 지닌 영적 교훈에 근거해서 온 세계에 희망의 메시지를 전하는 것이다.

2011년 남아공 더반에서 열린 유엔기후 변화협약 제17차 당사국 총회에 참여한 WCC는 「모두를 위한 기후정의」[24]라는 성명서를 발표했다. WCC는 더반 총회가 기후 변화를 책임적으로 다루는 마지막 기회가 될지 모른다는 절박함을 갖고 세 가지 요소를 포함하는 합의를 이룰 것을 강력하게 촉구했다. 즉 교토의정서 2기 내용을 정하고, 2015년까지 법적 구속력이 있는 수단에 대한 협상에 대해 결론을 내려야 하고, 칸쿤의 모든 결정을 이행할 일련의 수단을 강구해야 한다. WCC는 발리 성명서에서 주장했던 사고방식과 삶의 방식의 패러다임의 변화를 촉구했다. 인류 공동의 집인 지구를 회복하기 위한 미래의 단계들을 단지 토론하기보다는 지구를 회복하기 위해서 정량화할 수 있는 목표를 성취하는 과정에 가속도를 낼 시간이 되었다.

---

24 WCC, "Climate Justice for All", in Lorke & Werner (eds.), *Ecumenical Visions*, CD-ROM, 75.

3. WCC 부산총회와 생명선교

1) 9차 총회에 제출된 기후 변화 프로그램 평가 및 도전[25]

제8차 WCC 하라레 총회(1998)는 정의, 평화, 창조(JPC) 팀에게 기후 변화에 관한 활동을 실무그룹을 통해 하도록 특별권한을 부여했다. 인류가 직면한 상황은 기후 변화에 대응하는 과정이 실효를 내든지 아니면 붕괴를 직면하든지 선택해야 할 위기이다. 대기권은 지구상에 생명이 존재하고 유지하기 위한 전제조건이다. 따라서 대기권의 보호는 인간의 도덕적 책임이며, 창조세계를 보다 살만한 세계로 만드는 데 인간이 기여하게 하신 하나님의 초대에 영적으로 응답한 것이다. 도덕적 책임은 생명을 향한 하나님의 사랑과 정의, 책임, 연대, 지속가능성의 원칙에 의해 인도되어야 한다. 기후 변화의 위협이 긴박하기 때문에 우리는 성명서 발표를 넘어서서 즉각적인 행동을 우리 세대에 요청해야 한다. 우리는 모든 사람들에게 개인의 자율과 물질적 부의 환상 대신에 상호돌봄, 의존, 신뢰와 연대로 나아가도록, 일차원적 자기중심성으로부터 영성, 공동체, 연결됨과 친밀함을 갖는 삶의 방식을 택하도록 도전해야 한다.

기후 변화에 대한 WCC의 프로그램은 윤리적, 신학적 성찰을 포함한다. 향후 기후 변화 프로그램의 과제로는 교토의정서 체제의 붕괴를 막고, 2012년 이후 기간의 틀을 발전시키고, 기후 변화의

---

25 WCC, "WCC Climate Change Programme- Assesment and Challenges: A Report to the 9th WCC Assembly in Porto-Alegre, Brazil(2006)", in WCC –Justice, Peace and Creation Team, *Climate Change*, 71-78.

충격에 적응하는 데 보다 더 초점을 두어야 하고, 지배적인 경제모델의 전환을 위해 일해야 하고, 기후 변화와 관련해서 교회의 증거와 역할의 새로운 지평을 확인해야 할 것이다.

2) 10차 WCC 부산총회

(1) 기후 변화

WCC는 지난 20년 동안 유엔 기후변화협약 당사국 총회에 참석하여 옹호활동을 해오면서 기후 변화에 관한 국제적 논의에 생태정의가 포함되도록 하기 위해 노력해왔다. 그리고 기후 변화로 인한 위기에 대처하면서 이웃종교와 의견일치에 이르렀다. 기후 변화가 가장 중요한 문제이기는 하지만 공적, 정치적 의제에서 우선권을 상실했다. 일부 좋은 징조도 있지만 국제적 수준의 기후 변화협상은 초기 목적을 달성하지 못했다. 2013년 9월 기후변화에 관한 정부간 협의체(IPCC)은 5차 보고서를 통해 기후 변화의 심각성을 확증하면서 해수면 상승, 빙하와 극지방 얼음의 녹음, 홍수와 열대 폭풍우와 가뭄의 강도와 빈도의 증가를 그 결과로 제시했다. 투발로, 키리바시, 방글라데시와 필리핀교회, 유엔과 국제기구들은 기후난민들의 비극을 다루고 있다. 기후 변화의 희생자들은 하나님께서 특별히 사랑하시고 돌보시는 가난한 자, 과부, 고아(신 10:17-18)의 새로운 얼굴이다. 창조세계가 이렇게 위협을 받을 때 교회는 생명, 정의, 평화에 대한 헌신의 표시로 외치고 행동하도록 부름 받았다. 따라서 WCC 10차 총회는 교회들이 기후 변화와 창조세계, 특히 취약한 공동체에 미치는 부정적 효과에 관심을 가질 것을 재강조하고, 창조세계와 생태정의를 위해 일하는 공동체와 교회의 연계를 강화시키기 위한 정의와 평화를 위한 에큐메니칼 순례를 위해 WCC가 역할을 하도록 회원교회들이 격려하며, 교회들과 에큐메니칼 기구들이 각자의 정부로 하여금 자국의 경제이익을 넘어서 하나님의 창조세계와 공동의 미래를 위해 책임 있는 행동을 하되 기후 변화 희생자의 인권을 존중하도록 촉구한다.26

기후 변화와 관련해서 총회 기간 중 열린 에큐메니칼 대화에서 결정한 확언으로는 하나님의 창조세계가 직면한 위기는 근본적으로는 윤리적이며 영적 위기로 모든 생명에게 위협이 되고, 기후 변화는 생태적으로 가장 큰 위기 중 하나지만 국제사회에 의해 실천된 것이 거의 없으며, 과학적 자료에 의하면 생태학적 위기는 인류와 지구에 되돌릴 수 없는 위협이 되었기 때문에 긴박한 행동이 요구되며, 일부 교회들은 이런 위기를 지역적으로, 국가적으로, 전 지구적 차원에서 에큐메니칼 운동으로, 이웃종교와 협력하여 대응하고 있지만 더 많은 과제가 남겨 있다고 했다. 에큐메니칼 대화가 도전으로 인식한 것은 하나님의 창조세계를 돌보는 데 교회들이나 에큐메니칼 기구들이 서로와 그리고 이웃종교와 긴밀하게 협력하는 방법과 비전을 제시하는 데 WCC가 보다 지도적 역할을 할 것과 생태계 위기 앞에서 우리의 삶의 방식, 사고방식 등에서 철저한 회개가 요구되기 때문에 기후와 생태계를 정의와 평화의 순례의 중심에 둘 것과 철저한 변화를 경험하기 위해서 교회들과 기독교 기관

---

26 WCC, "Minute on Climate Justice" (WCC 10th Assembly, Document No. PIC 02. 12).

들이 생태계 위기를 인식하고 좋은 실천을 하며 옹호활동에 참여하도록 하는 것이라 했다. 1분과 모임에서는 기후 변화가 생태계 위기의 한 측면일 뿐이며, 후쿠시마 핵발전소 폭발사고처럼 핵발전소의 위험에 대한 문제제기가 있었다. 2분과 모임에서는 창조세계를 위한 정의와 평화의 순례에서 기후와 생태정의에 핵심적 우선권을 부여해야 한다는 주장이 있었다. 그리고 순례가 내적 변형과 외적 변형 모두를 지향한다고 했다. 즉 순례에서는 경제, 정치, 문화, 사회의 변화뿐 아니라 우리의 정신이 변해야 함을 주장했다.27 WCC 총회 기간 중 평화 전체회의에서 장윤재 교수가 핵발전소 문제를 다룬 것28과 투발루교회협의회 총무가 기후 변화에 대한 문제제기가 있었다.

(2) 경제정의

세계교회들은 경제 문제를 신앙의 문제로, 신학적 도전으로 받아들이게 되었다. 1997년 WARC 제23차 총회는 "경제 불의와 생태계 파괴에 대한 인식, 교육, 고백신앙적 과정"에 헌신할 것을 선언했다. 1998년 WCC 하라레 8차 총회는 세계화의 도전을 중요한 과제로 설정하고 그 대응책을 마련하고자 했다. 2004년 가나에서 열린 WARC 제24차 총회는 세계경제와 생태계 정의를 위해 계약

---

27 WCC, "The Earth Community Groans: A Call to Ecological Justice and Peace in the Face of Climate Change", in *Ecumenical Conversations: Reports, Affirmations and Challenges from the 10th Assembly* (Geneva: WCC Publications, 2014), 83-90.

28 Yoon-Jae Chang, "Exodus to a New Earth", in *The Ecumenical Review*, Vol. 65, No. 4(December 2013), 485-488.

을 맺기로 고백하여 "아크라 신앙고백"을 했다. 2006년 포르토 알레그레에서 열린 WCC 9차 총회는 「인간과 생태계를 경제의 중심에 두는 대안적 지구화를 모색하는 아가페로의 부름」(Alternative Globalization Addressing People and the Earth: AGAPE)[29] 문서를 채택했다.[30]

2012년 WCC 중앙위원회에서 승인된 「모두의 생명, 정의, 평화를 위한 경제: 행동촉구의 부름」[31]이 경제정의와 관련하여 WCC 부산총회의 핵심문서였다. 이 문서는 포르토 알레그레 총회 이후 AGAPE 과정의 후속 프로그램으로, 빈곤을 극복하고 부의 축재에 도전하여 생태적 온전성을 지키고자 하는 빈곤, 부, 생태(Poverty, Wealth, and Ecology) 프로그램을 진척시켜 6년 동안 매년 지역협의회를 연 결과를 정리한 문서이다. 이 문서는 세계적 금융위기, 사회경제적 위기, 생태위기, 기후위기 등이 중첩되면서 인간과 지구의 생존이 위협받는 시기에 이 복합적 위기의 뿌리에 탐욕의 죄악이 있음을 고백하고, 교회들에게 하나님의 정의에 뿌리를 둔 생명의 경제를 위한 행동을 촉구한다. 경제위기뿐 아니라 지구온난화와 생태계 파괴는 인류의 생사의 문제가 되었다. 이러한 위기들은 윤

---

29 세계교회협의회 지음/김승환 옮김, 『경제세계화와 아가페(AGAPE)운동』(서울: 한국기독교교회협의회, 한국생명농업포럼, 2007).

30 WCC 창립 이전과 이후의 경제정의에 대한 논의는 황홍렬, "신자유주의적 지구화시대의 생명선교", 참된평화를만드는사람들 편저, 『신자유주의 시대, 평화와 생명선교』(서울: 동연, 2009), 105-110을 참조하시오. 비정규직노동자선교에 대해서는 영등포산업선교회 편, 『나중에 온 이 사람에게도: 비정규노동선교 핸드북』(서울: 한국장로교출판사, 2013)을 참조하시오.

31 WCC, "Economy of Life, Justice, and Peace for All: A Call to Action", (2012).

리적, 영적 위기이다. 이러한 위기에 대처하기 위해 그리스도인들은 탐욕과 이기주의, 인간중심주의의 죄로부터 회개해야 한다. 그리스도인들은 탐욕의 경제와 불의한 구조에 관련된 공범자라고 고백해야 한다. 많은 교회들이 정의의 신학보다는 자선 신학을 지지하고, 무한성장이나 무한축적에 대한 제도나 이념에 대해 문제를 제기하지 못하고 있다. "좋은 삶"은 소유가 아니라 삼위일체 하나님의 공동체성에서 보듯이 상호성, 호혜성, 정의, 사랑의 친절이다. 우리가 이웃과 연결되어 공동선을 위해 봉사하도록 하는 정신을 우분투 (Ubuntu)와 상생(相生) 같은 사상에서 발견할 수 있다. 우리 자신을 먼저 변화시키는 변혁적 영성 없이는, 교회가 그리스도의 치유와 화해의 사역을 지속하지 않고서는 경제적 정의를 실천할 수 없다.[32]

(3) 정의로운 평화[33]

WCC는 "폭력극복10년 2001~2010: 화해와 평화를 추구하는 교회" 활동과정에서 얻은 여러 통찰에 근거해서 2010년 킹스턴에서 "하나님께 영광을, 땅에는 평화를"이라는 주제로 열린 국제에큐메니칼평화대회에서 「정의로운 평화를 향한 에큐메니칼 부르심」

---

32 WCC 부산총회 전체회의와 에큐메니칼 대화, 정의와 펴오하의 순례와 관련한 제안 그리고 이에 대한 의의와 비판은 황홍렬, "경제정의: 생명의 경제", 「정의 평화 순례의 영성과 신학」 (오이코스신학운동 학술세미나자료집, 2014), 30-33을 참조하시오.

33 "정의로운 평화" 문서를 포함하여 WCC의 화해, 평화에 관한 논의와 한반도 맥락에서 평화선교의 과제에 대해서는 황홍렬, "한반도에서 남북의 화해와 평화통일을 위한 한국교회의 평화선교 과제", 한국선교신학회 편, 「선교신학」 제32집, Vol. I(2013), 321-357을 참조하시오.

이라는 문서를 채택했다.[34] 이 문서는 10차 총회의 평화 관련 핵심 문서였다. 이 문서에 나타난 정의로운 평화는 윤리적 실천에서 근본적 패러다임의 전환을 보여준다. 정의로운 전쟁이나 평화주의의 대안으로서 정의로운 평화가 제시되었다.[35] 정의와 평화는 서로 뗄 수 없는 짝이다. 하나님의 평화 위에 세워진 신앙공동체만이 가정, 교회, 사회에서 그리고 전 지구적 수준의 정치적, 사회적, 경제적 구조 안에서 화해와 정의로운 평화의 대행자가 될 수 있다. 정의로운 평화를 실천하는 길의 중심에는 비폭력적 저항이 있다. 비폭력 전략은 시민불복종과 불응의 행위를 포함할 수 있다. 갈등을 변형시키는 것이 평화 만들기의 핵심이다. 갈등을 변형시키는 과정은 폭력을 폭로하고 감춰진 갈등을 드러내는 데서 시작한다. 갈등의 변형은 적대자에게 갈등하는 이익을 공동의 선으로 방향을 돌리도록 하는 것을 목표로 한다. 세계화로 인해 전 지구적 폭력과 인권 침해가 난무하는 속에서 평화가 이뤄져야 할 곳은 지역사회, 지구, 시장, 사람들 사이이다. 사회경제적 격차가 한 국가 안에서, 국가들 사이에서 점차 확대되는 것은 시장지향적 경제자유화 정책의 효율성에 대해 심각한 의문을 제기하며 경제성장을 사회의 최우선적 목표로 삼는 데 대해 도전하게 한다. 인류 역사는 평화 추구와 갈등의 전환, 법치 등 도덕적 가치를 추구한 것도 보여주지만 그 정반대의 가치인 외국인혐오, 공동체 내 폭력, 증오범죄, 전쟁 범죄, 노예제,

---

34 WCC, "An Ecumenical Call to Just Peace", in WCC, *Just Peace Companion: Guide our feet into the way of peace(Luke 1:79)* (Geneva: WCC Publications, 2011), 1-13.
35 위의 책, 84-95.

인종학살 등으로 오염된 것도 보여준다.36

　10차 총회 기간 중 열렸던 에큐메니칼 대화의 15번째 주제는 "정의로운 평화의 길"이었다. 여기서는 정의로운 평화가 성서의 샬롬에 근거하고 있으며 회개, 용서, 만물을 향한 회복 등 영성적 태도를 지니고 있기 때문에 평화만들기는 예수 그리스도의 가르침을 토대로 깊은 영성적 차원을 지니고 있다는 점, 평화만들기와 관련하여 개인적 헌신은 비폭력 행동, 생명에 대한 위협 줄이기, 평등 그리고 갈등을 다른 사람들과 더불어 해결하는 데 기여하기, 갈등해결로부터 갈등전환으로의 패러다임 전환, 경제정의와 관련해서 정의로운 평화는 모두를 위한 정의롭고 지속가능한 경제발전을 추구하는 매개체라는 점, 변화하는 국제체제 속에서 교회는 고난이 있는 곳이면 어디든지 정의와 평화를 증진시키도록 예언자적 목소리를 냄으로써 보다 결정적 역할을 맡을 것을 요청받고 있으며, 유엔과 같은 국제기구들과 협력 속에서 이뤄질 수 있고, 무기와 무기거래를 축소하려는 노력을 증가시켜야 함을 확언했다. 그렇지만 정의로운 평화 개념은 분단과 전쟁 위협 상황에 있는 한국 기독교인들에게는 별로 다가가지 않는다는 점, 정의로운 평화 개념이 "정의로운 전쟁"과 "평화주의" 사이의 중간에 있는 것으로 정의되어서 그 개념이 지녀야 할 적극적 내용이 없다는 점, 『정의로운 평화』라는 책과 「정의로운 평화로의 에큐메니칼 부르심」이라는 문서에 나타난 정의를 이루기 위한 방법으로 "법치"(rule of law)를 제시하는 데 국제

---

36 정의로운 평화의 내용에 대해서는 황홍렬, "한반도에서 남북의 화해와 평화통일을 위한 한 국교회의 평화선교 과제", 336-339를 참조하시오.

영역에서 법은 강자의 법이 지배하고 있기 때문에 문제가 있다는 점, 오늘날 평화 이슈는 제국에 의한 불의와 폭력이라는 맥락에서 보아야 하기 때문에 정의로운 평화는 강자보다는 약자에게 비폭력을 강조한다는 점 등이 도전으로 확인되었다.37

4. WCC 생명선교에 대한 평가와 과제

1) 의의

첫째, WCC는 창조세계, 창조보전, 기후 변화 등의 문제에 대해 지속적으로 논의를 발전시켜왔다. 둘째, 1992년 리우 유엔환경개발회의 참여를 시작으로 1995년부터 유엔기후개발협약 당사국총회에 참석해 WCC는 자신의 입장을 표명해왔다. 셋째, WCC가 창조세계에 관한 신학적 입장을 정리했다.38 기독교는 그동안 창조세계와 관련해서 근대세계의 자연지배를 묵인하거나 수용해왔다. 창조세계와 관련하여 기독교는 인간중심주의를 극복하되 세계에서 인간에게 주어진 독특한 사명을 감당하는 것은 유지해야 한다. 넷째, WCC는 기후 변화와 관련한 신학적 입장을 정리했다.39 기후

---

37 WCC, "The Way of Just Peace: Building Peace Together", in *Ecumenical Conversations*, 113-114.

38 WCC, "Listening to Creation Groaning: Reflection and Notes on Creation Theology", in Lorke & Werner (eds.), *Ecumenical Visions*, 251-259.

39 개교회 차원에서 기후 변화에 대한 대응은 다음의 남아공교회의 사례를 참조하시오.South African Council of Churches, Climate change Committee, *Climate Change: A Challenge to the Churches in South Africa* (Marshalltown: South Africa, 2009).

변화에 관한 에큐메니칼 논의의 지침은 "피조물의 온전함"과 "정의를 위한 헌신"이다. 기후 변화의 위기 속에서 인간은 생명, 정의, 사랑을 위한 헌신으로 부름받았다. 기후 변화는 윤리적이며 영적 문제이다. 길레모 커버는 그의 글의 결론에서 창조세계, 정의, 평화로 순서를 바꾼 것이 눈에 띈다.[40] 이는 WCC에서 기후 변화 간사를 맡고 있는 그의 개인 의견으로 WCC의 체계나 정책에 반영되어 있는 것은 아니다.

2) 비판

첫째, WCC는 생명선교라는 용어를 사용하지 않는다. 새로운 선교 문서(Together towards Life: Mission and Evangelism in changing Landscapes, 2012)에서도 생명선교라는 단어를 사용하지 않는다. "생명의 충만함"(요 10:10)을 구하면서도 WCC는 창조세계와 창조보전, 기후 변화, 경제정의, 정의로운 평화, 양성평등, 인종차별, 계급차별 등의 문제를 따로 다뤄왔다. WCC가 생명의 문제를 다룰 때는 통합적 접근 방식을 제시해야 하고, 부서 간 연대, 공동연구, 협력을 통해 생명선교의 신학적 개념과 선교 방향을 제시해야 한다. 이 문제는 새 선교문서에서 지형의 변화를 언급하면서 기독교에서 비서구교회들이 다수가 되었다고 했지만 WCC의 연구방식이 서구중심적인 분석적 방식을 벗어나지 못했다는 반증이다.[41] 둘

---

40 Guillermo Kerber, "Caring for Creation and Striving for Climate Justice: Implications for mission and spirituality", in *International Review of Mission*, Vol. 99 No. 2 (November 2010), 219-229.

째, WCC 부산총회는 후쿠시마 핵발전소 폭발 참사(2011년) 이후에 인접 지역에서 열리는 총회임에도 불구하고 핵발전소에 대한 입장을 확정하지 못했다.[42] 다만 "한반도 평화와 통일에 관한 성명서"에서 WCC 10차 총회는 동북아에서 핵발전소와 핵무기의 제거를 요청했다. 폐회 직전에 모인 중앙위원회에서 핵발전소 문제를 다뤘는데 영국 주교의 문제제기로 다음 중앙위원회에서 결정하기로 했다. 금년 7월 7일 중앙위원회가 채택한 「탈핵 세상을 향한 성명서」(Statement towards a Nuclear-free World)에서 정부로 하여금 단계적으로 핵발전소를 폐쇄할 것을 촉구하기로 했다. 셋째, WCC가 회원교회에게 권장하는 내용, 창조세계, 창조보전, 기후 변화 등에 대해 지역교회들이 숙지하고, 실천하고, 다음 세대에게 전달하는 교육을 실시했어야 했다.

3) 대안과 과제

WCC의 생명선교는 통합적 접근 방식뿐 아니라 보다 근원적 문제를 다뤄야 한다. 세계무역센터를 목표로 삼았던 9·11 테러에 대한 왜곡된 해석으로 아프간을 침공하고 '테러와의 전쟁'으로 대응하면서 테러리즘이 세계를 휩쓸고 있다. 세계화와 테러 사이의 긴밀한 관련성을 노르베리-호지는 문화적 단일화에 대한 강요에서

---

41 황홍렬, "WCC CWME 마닐라 대회를 다녀와서", 「한국선교신학회 2012년 정기학술대회 미간행자료집」 (2013. 4. 21), 12.
42 1970년대와 1980년대 WCC의 핵에너지에 대한 논의는 황홍렬, "탈핵 세상을 향한 생명선교의 과제", 부산장신대, 「부산장신논총」 제13집(2013), 291-98을 참조하시오.

찾았다.[43] 오늘날 인류가 직면한 문제는 신자유주의적 지구자본주의로 인한 가족/사회/국가의 해체, 테러, 전쟁, 단일문화 강요, 생태계 파괴 등 여러 가지 문제들이 혼합되어 있다. 이는 한 마디로 문명의 위기이다.[44] 아룬다티 로이는 기업이 주도하는 세계화 프로젝트가 자유선거, 자유언론, 독립적 사법부 등을 자유시장의 상품으로 전락시킴으로써 사회의 규범을 무너뜨렸다고 비판했다.[45] 현대세계에서 위기에 처한 것은 민주주의다. "미디어가 조주해낸 가상의 세계가 실재 세계보다 더 실재 같은 현실로 펼쳐지고 있"으며, "우리가 알고 이해하는 바의 언어가 도륙되는 것을 지켜보"고 있다.[46] 제국은 미국과 종속적인 서유럽, 세계은행과 국제통화기금, 세계무역기구, 다국적기업들로 구성되며, 이들은 가난한 나라의 충성스럽고 부패한 정부들과 '자유' 언론과 '정의'를 실현하는 것처럼 보이는 법정을 동맹군으로 삼고 있다. 제국은 이러한 종속적 기관뿐 아니라 민족주의, 종교적 편견, 파시즘, 테러리즘 따위의 위험한 부산물을 파생시킨다.[47] 이제 서구 문명의 '반문명성'의 내용이 밝혀졌다. '자유시장', '세계화'의 이름으로 민주주의와 다양한 문화들이 위협받고, 정부가 부패해지며, 언론, 법정 등이 상품화되고 있으며, 여러 가지 위험한 부산물들을 파생시킨다.[48] WCC가 생명선

---

43 헬레나 노르베리-호지, "세계화와 테러", 「녹색평론」 제62호(2002년 1-2월), 119-129.
44 문명의 위기에서 생명선교로 나아가기 위해 필요한 것이 세계관의 전환이다. 이에 대해서는 황홍렬, "신자유주의적 지구화시대의 생명선교", 92-97을 참조하시오.
45 아룬다티 로이 지음/정병선 옮김, 『보통 사람을 위한 제국 가이드』 (서울: 도서출판 시울, 2005), 9.
46 위의 책, 16, 41.
47 위의 책, 126-128.

교를 말하려면 제국에 대항하는 선교 이해, 방향, 과제를 제시해야
한다.[49]

둘째, WCC가 생명선교를 다루기 위해서는 기독교인 자신의 위
기를 다뤄야 한다. 기독교인의 위기는 "하나님과 맘몬을 겸하여 섬
기지 못하느니라"(마 6:24)는 말씀을 부정하는 기독교인, 교회, 목
회자, 신학자 때문이다. 그러므로 신학자들은 기독교와 자본주의
가 혼합주의화된 오늘의 기독교를 신학적으로 해명할 책임이 있다.

셋째, WCC가 생명선교를 전개하기 위해서는 생명, 정의, 평화
사이의 관계를 정립해야 한다.[50] 이제 생태계 위기, 기후붕괴 등에
직면하면서 인류는 생명, 생태계의 문제를 먼저 다루지 않을 수 없
다. 따라서 JPIC에서 창조보전이 정의, 평화보다 앞서야 한다. 이는
일종의 신학적 회심이다. 생명선교는 생명의 삼위일체 하나님[51]께

---

48 세계화/지구화, 테러, 근본주의, 제국의 연관성에 대해서는 황홍렬, "아프간 사태 이후 선교
　　는 달라져야 한다", 한국기독교장로회 신학연구소, 「말씀과 교회」(2008·1), 54-63을 참조
　　하시오.

49 WCC는 제국에 대한 논의들("Interrogating and Redefining Power Consultation of
　　Younger Theologians from the South", 2004, Jointly sponsored by F &O Team of the
　　WCC and the Faith, Mission and Unity Programme Area of the CCA, CWM Theology
　　Statement 2010, "Mission in the Context of Empire")을 생명선교에 담아야 할 것이다. 제
　　국에 대한 논의에 대해서는 정원범, "제국과 평화", 「정의 평화 순례의 영성과 신학」(오이
　　코스신학운동 학술세미나자료집, 2014), 34-45를 참조하시오.

50 개인적 시도로는 Sathianathan Clarke, "God of Life, God in Life, and God for life: Lead
　　All of Us through the Wisdom of the Crushed Ones to Justice and Peace", in *The
　　Ecumenical Review*, Vol. 64 No. 4 (December 2012), 439-53, 주변부로부터 생명의 하나
　　님에 대한 이해는 George Zachariah, "Re-imaging God of Life from the Margins", in *The
　　Ecumenical Review*, Vol. 65 No. 1 (March 2013), 35-50, 창조와 구속을 성령의 선교로부
　　터 접근한 시도는 Amos Yong, "Primed for the Spirit: Creation, Redemption and the
　　Missio Spiritus", in *International Review of Mission*, Vol. 100 No. 2 (November 2011),
　　355-66을 참조하시오.

로 회개할 때 시작이 되고 기독교혼합주의에 대한 분석으로 시작하지만, 생명선교의 선교학적 과제는 창조세계로 돌아가는 것으로 시작되어야 한다. 이러한 신학적 회심을 바탕으로 생태정의, 경제정의, 사회정의를 확립하되 민주주의가 유지되도록 하는 것이 중요하다. 민주주의가 살려면 언론이 자본과 권력을 편드는 데로부터 인간과 창조세계의 생명을 지키는 데로 전환해야 한다. 그리고 민주주의의 근간인 삼권분립이 확립되어야 한다. 살바도르 CWME 대회(1996)에서 다룬 대로 정체성과 공동체를 세우는 핵심인 문화를 죽임의 문화로부터 생명의 문화로 전환시키는 것이 필수적이다.[52] 이렇게 정의가 이뤄질 때 얻을 수 있는 것이 평화, 정의로운 평화이다. WCC는 "상 파울로 성명서: 생명의 경제를 위한 국제금융기구의 전환"(2012)에서 '유엔경제사회생태안전보장이사회'[53]를 제안했는데 순서를 '유엔생태사회경제안전보장이사회'로 바꾼다면 생명선교를 향한 좋은 사례가 될 것이다. "생명의 경제" 문서의 지적처럼 경제가 사회 안의 한 체제로 들어가야 하고, 사회/세계가 생태계, 우주의 한 부분으로 들어가야 인류의 미래, 지구의 미래가 있다.

---

51 삼위일체 신론을 기반으로 한 선교학에 대해서는 In Sik Hong, "Towards Trinitarian Missiology in Latin America", 장신대출판부, 「선교와 신학」 제31집(2013), 171-202를 참조하시오.

52 죽임의 문화로부터 생명의 문화로의 전환에 대해서는 황홍렬, "하나님 나라를 향한 교회의 문화선교적 과제", 대한예수교장로회총회교육자원부 편, 『하나님의 나라와 문화』 (서울: 한국장로교출판사, 2004), 316-34를 참조하시오.

53 WCC, WCRC, "The São Paolo Statement: International Financial Transformation for the Economy of Life", in Lorke & Werner (eds.), *Ecumenical Visions*, 238.

III. 한국교회의 생명선교의 과제

1. 생명살리기운동10년(2002-2012)과 생명선교

1) 성과

총회는 지구생명공동체의 위기 속에서 WCC의 폭력극복10년 운동에 상응하는 생명살리기운동10년을 전개했다. 총회생명살리기운동10년위원회와 총회산하연구단체협의회는 생명살리기운동 10년의 10가지 주제영역에 대한 해설과 생명살리기운동의 신학적 기초와 방향을 제시하는 『하나님 나라와 생명살림』(2005)을 출판했고, 생명 위기의 상황에서 생명을 살리는 교회와 생명목회를 제시하는 『하나님 나라와 생명목회: 생명목회 실천을 위한 신학적 길라잡이』(2007)를 출판했다. 세계선교협의회(Council for World Mission)의 기금을 지원받아 총회는 각 부문별로 노회를 선발하여 2005년부터 2007년까지 32개의 사업을 시행했다. 교회생명살리기프로젝트에 8개 노회, 외국인근로자선교활성화 프로젝트에 9개 노회, 피스메이커 지도자 양성 프로젝트에 6개 노회, 녹색교회 확산 프로젝트에는 4개 노회, 장애인복지선교관련 프로젝트에는 7개 노회 등이 참여했다. 이 결과를 종합하여 『하나님 나라와 생명살림 실천』(2009)을 발간했다. 세 권의 책을 바탕으로 성서연구 교재인 『생명을 살리는 교회』(2010)를 출판했다.[54] 2003년 신학 세미나

---

54 대한예수교장로회총회 생명살리기운동10년위원회, 대한예수교장로회총회 산하연구단체

를 필두로 전국 7개 신학대학교를 비롯해 노회, 지교회와 협조해 지난 10년 동안 생명목회와 생명선교 세미나를 18회 실시했다.

2) 평가

생명살리기운동10년과 관련해 네 권의 책을 출판함으로써 생명살리기운동의 신학적 방향과 목회적, 선교적 실천의 길을 제시했고, 성서연구 교재까지 출간함으로써 교인들의 인식전환의 토대까지 마련했다. 선교적 실천은 CWM 프로젝트로 2005년~2007년 사이에 42개 노회가 교회자립화, 이주노동자선교, 환경선교, 평화교육, 장애인복지선교 등에 여러 노회들이 함께 참여했다. 그렇지만 이러한 선교적 실천이 일회성으로 그쳤다. "생명살리기운동10년"의 10가지 주제 가운데 일부를 다루지 못했다. 특히 전 지구적인 생태계(기후) 위기와 2008년 경제위기, 4대강 사업 등으로 일치와 갱신(회개), 하나님의 경제, 언론, 교육목회, 문화선교, 세계선교와 생명목회의 새 패러다임 제시 등이 요청되었지만 제때에 응답하지 못했다.

교회자립화 프로그램이 일부 노회에서 꾸준히 지속되고 있고, 다양한 분야에서 생명살리기운동이 노회별로 진행되고 있는 것도 사실이다. 특히 생명살리기운동10년을 신학교육에 접목시키기 위해 총회 훈련원과 사회봉사부가 신대원생을 대상으로 하는 사회선교

협의회 편, 『하나님 나라와 생명살림』(서울: 한국장로교출판사, 2005), 『하나님 나라와 생명목회』(서울: 한국장로교출판사, 2007), 「하나님 나라와 생명살림실천」(대한예수교장로회총회, 2009), 『생명을 살리는 교회』(서울: 한국장로교출판사, 2010).

훈련도 지난 3년간 지속하고 있다. 부산장신대의 경우 신대원 2학년 목회실습과정을 생명목회와 생명선교로 5년째 진행하고 있다.[55]

전체적으로 보면 총회의 생명살리기운동10년은 기초단계에서 마감했다고 할 수밖에 없다. 앞으로 이러한 운동이 활성화되려면 운동의 주체는 노회와 지교회가 되어야 하고, 나아가서 여전도회, 남선교회, 청년부, 교회학교, 구역, 가정, 개인 등으로 확대되어야 할 것이다. 총회는 생명살리기운동10년 위원회를 중심으로 기획국과 각 상비부서들이 참여하는 운동본부를 구성하여 정책과 각 노회의 사업을 조정하고 지원하는 것도 고려해야 한다. 그리고 생명신학에 대한 보다 심층적 연구가 신학 안에서, 간학제적으로 이뤄져야 할 것이다.

2. 치유와 화해의 생명공동체운동10년(2013-2022)과 생명선교의 과제

1) 치유와 화해의 생명공동체운동10년

제97회 총회(2012)는 "생명살리기운동10년" 이후의 새로운 선교운동으로 "치유와 화해의 생명공동체운동10년"을 전개하기로 결정했다. 이 운동의 장점은 첫째, 앞선 "생명살리기운동10년"과의 연속성을 가지면서도 치유와 화해라는 주제에 초점을 맞췄다. 이 주제는 2005년 WCC CWME 선교대회의 주제였다. 한반도와 동북아

---

55 부산장신대학교 생명목회위원회 편, 『생명목회와 생명선교』 I, II (서울: 올리브나무, 2011).

라는 상황에서도 적절한 주제이다. 둘째, 지역교회를 생명공동체로, 생명공동체운동의 중요한 주체로 제시하고, 예배와 선교의 일치, 일치와 갱신, 생명교육과 생명섬김을 통해 지구생명공동체의 생명망 강화에 기여하도록 한 점이다. 셋째, 지역교회, 노회, 신학교의 역할뿐 아니라 한반도 평화통일 이슈와 치유와 화해의 이슈를 총회가 남반부 교회들과 협력하는 방향으로 함께 제시한 점이다. 넷째, 이 운동을 10년 동안 전개하면서 준비단계와 삼년 단위로 단계를 나눈 점이다. 각 단계별로 중간목표를 정하고 단계를 마칠 때마다 평가를 통해 다음 단계를 중간에 조정할 수 있도록 한 점이다.

2) 생명선교의 과제

치유와 화해의 생명공동체운동10년과도 결부되지만 한국교회에 적용될 생명선교의 과제를 제시하면 먼저 치유와 화해, 생명선교의 신학적 정의와 방향을 신학 안에서, 간학제적으로 연구해서 제시해야 한다. 여기에는 생명선교의 신학적 과제로 언급했던 창조세계,[56] 창조보전, 기후 변화,[57] 탈핵[58] 등의 내용이 포함되어야 한

---

56 이정배 외 지음, 『생태신학자의 신학과 윤리』 (서울: 대한기독교서회, 2006); 한국교회환경연구소, 한국교회사학회 공편, 『기독교 역사를 통해 본 창조신앙 생태영성』 (서울: 대한기독교서회, 2010)을 참조하시오.

57 기후 변화와 관련한 책으로는 김준우, 『기후재앙에 대한 "마지막 경고"』 (서울: 한국기독교연구소, 2010); 한국교회환경연구소 엮음, 『기후붕괴시대, 아주 불편한 진실 조금 불편한 삶』 (서울: 동연, 2010); 샐리 맥페이그 지음/김준우 옮김, 『기후 변화와 신학의 재구성』 (서울: 한국기독교연구소, 2008)을 참조하시오.

58 탈핵에 대해서는 다음 글을 참조하시오. 배현주, "핵에 대한 성찰과 핵시대의 신학적·영성적 과제", 부산장신대, 「부산장신논총」 제12호(2012), 75-103; 황홍렬, "탈핵 세상을 향한

다. 그리고 창조세계 보전이 생태정의59, 사회정의, 경제정의와 정
의로운 평화와 어떻게 연결되어야 하는지를 밝혀야 한다.60 둘째,
창조세계, 창조보전, 기후 변화, 탈핵 등의 시각으로 성서를 보는
성서연구 교재61를 개발해서 지역교회에 보급해야 한다. 셋째, 치
유와 화해가 필요한 갈등의 현장(가정, 교회, 학교, 기업, 사회, 국가,
휴전선, 용산참사, 쌍용자동차 해고자, 제주 강정마을, 밀양, 원폭 피해
자, 4대강 등 창조세계)에 대해 성서의 눈으로 볼 수 있게 하고, 갈등
을 치유하고 용서와 화해로 갈 수 있도록 돕는 갈등조절, 갈등 전환
훈련 프로그램을 개발하여 지역교회에서 실시하도록 한다. 넷째,
치유와 화해가 일어난 현장, 녹색교회62 등 대안공동체와 현장을
방문하여 치유와 화해의 여정, 생명선교의 현장으로부터 직접 배우

생명선교의 과제", 부산장신대, 「부산장신논총」 제13집(2013), 257-305; Hong Jung Lee,
"A Nuclear–Suffering God in Making of Humans' Death–Dealing Nuclear Footprint:
From Hiroshima to Fukushima – Journey of Cognitive Dissonance", in *CTC Bulletin,*
Vol. XXVIII, No.2(December2012), 18-26; Rev. Dr. Chang Yoon Jae, "Exodus to a
Nuclear-free World: A Proposal for Solidarity for Life and Peace without Nuclear
Weapons and Nuclear Power Plants", in *CTC Bulletin*, Vol. XXIX, No.1(August2013),
57-71.

59 WCC의 생태정의에 대해서는 Kinurung Maleh Maden, "Eco-Justice and the Unity of the
Church", 장신대출판부, 「선교와 신학」 제32집(2013), 139-75를 참조하시오. 생태선교의
사례에 대해서는 임희모, "몽골 '은총의 숲' 생태선교: 북한 산림녹화 생태선교에 주는 함
의", 장신대출판부, 「선교와 신학」 제27집(2011), 47-78을 참조하시오.

60 임희모, 『생명봉사적 통전선교: 동·동남아시아 중심』 (서울: 도서출판 케노시스, 2011). 이
책에서 임희모는 기존의 통전선교가 교회와 사회의 이원론적 틀과 가난 문제에 집중했다고
비판하면서 정의와 평화를 세울 뿐아니라 환경과 자연을 보전하여 총체적으로 생명을 살리
는 패러다임 변환을 시도하고 있다. 이러한 패러다임을 위한 신론, 기독론, 영성을 제시했다.
그렇지만 생태정의, 사회정의, 경제정의를 통합시키려는 논의는 없었다.

61 기독교환경운동연대, 『녹색의 눈으로 읽는 성서』 (서울: 대한기독교서회, 2002).

62 녹색교회에 대해서는 예장녹색교회협의회, (사)한국교회환경연구소 함께 엮음, 『녹색교회
와 생명목회: 생명을 담은 녹색교회 이야기』 (서울: 동연, 2013)를 참조하시오.

도록 한다. 셋째와 넷째 제안은 WCC의 정의와 평화의 순례로 연결
시켜 진행할 수 있으며, 교회력과 연계시킬 때 더 효과적일 것이다.
예를 들어 사순절 기간인 3·11 후쿠시마 참사 기간에 고리핵발전
소 폐쇄를 위해 인간띠잇기를 할 수 있다. 종교개혁지 탐방처럼 기
후 변화로 심각한 위협을 받고 있는 투발루, 키리바시 등을 방문할
수 있다. 다섯째, 신학교는 치유와 화해의 생명공동체운동10년, 생
명신학과 생명선교에 적합한 신학을 가르치고, 인재를 양성하며,
목회자 재교육을 통해 확산시킨다. 여섯째, 목회자 재교육은 노회
가 주체가 되어서 신학교와 협력하여 진행하는 것이 바람직하다.
일곱째, 노회는 지역교회들이 치유와 화해, 생명선교를 전개할 수
있도록 신학교와 긴밀하게 협력하여 지원하도록 해야 한다. 여덟
째, 교회학교 교육에 치유와 화해, 생명선교의 관점이 반영되어야
하고, 교회학교의 교재개발이 필요하다. 아홉째, 치유와 화해의 생
명공동체운동10년에서 제시하는 것처럼 한반도의 평화, 치유와 화
해를 위해 남반부 교회의 협력을 이끌어내는 데 한국교회가 중요한
역할을 해야 할 것이다.

IV. 나오는 말

지금까지 논의된 것 중 중요한 것을 정리하면 다음과 같다.
첫째, WCC도 1960년대에는 인간중심주의, 기술낙관주의를 벗
어나지 못했지만 1970년대에 지속가능성, 1980년대에 창조보전

에 대해 주목하기 시작했고, 1992년부터 기후 변화에 관한 활동을 해왔다. WCC는 1970년대와 1980년대에 핵에너지에 대해 찬반 입장이 팽팽히 맞섰고 부산 총회에서도 영국 교회의 반대로 의견일치를 이루지 못했다. 그러나 2014년 7월 중앙위원회는 핵발전소의 단계적 철폐를 촉구하는 성명서를 발표했다. 이처럼 WCC도 에큐메니칼 활동을 통해 신학적으로 부단히 발전 중에 있음을 알 수 있다. 둘째, WCC의 생명선교는 기후 변화, 경제정의, 사회정의, 정의로운 평화 등 다양한 영역으로 나뉘어서 접근하고 있지만 이러한 논의들을 통합할 수 있는 부서나 활동이 없다. 셋째, WCC가 생명선교를 정립하기 위해서는 생명에 대한 통합적 접근방식과 이를 위한 부서 간 협력도 필요하지만 문명과 제국에 대한 비판과 신학적 회심이 필요하다. 즉 자본주의와 혼합주의화된 현대 기독교를 신학적으로 비판하지 않으면 생명선교가 출발할 수 없다. 넷째, WCC의 생명선교를 전개하기 위해서는 생명, 정의, 평화 사이의 신학적 관계를 정립해야 한다. 다섯째, WCC의 창조세계와 창조보전, 기후 변화에 관한 활동은 지역교회와 유리된 측면이 있다. WCC의 신학적 논의와 활동과 지역교회 사이의 괴리를 메우는 작업이 필요하다. 총회와 신학자, 신학교의 역할이 중요하다. 여섯째, WCC의 DOV(Decade to Overcome Violence)를 한국적 맥락에서 실천한 것이 총회의 생명살리기운동10년이었다. 2012년부터 시작된 치유와 화해의 생명공동체운동10년은 이 운동의 장점을 살리되 치유와 화해에 초점을 맞추고 발전시키는 것이 필요하다. 일곱째, 한국교회의 생명선교의 과제로는 신학 분과 간, 간학제적으로 협력하여 생명신학과 생명선교를 신학적으로 정립하고, 창조세계, 창조보전, 기후 변화, 탈핵 등을 다루는 성서연구교재를 발간하고, 치유와 화해, 생명선교가 이뤄져야 할 현장을 방문하며, 생명선교의 모범적 사례들을 배워 자신의 교회와 현장에 적용하게 하고, 신학교육과 교회교육에 생명선교를 반영하고, 남반부 교회 사이에 생명선교를 위해 협력할 수 있는 틀을 만들고 신학 연구와 연대 활동을 주도하도록 해야 한다.

참고문헌

기독교환경운동연대.『녹색의 눈으로 읽는 성서』. 서울: 대한기독교서회, 2002.

김준우.『기후재앙에 대한 "마지막 경고"』. 서울: 한국기독교연구소, 2010.

대한예수교장로회총회생명살리기운동10년위원회, 대한예수교장로회총회산하연구단
　　　체협의회 편.『하나님 나라와 생명살림』. 서울: 한국장로교출판사, 2005.

_____.『하나님 나라와 생명목회』. 서울: 한국장로교출판사, 2007.

_____.「하나님 나라와 생명살림실천」. 대한예수교장로회총회, 2009.

_____.『생명을 살리는 교회』. 서울: 한국장로교출판사, 2010.

부산장신대학교 생명목회위원회 편.『생명목회와 생명선교』 I, II. 서울: 올리브나무,
　　　2011.

예장녹색교회협의회·(사)한국교회환경연구소 함께 엮음.『녹색교회와 생명목회: 생명
　　　을 담은 녹색교회 이야기』. 서울: 동연, 2013.

오이코스「'정의평화 순례의 영성과 신학' 오이코스 신학운동 학술세미나 자료집」. 2014
　　　년 3월 28일.

이정배 외 지음.『생태신학자의 신학과 윤리』. 서울: 대한기독교서회, 2006.

임희모『생명봉사적 통전선교: 동·동남아시아 중심』. 서울: 도서출판 케노시스, 2011.

한국교회환경연구소 엮음.『기후붕괴시대, 아주 불편한 진실 조금 불편한 삶』. 서울: 동
　　　연, 2010.

한국교회환경연구소·한국교회사학회 공편.『기독교 역사를 통해 본 창조신앙 생태영성』.
　　　서울: 대한기독교서회, 2010.

황홍렬. "하나님 나라를 향한 교회의 문화선교적 과제." 대한예수교장로회총회교육자원
　　　부 편.『하나님의 나라와 문화』. 서울: 한국장로교출판사, 2004: 316-334.

_____. "신자유주의적 지구화시대의 생명선교." 참된평화를만드는사람들 편저,『신자
　　　유주의 시대, 평화와 생명선교』. 서울: 동연, 2009: 74-117.

_____. "한반도에서 남북의 화해와 평화통일을 위한 한국교회의 평화선교 과제." 한국
　　　선교신학회 편.「선교신학」제32집, Vol. I(2013): 321-357.

_____. "탈핵 세상을 향한 생명선교의 과제." 부산장신대,「부산장신논총」제13집
　　　(2013): 257-305.

Chang, Yoon-Jae. "Exodus to a New Earth." in *The Ecumenical Review*, Vol. 65, No. 4(December 2013): 485-488.

Granberg-Michaelson, Wesley. "Creation in Ecumenical Theology." in David G. Hallman (ed.). *Ecotheology: Voices from South and North*. Maryknoll: Orbis Books, 1995: 96-106.

Kerber, Guillermo. "Caring for Creation and Striving for Climate Justice: Implications for mission and spirituality." in *International Review of Mission*, Vol. 99 No. 2 (November 2010): 219-229.

Lossky, Nicholas (et. al.)/에큐메니칼훈련원 번역. 『에큐메니칼 운동과 신학사전』 I-2. 서울: 한국기독교교회협의회, 2002: 1337-1343.

McFague, Sallie/김준우 옮김. 『기후 변화와 신학의 재구성』. 서울: 한국기독교연구소, 2008.

Metropolitan Geevarghese Mor Coorilos. "Toward a Missiology That Begins with Creation." in *International Review of Mission*, Vol. 100, No. 2(November, 2011): 310-21.

Rasmussen, Larry L. *Earth Community Earth Ethics*. Maryknoll: Orbis Books, 1998.

Roy, Arundhati/정병선 옮김. 『보통 사람을 위한 제국 가이드』. 서울: 도서출판 시울, 2005.

South African Council of Churches, Climate change Committee. *Climate Change: A Challenge to the Churches in South Africa*. Marshalltown: South Africa, 2009.

WCC, Justice, Peace and Creation Team. *Climate Change*. Geneva: WCC Publications. 2005.

_____/김승환 옮김. 『경제세계화와 아가페(AGAPE)운동』. 서울: 한국기독교교회협의회, 한국생명농업포럼, 2007.

_____. "Christ is the Image of the Invisible God, the Firstborn of all Creation." in Mélisande Lorke & Dietrich Werner (eds.). *Ecumenical Visions for the 21st Century: A Reader for the Theological Education*. Geneva: WCC Publications, 2013, CD-ROM: 79-81.

_____. "This Far and No Further: Act Fast and Act Now!" in Lorke & Werner (eds.). *Ecumenical Visions for the 21st Century*, CD-ROM, 2013: 81-82.

_____. "Be Stewards of God's Creation." in Lorke & Werner (eds.). *Ecumenical Visions for the 21st Century*, CD-ROM, 2013: 77-79.

_____. "Climate Justice for All." in Lorke & Werner (eds.). *Ecumenical Visions*, CD-ROM, 2013: 75.

_____. *Just Peace Companion: Guide our feet into the way of peace (Luke 1:79)*. Geneva: WCC Publications, 2011.

_____. "Economy of Life, Justice, and Peace for All: A Call to Action", 2012.

_____. "Together towards Life: Mission and Evangelism in Changing Landscapes", 2012.

_____. "Minute on Climate Justice", WCC 10th Assembly, Document No. PIC 02. 12, 2013.

_____. "Report of the Programme Guidelines Committee", WCC 10th Assembly, Document No. PGC 01, 2013.

Rev. Dr. Walter Altmann. "Report of the Moderator of the Central Committee", WCC 10th Assembly, Document No. A 01, 2013.

_____. *Ecumenical Conversations: Reports, Affirmations and Challenges from the 10th Assembly*. Geneva: WCC Publications, 2014.

_____ & WCRC. "The São Paolo Statement: International Financial Transformation for the Economy of Life." in Lorke & Werner (eds.). *Ecumenical Visions for the 21st Century*, 2013: 233-239.

_____ & Lutheran World Federation. "Why are the Churches at the UN Conference on Climate Change in Cancun?" in Lorke & Werner (eds.). *Ecumenical Visions*, CD-ROM, 2013: 76-77.

"Liberating Life: A Report to the World Council of Churches." in Chalres Birch, William Eakin, Jay B. McDaniel (eds.). *Liberating Life: Contemporary Approaches to Ecological Theology*. Maryknoll: Orbis Books, 1991: 273-290.

국립중앙도서관 출판예정도서목록(CIP)

'헬조선'에 응답하는 한국교회 개혁 : 부산장신대 세계선교
연구소 종교개혁 500주년 기념 도서 / 지은이: 김은수, 박창
현, 윤환철, 이진형, 임종화, 임희모, 홍윤경, 황홍렬 ; 엮
은이: 황홍렬. — 서울 : 동연, 2018
    p. ;   cm

ISBN 978-89-6447-476-1 93200 : ₩18000

한국 교회[韓國敎會]
개혁[改革]

236.911-KDC6
275.19-DDC23   CIP2018037279

부산장신대 세계선교연구소 종교개혁 500주년 기념 도서

'헬조선'에 응답하는 한국교회 개혁

2018년 11월 15일 초판 1쇄 인쇄
2018년 11월 22일 초판 1쇄 발행

지은이 | 김은수 박창현 윤환철 이진형 임종화 임희모 홍윤경 황홍렬
엮은이 | 황홍렬
펴낸이 | 김영호
펴낸곳 | 도서출판 동연
등   록 | 제1-1383호(1992. 6. 12)
주   소 | 서울시 마포구 월드컵로 163-3
전   화 | (02)335-2630
전   송 | (02)335-2640
이메일 | yh4321@gmail.com

ISBN 978-89-6447-476-1 93200